FRANK
SCHIRRMACHER

EGO

DAS SPIEL
DES LEBENS

Büchergilde Gutenberg

Lizenzausgabe für die Büchergilde Gutenberg,
Frankfurt am Main, Zürich, Wien
www.buechergilde.de
Mit freundlicher Genehmigung
des Karl Blessing Verlags, München

Umschlaggestaltung: Kunst oder Reklame, München
Satz: Leingärtner, Nabburg
Druck und Bindung: GGP Media GmbH, Pößneck
Printed in Germany 2013
ISBN 978-3-7632-6632-6

Wir sollten nicht zu entdecken versuchen,
wer wir sind, sondern was wir uns weigern zu sein.

MICHEL FOUCAULT

Inhalt

Vorwort

Wir sind wahnsinnig unkompliziert geworden. Leider spüren wir selbst nichts davon. Warum tun wir, was wir tun? Warum lieben wir, was wir lieben? Fragen, so vielschichtig, dass sie kaum jemand für sich selbst beantworten kann. Uns ist nicht bewusst, dass längst andere die Antworten für uns geben.

Vergessen Sie für einen Moment, was Sie von Psychologie, Hirnforschung oder auch nur aus der eigenen Erfahrung über die Rätsel des eigenen Daseins wissen. Ohne dass wir es gemerkt haben, haben Ökonomen den Seelenhaushalt des modernen Menschen zu ihrer Sache gemacht.

Zur Vereinfachung einer überkomplexen Welt und zur Beschleunigung des Geschäftsverkehrs ist hinter den Kulissen unseres Lebens ein Modell aufgetaucht, das unser Leben nachhaltig verändert.

Man kann sich, so lehrt dieses Modell, das Leben sehr viel einfacher und einträglicher machen, wenn man unterstellt, dass jeder Mensch ausschließlich an sich und seinen Vorteil denkt. In diesem Buch soll es darum gehen, wie aus dem ursprünglich harmlosen Modell eine Falle wurde. Und wie gut sie getarnt ist.

Alle Fallensteller tarnen ihre Fallen. Im Wald können es mit Blättern und Erde verdeckte Fangeisen sein: Artefakte, die so tun, als seien sie Natur. Unter Menschen tarnt man die Fallen als Naturgesetze. So wie die Behauptung: »Der Mensch ist eigensüchtig« – und zwar von den Genen bis zu seiner Moral. Eine ökonomische Theorie hat diese These, unterstützt von modernen

Rechenmaschinen, zu einem neuen Naturgesetz gemacht. Und wir beginnen es zu spüren.

In der heutigen Welt glauben viele, dass ihre Freiheiten und Wahlmöglichkeiten zahlreicher sind denn je. Und dass sie Theorien ja schließlich ablehnen oder akzeptieren können.

In Wahrheit haben sie sie nicht nur unwissentlich akzeptiert; sie leben und arbeiten längst damit.

Wir erleben die neue Ära des Informationskapitalismus. Er hat damit begonnen, die Welt in einen Geisteszustand zu verwandeln. Er tut und plant große Dinge. Er will Gedanken lesen, kontrollieren und verkaufen. Er will Risiken vorhersagen, einpreisen und eliminieren. Sein Hirn ist unablässig damit beschäftigt, herauszufinden, was Menschen tun, sagen, kaufen und welche Spielzüge sie als Nächstes planen. Wo immer sie ihm begegnen, treffen sie auf ein System, das alles immer besser weiß. Es spricht den Menschen das Recht ab, sich der Umwelt anders darzustellen, als sie sind. Was immer sie tun, es behauptet, dass sie es um des eigenen Vorteils willen tun.

Verhalten, für das es »keine Gründe« gibt, kennt der Informationskapitalismus nicht. Auch Freundschaft, Loyalität, Liebe haben in seinen Augen rationale Gründe, die im eigennützigen Interesse des Einzelnen liegen. Deshalb überall die Inflation von »Incentives«, von Belohnungen, die von den Boni der Wall Street bis zu virtuellen Orden und Abzeichen und »Like it«-Abstimmungen für die privatesten Dinge reichen.

Es gibt offene Spiele wie Schach und verdeckte Spiele wie Poker, bei dem keiner in die Karten des anderen schauen kann. Die Informationsökonomie atmet die Luft einer Pokerrunde. Ihre Welt ist eine Welt, in der niemand wirklich sagt und tut, was er denkt, aber jeder und jede durchsichtig werden, wenn man ihnen egoistische Absichten unterstellt. Deshalb dieser gewaltige

Bedarf an Informationen. Deshalb dieser Zwang zu Verstellung, Bluff und zu falschen Fährten. Finanzalgorithmen tarnen Aktiengeschäfte, um heranpreschende Raubtieralgorithmen in die Irre zu führen, oder Raubtieralgorithmen füttern andere ökonomische Agenten in Lichtgeschwindigkeit mit falschen Informationen, um die Preise in die Höhe zu treiben. Menschen legen sich Scheinidentitäten zu, basteln sich Facebook-Profile für den Personalchef oder die Bank. Ganze Staaten senden falsche Signale, um Märkte zu verwirren. Es ist eine Gesellschaft, in der man nicht nur anderen, sondern sich selbst misstraut. Wer einmal so weit ist, der nimmt hin, dass seine Ausbildung, seine Erfahrung, sein Lebensweg nicht das bedeuten, was er glaubte, dass sie bedeuten.

Das Versprechen, Antworten auf Fragen zu finden, die man sich selbst noch gar nicht gestellt hat, die Behauptung, mehr über die Menschen zu wissen, als sie selbst, die Voraussagen darüber, was man will, ohne selbst schon davon zu wissen, der Vorschlag, wer Freund sein soll, sind strukturell identisch mit geheimdienstlichen Überwachungsalgorithmen, die von Verbrechen wissen, von denen der Verbrecher selbst vielleicht noch nichts weiß. Die neue Ökonomie bedient sich der Maschinen und sie erfasst menschliche Beziehungen mithilfe der Mathematik. Sie liebt das »Gefangenendilemma«, eine spieltheoretische Urszene von zwei Menschen, die ein gleiches Schicksal teilen, aber nicht miteinander reden können, und die das Angebot bekommen, auf Kosten des anderen einen Vorteil zu erhalten. Verrat des anderen ist in diesem Spiel nicht nur vorgesehen, »er ist die als vernünftige Verhaltensweise akzeptierte Norm«.[1]

Es hat sich herausgestellt, dass Menschen, die mit diesem Denken in Berührung kommen, ihr Verhalten verändern. Ein Weltbild, das hinter allem menschlichen Tun die unausweichliche Logik des Eigennutzes am Werk sieht, produziert Egoismus wie am Fließband.[2] Neuerdings kommt aber jeder ständig damit in Berührung. Umgeben von einer Welt, in der Informationen nicht nur an Börsen, sondern am Arbeitsplatz, in der Kommunikation und sogar bei Freundschaften von logisch arbeitenden Rechenmaschinen organisiert werden, die nach den Gesetzen der persönlichen Profitmaximierung den menschlichen Charakter kalkulieren, verändern sich gesellschaftliche Wertvorstellungen in staunenswerter Geschwindigkeit.

Der Informationskapitalismus stellt zusammenhängende Lebensläufe und Identitäten von einzelnen Menschen infrage, er hat die Realwirtschaft für seine Zwecke eingespannt und ist nun im Begriff, konstitutionelle und völkerrechtliche Ordnungen umzuschreiben.

Denn nicht nur der Einzelne verliert seine Souveränität. Die in der gegenwärtigen Eurokrise amputierten Souveränitätsrechte europäischer Staaten und Parlamente sind kein Kunstfehler, sondern Teil seiner operativen Logik.

Er hat das menschliche Denken mit einem Labyrinth von Stollen und Schächten untergraben und verarbeitet das ausgebeutete Rohmaterial auf Maschinen, die – je nachdem, auf welchem Schreibtisch sie stehen – Kriege führen, Revolutionen anzetteln, Geld erschaffen, Menschen kontrollieren oder die Fotos der letzten Urlaubsreise versenden können. Er scheint mittlerweile in der Lage zu sein, über Nacht ganze Nationen abzuschalten oder den Einzelnen, der sich ihm zuschaltet, unter Umständen mit der Macht eines Staates zu versehen. Deshalb sind die Menschen im Begriff, mit ihm unter Tage zu wandern, in geschlossene Räume mit künstlichem Licht, und die Tunnel, die er grub, für ihr Denken selbst zu halten.

Die Tarnung einer Falle muss alle Sinne täuschen. In seiner Enzyklopädie empfiehlt Diderot, den Geruch des Eisens zu verschleiern, weil erfahrene Tiere mit ihm ihre Vernichtung assoziieren. Ein modernes Standardwerk über das Fangen von Tieren beschreibt in aller Unschuld, was zu tun ist: »Das Tier in die Maschine zu locken, sei es durch einen Köder oder aufgrund seiner natürlichen Neugierde.« Kein Zufall, dass nach Otto Mayr die englischen Worte *engine* und *machine* lange Zeit die negativen Nebenbedeutungen von List, Trick und Komplott und sogar von Intrige hatten.[3] Die Maschine des Informationskapitalismus ist der Computer, aber das Gerät selbst ist unschuldig. Es kommt einzig darauf an, wer es in Händen hat und zu welchen Zwecken einsetzt. Hat man, wie heute geschehen, den menschlichen Egoismus erst mal auf eine Formel gebracht, kann man mit ihm eine ganze Gesellschaft berechnen.

Es ist Diderot, der das »Fallenstellen« – nicht die Falle – eine »Wissenschaft« nennt. Die Herausforderung besteht darin, Lebewesen zu fangen, die aus Erfahrung misstrauisch sind. Sie erwischt man nur, indem man Informationen sammelt und Informationen verfälscht. Die Falle muss den Köder als leichte Beute präsentieren. Der Bär, Fuchs oder Wolf muss denken, einen unerwarteten Profit zu machen. Damit das funktioniert, muss man »mit größter Sorgfalt die Stellen erkunden, an die sich die Tiere bei Tage zurückziehen, die Orte, an denen sie die Nacht verbringen, und die Wege, die sie gewöhnlich nehmen«.

Auch das Fallengehäuse ist nichts wert, ohne die Strategie des Fallenstellers. Der erfolgreichste Fallensteller ist der, der so denkt wie das Lebewesen, das gefangen werden soll; die erfolgreichsten Fallenumgeher sind die, die so denken wie der Fallensteller, der sie fangen will. Das ist die »Wissenschaft«, sie ist pure Mathematik und lässt sich in Computern programmieren: Im Kalten Krieg, als sie erfunden wurde, gab man ihr Namen wie »rational choice theory«, die Theorie des rationalen Handelns und den harmlosen Namen »Spieltheorie«.

Psychologisch getrieben von der Angst, dass totalitäre Systeme wie die Sowjetunion den Menschen dadurch entmündigen, dass sie behaupten zu wissen, was das Beste für ihn ist, haben Ökonomen einen Gegenentwurf erdacht, in der jeder nur noch das tut, was für ihn selbst das Beste ist. Er wurde eine der wichtigsten strategischen Waffen im Kalten Krieg, und durch ihn hat der Westen das Spiel der Supermächte entscheidend gewonnen.

Aber das war, wie sich jetzt herausstellt, nicht das Ende, sondern erst der Anfang. Das Spiel der Supermächte war vorbei, das Spiel mit der eigenen Gesellschaft konnte beginnen. Einer der Architekten der große Falle hat später eingeräumt, dass die Spielregeln, nach denen wir das neue Spiel des Lebens spielen sollen, gewöhnungsbedürftig sind. Um zu gewinnen, müsse man zuweilen den Gedanken akzeptieren, dass »man vom gesamten Universum als persönlicher Feind ausgewählt« wurde.[4]

Noch ein Wort zu der Absicht dieses Buchs. Es wurde ausgelöst von der Krise, aber nicht von ihren ökonomischen Erscheinungen, sondern von ihren gesellschaftlichen. Die Krise ist nur ein Symptom. Sie zeigt die Instabilität nicht nur von Märkten, sondern von Gesellschaften, in denen Gesellschaften wie Märkte und Menschen als »homo oeconomicus« organisiert werden. In meinen Augen: der erste Fall eines Systemversagens der Informationsökonomie.

Die Krise, mit der wir heute zu tun haben, ist keine, in der es nur um Geld, Profit, die Pleite von Lehman oder die Krise Europas geht. Das ist, wenn man so will, noch die einfache Seite des Sachverhalts, die am ehesten der Analyse zugänglich ist. Wer weiß, vielleicht wird sie gelöst und die Menschen gehen wieder zur Tagesordnung über.

Die Informationsökonomie bewertet Gefühle, Vertrauen, soziale Kontakte genauso wie Aktien oder Waren und sie hat, zum ersten Mal in der Geschichte, die technischen Mittel, dies immer perfekter zu tun. Es ist etwas anderes, ob man bei einem Geschäft oder einer Auktion wie selbstverständlich davon ausgeht, dass es für den anderen rational sei, nur an sich zu denken, einen über den Tisch zu ziehen, oder ob das soziale Leben selbst immer mehr zu Geschäft und Auktion wird, ein Welt der Ich-Vermarktung, die glasklaren ökonomischen Regeln folgt. Misstrauen, Unterstellung, Bluffs, Ablenkungsmanöver sind in dieser Welt normativ und sei es nur, um, wie ein oft gehörter Satz lautet, »die Märkte zu beruhigen«. Aber sie betreffen nicht nur Staaten, sie betreffen in einem fast noch stärkeren Ausmaß den Einzelnen.

Diese Regeln sind alle irgendwo aufgeschrieben. Sie waren Annahmen, Hilfkonstruktionen, Modelle, die den Menschen nicht mehr mit psychischen, sondern mit mathematischen Eigenschaften ausstatteten. »Ökonomische Modelle mit Menschen aus Fleisch und Blut zu bevölkern war nie das Ziel von Ökonomen«, heißt es im Motto eines Buches, das genau das Gegenteil nachweist.[5] Denn die Modelle selbst sind lebendig geworden, sie werden nicht nur Handlungsanweisungen, denen man unbewusst folgt wie einem Navigationsgerät – sie tun viel mehr: Sie machen den Menschen überhaupt erst zu dem, als den sie ihn beschreiben. Und sie beschreiben ihn, allen selbstauferlegten Einschränkungen zum Trotz, als Egoisten.

Dieses Buch basiert auf einer einzigen These. Sie wird neuerdings wieder verstärkt von einigen Renegaten unter den Ökonomen mit dem Titel »ökonomischer Imperialismus« diskutiert. Damit ist gemeint, dass die Gedankenmodelle der Ökonomie praktisch alle anderen Sozialwissenschaften erobert haben und sie beherrschen (die imperialistischste ökonomische Theorie war bekanntlich der Marxismus).

In unserer Lebenswelt erleben wir diesen Imperialismus als Ökonomisierung von allem und jedem. Kein Zufall, dass Bestseller wie »Freakonomics« (oder die Nudge-Theorien der Verhaltensökonomen) so erfolgreich sind. Im Kern erzählen diese Bücher von einer Alltags-Welt, die alles in Anekdoten des Eigen-Nutzes zerlegt (»Soll man Eltern für das zu späte Abholen ihrer Kinder bestrafen, und wenn ja, wie ist die Wirkung? Die Wirkung ist, dass sie noch nachlässiger werden, wenn die Geld-Strafe gering ist, erstens weil sie es wert ist und zweitens weil sie ein falsches Signal für die moralische Kosten der Normverletzung sendet«[6]). So unterhaltsam sie sind und so umstritten ihre Thesen – ihr Erfolg zeigt, dass es sich um Selbstverteidigungstheorien in einer Welt handelt, die, bis in alle Details durchökonomisiert, den Eigennutz als innersten Kern rationalen Verhaltens erlebt.

Aber der Preis für diese Selbstverteidigung ist hoch: In vielen der lebenslustigen Ratschläge steckt, wie in einer eminenten Studie zur Verhaltensökonomie Gerd Gigerenzer und Nathan Berg gezeigt haben, eine getarnte neoklassische – oder wenn man so will: neoliberale – Ideologie.[7] Das gilt nicht nur für die Verhaltensökonomie, sondern für alle automatisierten Märkte, von den Finanzmärkten bis zu den neuen Märkten sozialer Kommunikation.

Der ökonomische Imperialismus erzwingt aber auch – und mehr denn je nach der Finanzkrise –, das Feld nicht einer vorherrschenden Schule vor allem angelsächsischer Ökonomen zu überlassen. Eine ganze Welt konnte sich von den Schwächen einiger der noch unlängst als Wahrheiten postulierten Modelle in den letzten Jahren überzeugen. Wenn hier zwei der in der Informationsökonomie wirkungsvollsten Denkgebäude, »rational choice«-Theorie und Spieltheorie, inspiziert werden, dann naheliegenderweise nicht, um zu behaupten, dass es nur sie gab und nichts anderes.[8] Sie aber sind von überragender Bedeutung für die Geschichte, die dieses Buch erzählen will: Wie der Einzelne das Gefühl haben konnte, dass sich das ganze Universum gegen ihn verschworen hat, und wie nach dem Ende des Kalten Kriegs ein neuer Kalter Krieg im Herzen unserer Gesellschaft eröffnet wird.

TEIL EINS

DIE OPTIMIERUNG DES SPIELS

1 Trance

Das Militär sucht eine Antwort auf die Frage, wie man sich egoistisch verhält

Es beginnt, wie es sich gehört für Geschichten aus der »Twilight Zone«, mit der Trance. Wir befinden uns in den ersten Jahren des Kalten Kriegs. Irgendwo in Amerika, geschützt von meterdickem bombensicherem Beton und Stahl, sitzen hochtrainierte Menschen. Es sind Soldaten der Luftraumüberwachung der Vereinigten Staaten. Sie fixieren Radarbildschirme.

Die Soldaten halten Ausschau nach kleinen blinkenden Punkten, die hin und wieder auf den Bildschirmen auftauchen. Sie registrieren selbst die kleinste Bewegung; jedes Signal könnte ein mit Atombomben bestücktes russisches Flugzeug sein. Kein Job in den gesamten amerikanischen Streitkräften, so wurde diesen Männern eingetrichtert, ist lebenswichtiger.

Dann geschehen unerklärliche Dinge. Ein Luftwaffenoffizier, der den Zweiten Weltkrieg ohne einen Kratzer überstanden hat, bringt es irgendwie fertig, sich auf dem kurzen Weg von seinem Bildschirm bis zur Kaffeemaschine das Bein zu brechen. Andere Militärs fallen in Sekundenschlaf. Manche sind zu absent, um Fragen zu beantworten. Dazu das künstliche Licht, die unterirdischen Türen und Gänge, die wachsende Bunkermentalität, und immer wieder die grünen Kreise des Radarschirms: all das verstärkt das Gefühl, im Inneren eines ›hypnotischen Organismus‹ zu sitzen.

»Es ist schwer, wach zu bleiben«, gesteht ein Mitglied der Crew, »wenn man stundenlang in einem dunklen Raum auf einen Radarschirm starrt, Tag für Tag, Woche für Woche, immer nur auf der Suche nach dem einen Signal, das eine Entscheidung verlangt …« Und das ist fatal, denn »eine Minute geschlafen kann bedeuten, dass eine Stadt vernichtet wurde«, schreibt ein besorgter Besucher des Bunkers im Jahre 1955.[9]

Ein daraufhin vom Militär alarmiertes Team von Wissenschaftlern – Ökonomen, Psychologen und Soziologen – versucht, die Absencen in den grün illuminierten Gesichtern nachzuvollziehen. Und dann endlich begreift man, dass es die Rechner sind, diese wachsamen Maschinen, die die Männer, die sie bedienen, in Hypnose versetzen.

Das stellt die Forscher vor eine fast unlösbare Aufgabe: Wie soll man Soldaten gegen die hypnotische Kraft ihrer eigenen Werkzeuge trainieren?

Alle dreißig Sekunden lassen nun die Menschen in den weißen Kitteln die Physiognomien der Soldaten mit lochkartengesteuerten Kameras abtasten. Alle zwanzig Minuten fotografieren sie deren Bildschirme, zeichnen Diagramme auf ihre Schreibblocks, in denen sie stündlich die Bewegungen und räumlichen Entfernungen der Crew verzeichnen. Hollywood dreht zum gleichen Zeitpunkt viele Science-Fiction- und Horror-Filme, in denen es genauso zugeht.

»Psychodrama-Sitzungen« nannten das die Wissenschaftler. Das Ziel jedoch war: die Seele der Soldaten mathematisch zu berechnen. Nicht nur Menschen sollten Maschinen bedienen, sondern die Maschinen sollten lernen, Menschen zu bedienen.[10] Deshalb mussten Menschen lernen, sich maschinenlesbar zu verhalten. Und damit war aus Science-Fiction Wirklichkeit geworden, denn erstmals wurden maschinell nicht nur Bewegungen oder Zeitmanagement erfasst, sondern auch »Wertvorstellungen« und Gefühle von Menschen.[11]

Es stellte sich heraus, dass viele Soldaten die Radarschirme für überdimensionierte Ferngläser oder für ein »Fenster« in die Welt hielten. Genau da konnte man ansetzen. Man musste ihnen beibringen, dass das, was sie auf dem Bildschirm beobachteten, ein Spiel war, bei dem der Mitspieler, die Sowjetunion, alles tun würde, um einen reinzulegen. Es ging nicht nur darum, ein Signal zu registrieren. Man musste in der Lage sein, ständig die nächsten Züge des blinkenden Punkts, der der sowjetische Gegner sein konnte, vorauszusagen.

Seit die Russen über die Atombombe verfügten und ein einzelnes Flugzeug die Vernichtungskraft ganzer Luftflotten transportieren konnte, musste man strategisch völlig neu denken lernen. In der Paranoia der damaligen Zeit (die noch nicht wusste, was wir heute im Rückblick historisch wissen), wo man jederzeit mit einem Überraschungsangriff der Sowjetunion rechnete, musste sich das menschliche Verhältnis zu Informationen auf einen einfachen Code reduzieren: hinter allem das Schlimmste vermuten. Du weißt zwar nicht, wurde den Crews eingebläut, was der andere vorhat, aber du weißt, dass er ein einziges Ziel hat: dich auszutricksen.

Der grüne, leuchtende, hypnotisierende Monitor bildete nicht die »Wahrheit« ab und nicht die Welt, wie sie war. Er zeigt, wie es in einem zeitgenössischen Bericht heißt, ein »Pokerface«.[12] Der Soldat am Radar musste sich selbst und den Bildschirm wie zwei Pokerspieler sehen. Alles war ein *»cut-throat«*-Spiel, wie Poker gerne genannt wurde, ein mörderisches Spiel. Sich als Spieler in einem Pokerspiel zu sehen hielt den Soldaten hormonell wach, stachelte ihn an und schärfte seine operative Intelligenz.

Der blinkende Punkt konnte eine harmlose Verkehrsmaschine sein oder ein russischer Atombomber – der Mensch an der Radarmaschine musste begreifen, dass »Pokerface« nicht Bewegungen im Raum, sondern strategische Spielzüge meint und genauso gut Bluffs wie die Wahrheit abbilden konnte.

Um nicht in die Falle zu laufen, gab es nur eine einzige Annahme, mit der man auf Nummer sicher gehen konnte, und die, wie die beteiligten Ökonomen wussten, in der Ökonomie gut funktioniert hatte: Vernünftig, »rational«, zu sein heißt, dass jeder nur an sich selbst denkt. Für die strategische Intelligenz hieß das: Wenn jeder so handelt, muss man auch unterstellen, dass jeder etwas vor dem anderen verbirgt, um das Spiel des Lebens zu gewinnen.

Ganz genauso wird fünfzig Jahre später die Anthropologin Caitlin Zaloom, die für ihre Forschungen zwei Jahre als Börsentraderin arbeitete, die voll automatisierte Welt der Börsenhändler beschreiben. Sie müssen ihre Aufmerksamkeit auf Zahlen konzentrieren, die nichts Festes und Stabiles mehr haben, sondern sich in Echtzeit auf den Bildschirmen in sich dauernd verändernde Signale verflüssigen.[13] Jede Transaktion ist ein Spielzug, jeder Spieler denkt nur an sich, es gibt Bluffs und Überraschungsangriffe, es gibt Massenvernichtungswaffen und taktische, punktgenaue Waffen. Die Mitspieler werden permanent gescreent und Entscheidungen müssen so blitzschnell getroffen werden, dass sie nur von Computern ausgeführt werden können.

Vor allem aber: Es sind die spieltheoretischen Modelle des Kalten Kriegs, die heute von den Hedgefonds benutzt werden. Ganze Abteilungen der Investmentbanken sind damit beschäftigt, die Absichten konkurrierender Händler aus einem riesigen Datenmaterial mithilfe von Computern und der Spieltheorie in atemberaubender Geschwindigkeit zu entschlüsseln und ihr eigenes Handeln danach auszurichten.

Das hätte die, die die neue Seele für den neuen Menschen entwarfen, am wenigsten überrascht. Man kann sogar sagen: Es war das Ziel. Es waren nicht Psychologen, die die neuen Verhaltens- und Denkmodelle des »rationalen Selbstinteresses« für das Militär entwickelten, sondern Ökonomen, Physiker und Mathematiker. Die Ökonomen kannten sich aus in Märkten, in denen jeder seinen eigenen Vorteil sucht. Ihre Strategien für eine Gesellschaft, die im Egoismus überlebt, waren nie nur auf Soldaten im Kalten Krieg beschränkt. Sie erhoben den Anspruch, universal zu sein. Sie sollten überall dort funktionieren, wo Menschen Entscheidungen treffen. Im Poker, im Geschäftsleben, an den Börsen, im Krieg.[14]

1950 hatte der amerikanische Soziologe David Riesman in seinem Weltbestseller »Die einsame Masse« beklagt, dass in der modernen Gesellschaft jeder Mensch zu einem Radar-Operateur seines eigenen Lebens werde. Nicht mehr aus seinem Inneren geleitet, sondern von außen, ständig gezwungen, Signale anderer aufzufangen und ständig sein Verhalten den Gegebenheiten neu anzupassen.[15] Jetzt drehte man seine Kritik um: Alles ist logisch, wenn man erkennt, dass die Welt mit einem Poker spielt und jeder gewinnen will.

Es klang sehr überzeugend. Es wurde, als die ersten Informationen des neuen Denkens an die Öffentlichkeit sickerten, sogar zu einem Hype. Im Laufe weniger Jahre hatte sich die »RAND Corporation«, die Organisation, der die Wissenschaftler angehörten, die die Radarcrews analysierten, unter den Schatten militärischer Geheimhaltung zur mächtigsten Denkfabrik der Vereinigten Staaten entwickelt. Es ging nicht mehr nur um die Sowjetunion. Es ging um alle.

Man hat die Geburt dieses Denkens einen »der größten Einschnitte in der intellektuellen Geschichte des Westens« genannt.[16] Auf alle Fälle ist er einer der unterschätztesten. Denn nur, wenn man als Prämisse akzeptiert, dass jeder nur aus Eigennutz handelt, kann man die ganze Komplexität menschlichen Verhaltens in die Sprache der Mathematik übersetzen. Man kann Formeln schreiben, Spielzüge berechnen, Verhandlungen und Kompromisse modellieren und Menschen eine neue »Rationalität« antrainieren, die sie wie in Trance automatisch beherrschen – eine Operation, die unmöglich ist, wenn man davon ausgeht, dass jeder Mensch nur aus den Besonderheiten seines eigenen Charakters zu verstehen ist.

Entscheidend für den Durchbruch im Weltmaßstab war, dass man diese Berechnungen jetzt blitzschnell und bald schon in Echtzeit ausführen konnte. Mit den ersten Computern warteten geniale Werkzeuge nur darauf, mit den Formeln für Menschen gefüttert zu werden. Rechenmaschinen sind schlecht in Psychologie, aber sehr gut darin, Profitmaximierungen zu berechnen. Die Ökonomen fingen an, die komplexesten Entscheidungssituationen mithilfe von Computern zu kalkulieren. Auch das wurde zuerst, finanziell gut vom Militär versorgt, an der Sowjetunion ausprobiert.

Computer, die Signale auf den Radarschirmen analysierten, sagten ständig wie auf einer militärischen Börse die nächsten Züge des sowjetischen Gegners voraus und wurden immer besser darin. Was tut er? Was plant er? Was verbirgt er? Aber die Russen waren ebenso paranoid wie man selbst. Also landete man im Nu bei: Was tut er, wenn er weiß, dass ich weiß, was er plant? Die Rechner erzogen die Menschen, die mit ihnen arbeiteten. Sie demonstrierten, wie man in der modernen Welt zu denken hatte. Sie führten es ständig vor. Sie verschmolzen mit menschlichem Denken so sehr, dass schon bald kein Militärstratege glaubte, dass man überhaupt anders denken konnte.

»Lerne vernünftig zu handeln« hieß: Lerne so zu denken und zu handeln, dass du immer nur von dem Eigeninteresse aller ausgehst. Und die Operation funktioniert selbst bei Verhalten, das uneigennützig erscheint: Man kann lange darüber rätseln, warum einem ein Wildfremder 10 Euro schenkt (oder die Russen eine Abrüstungsinitiative starten). Erst wenn man versteht, so die Lehre, dass er sich selbst damit einen Vorteil verschaffen will, ist man imstande, ihn zu verstehen.

Doch dieses Denkmodell blieb bald nicht mehr auf Rüstungs- und Kriegsstrategien beschränkt. Es war nicht nur ein Werkzeug. Es entwickelte sich zu einer schleichenden, jahrzehntelangen Schulung in Egoismus. Der Computer führte vor, wie erstaunlich weit man damit kommen konnte, wenn man diese Motivation allen Berechnungen zugrunde legt. Er war eine unschuldige Maschine. Doch das, womit man ihn gefüttert hatte, entwickelte sich, wie man zu Recht bemerkt hat, von einem Trainingssystem zu einem »System der Indoktrination«.[17]

Kaum einer hätte in jenen frostigen Fünfzigerjahren geglaubt, dass das Menschenbild, das hier geboren wurde, heute, ein halbes Jahrhundert später, da es längst keine Sowjetunion mehr gibt, die Welt in Angst und Schrecken versetzt und soziale Beziehungen fundamental verändert. Womit wir heute zu tun haben, ist nicht das Werk einiger egoistischer Hedgefonds-Manager oder gieriger Investmentbanker. Sie sind nur ein Symptom. Damals, in der Kälte des Wettrüstens und nicht erst in den ökonomischen Krisen des 21. Jahrhunderts, ist etwas entfesselt worden, dessen Karriere erst nach dem Ende des Kalten Krieges wirklich begann.

2 Spiel

Ökonomen geben eine Antwort

Im Kalten Krieg wurde die Formel geboren, dass jeder eigennützig handelt und den anderen reinlegen will. Wer das akzeptierte, handelte vernünftig. Die Formel funktionierte, weil sich damals zwei Weltmächte gegenüberstanden, die beide die Atombombe hatten und die beide einander vollständig vernichten konnten.

Die Ökonomie hatte eine lange Tradition des selbstsüchtigen Menschen, des »homo oeconomicus«, einer Art virtuellen Doppelgängers, mit dem man sich erklären wollte, wie Menschen ticken. Den konnte man aus dem Keller, wo er zu verstauben begann, zurückholen. Denn der »homo oeconomicus« hatte bisher ein eher abseitiges und rein akademisches Leben geführt. Es gab sogar Formeln für ihn, manche noch aus dem 19. Jahrhundert.

Es ist hier nicht der Ort, die zweihundertjährige Geschichte des »homo oeconomicus« nachzuerzählen. Es wäre aber ein großer Fehler zu glauben, er sei gleichsam von Geburt als profitgieriges Monster auf die Welt losgelassen worden – wenngleich er besonders in dieser Verkleidung bereits in der frühen Neuzeit die englische Literatur unterwandert.[18] Als ein Wesen, das man nicht mehr durch diffuse Leidenschaften, sondern durch seine knallharten Interessen verstehen konnte (und dazu konnten auch Begriffe wie Freiheit zählen), war der homo oeconomicus immer auch eine Figur der Aufklärung, ja bis zu einem gewissen Grad kann man ihn sogar, wie der Habermas-Schüler Axel Honneth gezeigt hat, eine Geburts-Idee der »Linken« nennen.[19] Er ist eine Figur aus dem Textbuch, und kluge Ökonomen werden nicht müde, darauf hinzuweisen, dass er nie mehr als das sein sollte: eine Annahme, die es uns ermöglicht, nicht nur besser mit Menschen und ihren Präferenzen zu rechnen, sondern auch soziale Gesellschaftsverträge zu gestalten, die den Vorteil haben, nicht auf das wohlklingende, aber ebenso inhaltlose Schöne und Wahre und Gute zu zielen.

Und dennoch ist das nur ein Teil der Geschichte, und, wenn man so will, der bessere. Den schlechteren resümiert im Jahre 2008 beispielsweise Lynn A. Stout, Juristin an der Cornell-Universität und als Expertin für Corporate Governance und Finanzmarktregulierung eng mit den Finanzkrisen der letzten Jahre befasst, in einem einzigen Satz: »Der homo oeconomicus ist ein Soziopath.«[20]

Unzählige Autoren, darunter viele Ökonomen, haben in den letzten Jahren und Jahrzehnten gezeigt, dass die Annahmen, die dem »homo oeconomicus« zugrunde liegen, der Vielschichtigkeit der menschlichen Psyche und der menschlichen Gesellschaft nicht gerecht werden.[21] Und dennoch vertritt dieses Buch die These, dass er, den wir auf diesen Seiten Nummer 2 nennen, irgendwann in den letzten Jahren buchstäblich zum Leben erweckt worden ist und zu etwas wurde, was der verantwortungsvolle Teil seiner Schöpfer niemals wollte.

Die Gründe dafür sind keineswegs rein »ökonomischer« Natur. Sie haben zunächst damit zu tun, dass der moderne Mensch selbst nicht mehr genau weiß, was seine Identität ist, ob er eine oder viele oder gar keine hat. Zeitgenössische Philosophien haben ihm nicht helfen können, sondern den Trend verstärkt. Dadurch sank automatisch die Widerstandsfähigkeit gegen die

Vereinfachungen eines Modells, das bis zur Mitte des vorigen Jahrhunderts in gewisser Weise immer auch aus der Spannung zu dem wirklichen Menschen lebte.

Es war der erste große Sieg des »ökonomischen Imperialismus«, der alles zur Ökonomie machte, aber es war deshalb ein Sieg, weil der Gegner sich buchstäblich auflöste (und kann deshalb den Ökonomen nicht vorgeworfen werden, sie besetzten gleichsam den Raum, den ein anderer freigab): Die Subjektivität oder Individualität des Menschen wurde ersetzt durch seine Präferenzen (die von außen kommen, d. h. wie sie entstehen und warum sie sich verändern, ist ohne Bedeutung) und die Nutzenmaximierung, die er sich versprach.[22] Mehr brauchte man jetzt nicht mehr. Der homo oeconomicus ist, nach den Worten Michel Foucaults, eben nicht nur ein wirtschaftliches, sondern ein politisches Wesen, und er hat in den Augen der Macht den Vorteil, dass er »eminent regierbar« ist.[23]

Das allein hätte aber noch nicht ausgereicht, Nummer 2 lebendig werden zu lassen. Ohne den Computer, ohne den elektronischen Funken, der zwischen Maschine und Mensch übersprang, wäre er immer nur ein Modell geblieben; eine Theorie, die den Vorteil hatte (anders als der Marxismus), nichts anderes zu sein als das.

»*Nach dem Fall*« hat nicht ohne Pathos der Ökonom und Philosoph John Davis diese Vertreibung aus dem Paradies der Unverbindlichkeit genannt.[24] Sie vollzog sich in zwei Schritten: erstens durch das Auftauchen der ersten Computer im militärischen und wissenschaftlichen Bereich in den Fünfzigerjahren, zweitens (mit Folgen, die gewaltiger sind als die Erfindung der Dampfmaschine) durch den Siegeszug des »demokratisierten« Computers auf den Massenmärkten seit den frühen Achtzigerjahren. Die Verschmelzung von Wissenschaft und Wissenschaftlern und ganzer Gesellschaften mit ihren Technologien, das Entstehen von Mensch-Maschine-Mischwesen, nennt man sie nun Androiden oder Cyborgs, wird uns in diesem Buch immer wieder beschäftigen. Eine Revision des Menschenbildes im Zeichen dieser Verschmelzung fand zeitgleich in allen Disziplinen statt, und ironischerweise lief diese Revision oft auf ein Modell hinaus, das die Ökonomen als »homo oeconomicus« in ihren Schubladen und in ihren Köpfen hatten. Die Kognitionswissenschaften beispielsweise, die in der Nachkriegszeit eine wichtige Rolle zu spielen begannen, waren nicht mehr an der Vermenschlichung der Maschine, sondern, wie Jean-Pierre Dupuy es formuliert, an der Mechanisierung des Geistes interessiert.[25] Kybernetik, die Wissenschaft, die als erste mit dem Computer verschmolz, löste, nach dem berühmtem Wort von Martin Heidegger, die Philosophie ab.

Wissenschaft benutzt Technologien nicht nur als Werkzeuge, um etwas zu entdecken oder zu verändern, sondern sie entdeckt und verändert immer das, wozu die Werkzeuge sie überhaupt erst in die Lage versetzen. Die Präferenzen von Menschen und bald einer ganzen Gesellschaft in Echtzeit zu berechnen, wie es am Vorabend von Big Data erkennbar wird, ist eben erst möglich, wenn es Werkzeuge gibt, die es gestatten.[26]

Dass das Hirn ein Computer ist und mentale Prozesse wie Berechnungen eines biologischen Computers ablaufen – eine These, für die man in den Fünfzigerjahre noch große Überzeugungsarbeit leisten musste – wurde durch den bloßen Gebrauch der Rechner jedermann intuitiv plausibel.

Nichts anderes aber hatte auch Nummer 2 immer von sich behauptet: Das rationale Individuum ist eine Rechenmaschine. Es ist reduzierbar auf das, was es egoistisch will und wählt, seine sogenannten Präferenzen, und die lassen sich mathematisch berechnen. Die Formalisierung der Ökonomie durch mathematische Formeln nach dem Zweiten Weltkrieg (Davis nennt sie einen »Rüstungswettlauf« unter Ökonomen um Prestige und Einfluss) erlaubt, dass man Individuuen tatsächlich nur noch als »mathematische Objekte sieht«.[27]

Jeder Ökonom würde zugeben: Die Annahmen über den Menschen sind vereinfachend. Sie sind es auf eine derart radikale Weise, dass, wie man zu Recht hervorgehoben hat, »das Individuum auf den Punkt eines Nichts heruntergebrochen wird, mit Ausnahme der Eigenschaft seiner automatenhaften Präferenzen«.[28] Was aber, wenn die Wirklichkeit zu genau diesem Automaten wird? Was, wenn aus der Welt zunehmend eine große Maschine wird, die genau so operiert? Das Problem sind nicht die simplifizierten Modelle. Das Problem ist, dass wir Zeugen eines Umbruchs werden, in dem diese Modelle die Wirklichkeit codieren und dadurch selbst wirklich werden. Und nicht nur das: sie entscheiden darüber, was rational ist und was nicht. Wem das zu abstrakt ist, der frage sich, welche »Präferenzen« ihm Google oder Facebook vorgeben, oder, was im Augenblick sehr viel dramatischer ist, welche Börsenalgorithmen die Präferenzen des Traders abbilden. Die Annahmen von Nummer 2 sind beim Lesen eines E-Books, bei »smarten« Geräten, in Finanzmärkten, im politischen Leben alle immer schon implantiert. Sie sind, wie Michael Callon sagt, »performativ«, sie schaffen die Wirklichkeit, die sie modellieren.[29]

Dieser imperialistische Sieg hat eine Vorgeschichte, die unmittelbar mit dem Kalten Krieg zu tun hat.

Dass jeder Mensch in Märkten gewinnen und nicht verlieren will, ist eine Banalität. Dass man niemandem vorwerfen kann, dass er ein Geschäft machen will, ist trivial. Das Neue aber war, dass jetzt ausschließlich die egoistische Motivation zählte und dass in ihrem Bilde eine ganze Gesellschaft modelliert werden sollte. Die stillschweigende Übereinkunft, dass Menschen in Wahrheit vielschichtiger, reicher, widersprüchlicher und moralischer waren, als es die Theorie behauptete, verblasste in den Fünfzigerjahren und wurde in Teilen der ökonomischen Zunft bald schon vergessen. Es galt jetzt als absolut vernünftig und keinesfalls moralisch fragwürdig, so zu handeln, wie es die Theorie vorschrieb.

Überhaupt spielte Moral aus durchaus verständlichen Ursachen keine große Rolle. Der Grund lag auf der Hand: Es wäre im Kalten Krieg mörderischer Leichtsinn gewesen, irgendetwas anderes zu wollen, als in diesem Spiel Gewinner zu sein, an irgendetwas anderes zu denken als an den eigenen Vorteil. Doch was im militärischen Bereich sinnvoll war, ließ sich auf diesen nicht beschränken. Es waren Modelle, die nicht nur auf das Verhältnis zum Gegenspieler zielten, sondern auf das Verhältnis des Menschen zur Welt.

Viele der Ökonomen, die in den Fünfzigerjahren in der RAND Corporation arbeiteten oder das Militär berieten, gehörten der sogenannten »neoklassischen« Schule an, die an der Universität Chicago ihre Heimat hat und die im Bereich der Ökonomie schon eine ganze Weile lehrte, dass Menschen egoistisch und Märkte Wahrheitsmaschinen sind. Jetzt sahen sie die Chance gekommen, eine reine Behauptung zu einem Naturgesetz zu machen.

Sie fingen an, Formeln und Algorithmen zu schreiben, und die Formeln konnten wieder von Rechnern verstanden werden. Schon das war neu. Bislang – anders, als man heute denkt – war es in den Wirtschaftswissenschaften verpönt, menschliches Verhalten in mathematische Modelle zu gießen. Doch wenn man annahm, dass jeder Mensch seinen eigenen Vorteil sucht, konnte man sein Verhalten mathematisch bestimmen.

Diese oft genialen Wirtschaftswissenschaftler wurden nicht

nur Experten für die Automatisierung des Militärs, sondern auch für die Automatisierung von Märkten und die Automatisierung von Menschen in diesen Märkten. Sie waren Pioniere einer Welt, die noch ein halbes Jahrhundert davon entfernt war, dass sich jeder Mensch mit den Computern und Märkten vernetzte. Aber alle ihre Formeln konnten von Rechnern verstanden und umgesetzt werden.

Sie erfanden etwas, was sie die »Spieltheorie« nannten. Und mithilfe dieser Erfindung holten sie jenes Denkmodell in das Spiel unseres Lebens. Viele der Ökonomen, die damals bei RAND dabei waren, erhielten nach Ende des Kalten Krieges den Nobelpreis für Wirtschaft. Er war die Krönung eines gewaltigen Unterfangens, das die Logik des Kalten Kriegs in die Zivilgesellschaft übertrug. Am Ende, in dem ersten Jahrzehnt des 21. Jahrhunderts, war das Ego-Modell tatsächlich zum Naturgesetz geworden. Und niemand kann bezweifeln: Es funktionierte besser als all jene verblasenen überindividuellen Werte-Ideologien mit ihren angeblichen sittlichen Rollenverpflichtungen, in deren Namen im 20. Jahrhundert ein mörderischer Kollektivismus (oder Rassismus) sich entfalten konnte. Der gesamte globale Organismus, schrieb der Chef-Leitartikler des »New Yorker« unter dem Eindruck des 11. September, »basiert auf einer Art Urvertrauen – die unsentimentale Erwartung, dass Menschen, sowohl Einzelne wie die gesamte Gesellschaft, mehr oder weniger aus rationalem Eigennutz handeln«.[30]

Aber diese Rationalität kostet im Zeitalter »rationaler Maschinen«, wie wir allmählich zu begreifen lernen, einen Preis. Und bis heute macht sich eine Welt in Trance, von wenigen Ausnahmen abgesehen, kaum bewusst, dass diese Ökonomen die menschliche Seele tief greifender verändert haben als jede Psychologie.

Sie hatten keine Waffen gebaut, keine Waren produziert und

auch keine Prozessoren gelötet, aber dafür wesentlich die Programme für die drei großen Maschinen geschrieben, die die Welt bis heute bestimmen: das Militär, der Markt und der Computer. Sie hatten dort angesetzt, wo Menschen am verführbarsten sind: bei der Chance, Profite zu machen. Profite im großen Spiel des Kalten Kriegs, Profite im Leben.

Das Militär im Kalten Krieg wollte ab Mitte der Fünfzigerjahre mithilfe des Computers einen rationalen, berechenbaren, ermüdungsfreien Ersatz für den Menschen, einen »Agenten«, der nur ans eigene Überleben dachte und das Risiko eines Angriffs ebenso beurteilen konnte wie die beste Chance zum Zuschlagen.

Und wie sich in den darauffolgenden Jahren herausstellte, waren das dieselben Qualifikationen, die die neuen Wirtschaftsmärkte wollten: einen Menschen, der Profite machen wollte, Risiken berechnen konnte und wusste, wann er bei einer Auktion zuschlagen musste.

Doch was stört bei der Berechnung der Zukunft mehr als der Mensch? Er ist ein wandelndes Risiko. Er schläft nicht nur manchmal bei der Arbeit ein, er ist widerspenstig und widersprüchlich, lässt sich nicht in die Karten schauen und hat auch sonst so viele unnütze und unvernünftige Dinge im Kopf, dass jede Kalkulation versagt.

Seit Jahrhunderten hatten Leute herausfinden wollen, wie der Mensch tickt, und sie alle, ob Wahrsager, Philosophen, Psychologen, waren letztlich gescheitert. Wie sollten ausgerechnet Ökonomen die menschliche Unberechenbarkeit auf eine Formel bringen können?

Ihre zündende Idee: Sie fragten nicht mehr, wie der Mensch tickt. Sie fragten, wie der Mensch ticken müsste, damit ihre Formeln funktionierten. Und die Antwort lag auf der Hand: Alle Probleme mit dem Unsicherheitsfaktor »Mensch« lösen sich in Wohlgefallen auf, wenn man zwingend annimmt, dass er bei dem, was er denkt und tut, immer nur an seinen eigenen Vorteil denkt. Diese Theorie hatte den Vorteil, dass sie immer funktionierte und alles berechenbar machte. Das Gegenüber ist undurchsichtig? Es wird durchsichtig wie Glas, wenn man annimmt, dass es nur seinen Profit vergrößern will. Menschen helfen anderen Menschen? Sie tun es, weil sie sich selbst etwas Gutes tun wollen.

Die Spieltheoretiker hatten dem Menschen nicht einmal die Schädeldecke öffnen müssen, um sie zu dirigieren. Sie hatten ihn nur auf eine profitmaximierende Formel bringen müssen. Sie brauchten keine Demagogen, keine Flugschriften, keine Ideologen. Die Bücher, in denen der rationale Egoismus verkündet wurde, waren hoch abstrakt und für viele nicht zu verstehen. Die neue Spieltheorie griff durch pure Praxis in die Alltagswelt über. Man konnte damit alles Mögliche berechnen, nicht nur den besten Weg, um die Russen einzuschüchtern. Wann muss man ausweichen, wenn zwei Autos aufeinander zurasen, und der Erste, der ausweicht, das Spiel verliert? Das ließ sich gut auf Auktionen oder Gehaltsverhandlungen anwenden.

Doch die neue Lehre, die in jedem Menschen eine Ego-Maschine sah, der beim Lebenspoker gewinnen will, stand so sehr im Widerspruch zu Erziehung und Alltagsmoral, dass es am Anfang, als sie ganz frisch und neu war, intuitive Widerstände gab.

Die Menschen »draußen«, außerhalb der Thinktanks und Bunker, spürten in den Fünfzigerjahren, dass irgendetwas vorging. Es war kein Zufall, dass sie plötzlich von geradezu paranoiden Ängsten erfüllt waren, manipuliert zu werden.

Hollywood malte sich und ihnen Albträume aus, in denen Aliens die Hirne der Menschen umbauen, ihre Gedanken mit Strahlenpistolen beeinflussen oder sie einer – meist kommunistischen – Gehirnwäsche unterziehen. Orwells »1984« beschrieb eine Welt, in der »Teleschirme« den Menschen indoktrinieren und überwachen. Das konnte man noch als Parabel auf totalitäre Systeme lesen. Aber keine zehn Jahre später regte sich in der breiten Öffentlichkeit der Verdacht, dass es nicht nur fremde oder eigene Militärs, sondern der Markt selbst war, der die Menschen kontrollierte und umerzog.

1957 erschien der Bestseller »Die geheimen Verführer« von dem amerikanischen Journalisten Vance Packard. In dem war von Werbeagenturen die Rede, die Hypnotiseure beschäftigen, und von unterbewussten Werbebotschaften, die in einer Kinovorführung in New Jersey die Zuschauer dazu brachten, wie in Trance Eis zu kaufen.

Das blieb zwar ein Mythos, aber die Hysterie, die er noch Jahre später auslöste, beweist, dass immer mehr Menschen damals das Gefühl hatten, dass sie im modernen Leben immer seltener eine wirklich rationale Wahl hatten. Packard hatte davon gesprochen, dass ihnen eine andere Intelligenz eingepflanzt und ein konsumblindes Verhalten antrainiert werden sollte. Also Indoktrination nicht durch Bücher, Worte oder Argumente, sondern mithilfe von Technologien, die einem ihre Spielregeln aufzwingen – seither eine nie mehr verstummte Angst der westlichen Industriegesellschaften.

Das war damals alles noch ziemlich roh und einfältig und verschwörungstheoretisch argumentiert. Man glaubte, böse Mächte würden einfach in die Hirne der Menschen eindringen, ein paar Schrauben drehen und rote Knöpfe drücken, und der manipulierte Mensch wäre erschaffen.

In Wahrheit ging es viel einfacher: Man verdoppelte den Menschen. Der »homo oeconomicus« heißt im digitalen Zeitalter nun der »ökonomische Agent«: ein Handelnder für den Menschen, in Computercode gegossen nach den Gesetzen der Ökonomen.

Erst übernahm er strategische Entscheidungen beim Militär, dann ökonomische Entscheidungen in Märkten und schließlich immer häufiger soziale Entscheidungen im menschlichen Leben. Er muss nicht intelligent oder intuitiv sein, er muss nur nach den Regeln der Spieltheorie rechnen können.

Doch er kann noch mehr. Er trainiert die Menschen. Er hat offenbar die Macht, die Wertesysteme von Menschen tiefgreifend zu verändern. Keiner hat das im Jahre 2008 so unverhohlen ausgesprochen wie der Mann, den sie in der Kaffeeküche seiner Firma nur »Darth Vader« nannten.

Er hieß Joseph M. Gregory, seine Firma war Lehman Brothers. Und Gregory, der »Chief Operating Officer« der Investmentbank, hatte verstanden, dass die Qualifikation des Managers der neuen Zeit darin bestand, mit den sekündlich um ihren Vorteil feilschenden Maschinen des Todessterns zu verschmelzen.

Bereits unmittelbar vor der Explosion der Immobilienblase im Jahre 2008 war Gregory von Mitarbeitern gefragt worden, warum er bei Lehmann Leute beschäftigte, die von dem Geschäft nichts verstanden. »Es ist nichts Individuelles«, war seine Antwort, »es ist die Macht der Maschine.«[31]

3 Prophezeiung

Wahr ist, woran wir glauben

Das Jahr 1989 bedeutete so viel mehr, als wir damals ahnten. Die Menschheit hatte, wie es einer der Meisterdenker der Spieltheorie zufrieden formulierte, aus der Kälte »größere Hirne mitgebracht, die das Resultat eines Rüstungswettlaufs innerhalb unserer Spezies waren und die immer größere und bessere geistige Rechenmaschinen bauten, nur mit dem Ziel, den anderen auszutricksen«.[32] Sie hörten nicht einfach auf zu denken, nur weil die Bedrohung, für die sie geschaffen worden waren, vorüber schien.

In den Fünfzigerjahren war es ein weiter Weg bis dahin; es fehlten noch die Technologien. Stattdessen gab es abstrakte Mathematik oder verquere Philosophie, wie jene von Ayn Rand, der amerikanischen Philosophin, die schon dem jungen Alan Greenspan den absoluten Egoismus lehrte. Man konnte damals davon hingerissen sein oder es ablehnen.

In jedem Fall hatte man die freie Wahl.

Bis eines Tages erst der Taschenrechner und dann der PC zum Alltagswerkzeug wurden und alles veränderten. In einer Welt von Papier und Bleistift und Rechenschiebern ist es unmöglich, eine komplexe Formel zur Berechnung seiner Mitmenschen im Alltag anzuwenden. Das Rechnen dauert einfach zu lang, und die Gelegenheit ist längst auf Nimmerwiedersehen verschwunden, wenn man endlich ein Ergebnis hat. Erst in dem Augenblick, in dem es durch vernetzte Computer in Echtzeit möglich ist, jede Transaktion, jedes menschliche Verhalten sofort durch die Formel zu berechnen, verändern sich Börsen und schließlich Teile der politischen und gesellschaftlichen Wirklichkeit.

Das egoistische Denkmodell war von Anfang an der Geist in der Maschine, aber zunächst, in den Achtzigerjahren, noch unscheinbar und bescheiden. Weil die Finanzmärkte noch nicht so weit waren und weil viele Programmierer der ersten Stunde mehr an Gemeinschaft als an Egoismus glaubten, experimentierte man mit kooperativen Algorithmen, die Menschen einfach nur zusammenbringen sollten.

Unzählige Versionen eines Stellvertreters für den Menschen im digitalen Raum wurden in den frühen Neunzigerjahren programmiert. Manche waren selbstlos und schlossen sofort Kompromisse, andere entwickelten eigene Wertesysteme. Es war die Zeit des Experimentierens und Ausprobierens.[33]

Einer aber überlebte alle. Auf Papier, als Annahme über menschliches Verhalten vorausgedacht, wurde er in den Rechnern mit stahlharten darwinistischen Überlebensinstinkten codiert. Keiner entgeht heute diesem »ökonomischen Agenten«, und keiner bleibt von ihm unbeeinflusst.

Er ist die Indoktrinationsmaschine des Informationskapitalismus, sagt der Soziologe Michel Callon. Die Theorie »basiert auf der Idee, dass Agenten egoistisch sind … Um das Verhalten von ökonomischen Agenten in der Wirtschaftstheorie vorherzusagen, muss nichts daran wahr sein, es muss nur von allen geglaubt werden«.[34]

Längst sind wir in die Ära selbsterfüllender Prophezeiungen eingetreten. Vielleicht können wir damit leben, dass soziale Netzwerke oder Suchmaschinen uns so genau kennen, dass sie uns nur noch die Informationen geben, die wir erwarten. Vielleicht auch damit, dass wir nur noch mit Menschen reden, die so denken wie wir selbst.

Aber wie kann man auf Dauer ohne seelische Beschädigungen in einer Gesellschaft bleiben, die von jedem Menschen annimmt, er sei vernünftig, wenn er aus Eigennutz handelt?

»Die größte Beleidigung«, schrieb hellsichtig Vance Packard in den Fünfzigerjahren, »der uns die Tiefen-Manipulatoren aussetzen, ist, dass sie versuchen, in die Sphäre unserer Köpfe einzudringen. Es ist dieses Recht der Integrität unseres Geistes – mag er rational oder irrational sein –, das wir verteidigen müssen.«[35]

Was hätte er gesagt, wenn er gewusst hätte, dass im 21. Jahrhundert ein komplexes, voll automatisiertes System für uns beantwortet, was rational ist und was nicht?

Dass genau fünfzig Jahre später Regierungen und ganze Staaten verzweifelt versuchen, die finanziellen Entscheidungen und Schlussfolgerungen von unendlich vielen, vermutlich längst auf eine uns unverständliche und ungewollte Weise miteinander kommunizierenden synthetischen Computerprogrammen zu beeinflussen, die ständig damit beschäftigt sind, die Gedanken ganzer Populationen zu screenen, um aus den Entscheidungen und Schlussfolgerungen der Regierungen Profit zu ziehen?

Oder dass in aktuellen, politisch hoch gehandelten Schriften eine neue amerikanische und internationale Staatsräson gefordert wird, in der ein Zusammenhang hergestellt wird zwischen der Notwendigkeit von verhaltensvorhersagenden Technologien, Wahrheitsdrogen und Folter?

Vance Packard hätte vielleicht gesagt, dass das erst der Anfang ist. Schließlich war er es, der sie vorausgesagt hatte: die Zeit der »künstlichen Monster«.[36]

4 Monster

Alle handeln vernünftig, und plötzlich tauchen Ungeheuer auf

Überall werden jetzt Monster gesichtet. Und seit dem alchemistischen Zeitalter wissen wir, dass sie immer dann auftauchen, wenn zwischen der Welt des Sozialen und der Natur Bruchstellen entstehen. Aus diesen Abgründen steigen sie hervor.

Jede Gesellschaft versucht, ihre soziale Wirklichkeit als Gesetz zu verkaufen, sei es das »göttliche« des Absolutismus, sei es das naturwissenschaftliche der Aufklärung. Und wenn der soziale Wandel nicht mehr durch diese Gesetze begreifbar ist, ohne dass 2 + 2 = 5 ergibt, und wenn dann die Menschen, die das logische System nicht verlassen können, das Gefühl haben, verrückt zu werden – dann verkörpern sich diese Ängste in Monstern.

Sie kommen und gehen. Sie besiedeln am Anfang des 20. Jahrhunderts die Künste, die Literatur vor allem, verschmelzen dann mit dem Siegeszug der Totalitarismen, mit dem Staat und der Politik, und jetzt tauchen sie in den Finanzmärkten auf.

Von den vielen Sichtungen jenes »Monsters«, das, wie *Newsweek* am 6. Oktober 2008 schrieb, »die Wall Street auffraß«, nenne ich nur die vier, die von den nüchternsten und deshalb glaubwürdigsten Beobachtern stammen:

Der Wirtschaftsnobelpreisträger Joseph Stiglitz spricht von den »Frankenstein'schen Laboren an der Wall Street«: »Im Mittelalter versuchten Alchemisten, unedle Metalle in Gold zu verwandeln. Die modernen Alchemisten verwandelten riskante, zweitklassige Hypotheken in erstklassige Produkte, die als so sicher eingestuft wurden, dass sie selbst von Pensionsfonds gehalten werden durften … schließlich beteiligten sich die Banken direkt an dem Glücksspiel.«[37]

»Die internationalen Finanzmärkte haben sich zu einem Monster entwickelt«, war der letzte relevante Satz, den Bundespräsident Horst Köhler, selbst ein Ökonom, vor seinem Rücktritt sagte.

Der Wissenschaftshistoriker George Dyson, der die Geschichte künstlicher Intelligenz wie kein Zweiter kennt, beschreibt die aktuellen Crashs als die Entfesselung einer künstlichen Kreatur: »Es ist so wie bei der Frage, was geschehen könnte, wenn künstliche DNA freigesetzt würde: Wäre es das Ende der Welt, wie wir sie kennen, wenn diese sich selbst replizierenden numerischen Kreaturen freikämen? Aber wir leben jetzt in einer Welt, wo sie tatsächlich freigesetzt wurden – eine Welt, die immer häufiger von sich selbst replizierendem Code gemanagt wird.«[38]

Und schließlich schreibt der Soziologe Manuel Castells, der geistige Übervater der »Netzwerkgesellschaft«: »Wir haben einen Automaten im Innersten unserer Ökonomien geschaffen, der entschlossen ist, unser Leben zu bestimmen. Der Albtraum der Menschheit, dass die Maschinen die Kontrolle über unsere Welt übernehmen, scheint jetzt schon Wirklichkeit zu werden – nicht in der Form von Robotern, die Berufe vernichten, oder Regierungen, die unsere Leben überwachen, sondern als ein elektronisches System finanzieller Transaktionen.«[39]

Das sind extreme Worte, und jeder fragte sich ab 2008 gespannt, wie die ökonomische Profession selbst mit dem Desaster ihrer Fehlprognosen umgehen würde. Totaler Kontrollverlust in einem System, das noch vor Kurzem unter dem Stichwort »Great Moderation« als so stabil wie der Vatikan und als so rational wie Mr. Spock verkauft wurde, ist natürlich noch schlimmer als Kontrollverlust in einer ohnehin fragilen Umgebung.

Alles, buchstäblich alles, was die Krise auslöste, die mit der Lehman-Pleite begann und in die Euro-Krise mündete, war als Risikovermeidungsstrategie konzipiert. Alles basierte auf der Überzeugung, dass der große Automat der Finanzmärkte mit den besten mathematischen Modellen von Mensch und Märkten gefüttert worden sei, um jede »Kernschmelze«, jede »Massenvernichtung« und alle Monster auszuschließen. Und weil das alles nicht stimmte, fand man hinterher nicht nur im amerikanischen Kongress, dass ein paar Leute ein paar Fragen beantworten müssten.[40]

Sie sind, wie mittlerweile auch von selbstkritischen Ökonomen penibel nachgewiesen wurde, niemals beantwortet worden. Und alle Anzeichen sprechen dafür, dass das System nach einer Schrecknanosekunde noch geschlossener geworden ist.[41]

Man unterschätzt die Krise, wenn man meint, es ginge dabei nur um einen Notenbankpräsidenten namens Alan Greenspan oder um eine Philosophin namens Ayn Rand, die damals wie heute in Büchern, die erfolgreicher als die Bibel sind, den Egoismus predigt; es geht noch nicht einmal in erster Linie um Ökonomen wie Friedrich Hayek oder um den Chef von Lehman oder darum, »Gier« und »Selbstsucht« anzuprangern. Selbst ultraorthodoxe Ökonomen der Universität Chicago, die sogenannten Neoklassiker ebenso wie die Neoliberalen, lassen sich bei der moralischen Verurteilung der Protagonisten von niemandem die Show stehlen.

Es geht vielmehr um die Frage, ob die Doktrin des »rationalen Selbstinteresses«, also des vernünftigen Egoismus, nicht gerade im Begriff ist, puren Irrsinn zu produzieren?

In einem atemberaubenden Dialog zwischen dem amerikanischen Kongressabgeordneten Henry Waxman und dem früheren Notenbankchef Alan Greenspan vor dem amerikanischen Kongress fragte der demokratische Abgeordnete: »Haben Sie das Gefühl, dass Ihre Ideologie Sie zu Entscheidungen verleitet hat, die Sie lieber nicht getroffen hätten?«

»Um zu existieren, braucht man eine Ideologie«, antwortete Greenspan. »Die Frage ist, ob sie richtig ist oder nicht. Und heute sage ich Ihnen: Ja, ich habe einen Fehler gefunden.«

»Sie haben einen Fehler in der Wirklichkeit entdeckt?«, fragte Waxman daraufhin.

»Einen Fehler sozusagen in dem Modell, das entscheidend definiert, wie die Welt funktioniert.«[42]

Kaum jemand ist aufgefallen, dass Greenspan von einem Monster sprach. Er redete hier nicht nur über ein paar Fehler bei der Zinspolitik und der Regulierung. Der Mann stellte, wie der amerikanische Journalist Scott Patterson recherchierte, in einer Minute großer Klarheit nicht nur die Vernunft eines Systems infrage, das behauptete, die eigennützigen Interessen von »ökonomischen Agenten (Trader, Geldverleiher, Hausbesitzer, Konsumenten usw.) würden die beste aller möglichen Welten schaffen«. Er schwor – zumindest in diesem schwärzesten Augenblick seiner Karriere – auch dem Glauben ab, dass sich eine »effiziente Marktmaschine« bauen lässt, wenn man den Computerkalkulationen nichts anderes als den Egoismus des Einzelnen zugrunde legt.[43]

Um das zu verstehen, muss man nicht Mathematiker sein. Jeder spürt, dass die Markt- und Ego-Modelle in ständige Selbstwidersprüche mutieren, die von Menschen »vernünftige« Verhaltensweisen verlangen, die objektiv irrwitzig sind.

Worin besteht beispielsweise der Unterschied zwischen dem Ratschlag, sich im Falle eines Atomangriffs unter einen Tisch zu verkriechen, den amerikanische Kinogänger in den Fünfzigerjahren auf der Leinwand sehen konnten, und dem Ratschlag, finanziell für sein Alter in Märkten vorzusorgen, die eben diese Altersvorsorge vernichten?

Und damit sind wir ein weiteres Mal in den Räumen der Fünfzigerjahre, in denen eine objektiv irrationale Situation – wie kann man sich rational zum objektiven Wahnsinn eines Atomschlags verhalten? – zur Massenproduktion eines neuen Genres führte.

5 Script

»Ich hoffe es funktioniert« – die Krise als Film

Ein Systemfehler des Ausmaßes, mit dem wir heute zu tun haben, müsste eine große Revision einleiten.

»Das ganze wissenschaftliche Gebäude ist zusammengebrochen«, hatte Alan Greenspan vor dem amerikanischen Kongress gesagt.[44] Doch Charles Fergusons Film »Inside Job« zeigte die völlige Ungerührtheit der Beteiligten. Keine Selbstkritik, keine Zweifel. Es war die brillanteste Dokumentation des Crashs, Ferguson bekam einen Oscar, und die Welt beruhigte sich damit, dass die Gesellschaft, um ihrer Selbstachtung willen, die Dinge beim Namen genannt hatte. Dokumentationen sind das eine; interessanter aber ist der Film, der vor dem inneren Auge der Öffentlichkeit abläuft. Zusammengesetzt aus all dem, was in Zeitungen, im Netz, in Talkshows, in Parlamenten und in Gerichtsverfahren zur Sprache kommt, erfüllt dieses Narrativ alle Anforderungen an einen Horror- und Katastrophenfilm.

Mehr noch: Er entspricht genau jenen »disaster-movies«, die in den Fünfzigerjahren im Umfeld der Angst vor der Atombombe in Hollywood und Japan entstanden, und lebt, als hätte die Phantasie keinen anderen Fixpunkt, von Monstern. Er ist das genaue Replikat der Geschichte vom verantwortungslosen Wissenschaftler, der ein Monster erschuf.

Alle Rollen in dem Katastrophenfilm der aktuellen Finanzkrise sind verteilt, und diejenigen, die den Plot erzählen – jene Trader, Banker und Politiker, die den amerikanischen Journalisten auf das Diktiergerät sprachen –, haben ihre eigene Rolle als Helden des Films nicht vergessen.

Schauen wir uns das Drehbuch so an, wie es die handelnden Personen selbst erzählen.

Erstens: Das Monster

Es ist nicht zu unterscheiden, ob es sich bei ihm um ein Artefakt, das Ding, handelt – der Computer, das »System« – oder um den Menschen selbst. Beide Varianten werden angeboten, beide stammen ursprünglich aus dem 19. Jahrhundert, als Mary Shelley ihren »Frankenstein« schrieb, der ebenfalls permanent mit seinem Monster verwechselt wurde.

Die einen beschreiben das Monster also als das Ergebnis von Formeln, Elektrizität, von Hardware und Software, die sich der menschlichen Kontrolle entzogen haben.

Für die anderen ist das Monster kein Amok laufendes Computerprogramm, sondern das Ergebnis von Deregulierung, Habgier und Selbstsucht. Habgier I: Menschen hatten sich Häuser gekauft, die sie sich nicht leisten konnten, und auf die Häuser, die ihnen nicht gehörten, weitere Kredite aufgenommen. Habgier II: Die Menschen, die sie dazu verführten und ihnen dafür das Geld gaben, hatten aus den Schuldverbriefungen, den Derivaten, ein großes unanständiges Geschäft gemacht, das nicht nur die Zahlungsunfähigkeit ihrer Klienten, sondern auch schon den Aufschub einkalkulierte, mit dem Zwangsvollstreckungen und Zwangsversteigerungen den Totalausfall ihrer Anleihen verzögern würden.

Aber Alan Greenspan lieferte vor dem amerikanischen Kongress eine dritte Erklärung. Das Monster, sagte er, sei mutiert aus »den besten Erkenntnissen« von Mathematikern und Nobelpreisträgern und den »großen Fortschritten in der Computer- und Informationstechnologie«.

Damals ging in der allgemeinen Empörung und Aufregung unter, dass gerade zum ersten Mal eine globale Krise mit dem Erscheinen des Cyborg, eines Mensch-Maschine-Mischwesens, erklärt wurde.

Das Monster – so will es die Spannungs-Ökonomie in den ersten Akten jedes Monster-Films – ist erst unsichtbar; dann sieht es aus wie Bernard Madoff. Die andere Erscheinungsform des Lebewesens, die Maschine, das Ding, stellt man gern in grün flackernden Zahlenreihen dar, die über Bildschirme rasen. Die Anthropologin Caitlin Zaloom hatte beobachtet, wie die sich ständig auf den Bildschirmen verändernden Zahlen eine Transmutation bewirkten.

Zahlen, die das härteste und unbestreitbarste Kommunikationsmittel sind und aus denen Naturgesetze abgeleitet werden, dienten nicht mehr zur Berechnung eines Marktes, sondern nur noch zu dessen Interpretation.[45]

Verwirrung ist durch einen konkurrierenden Begriff entstanden, der – vor Fukushima verwendet – besonders in Bankenkreisen Karriere machte: Kernschmelze. Damit sollte der menschliche Teil des Monsters amputiert und die Angelegenheit zu einer reinen Naturkatastrophe erklärt werden. Kernschmelze. Das klang physikalisch, gemeint war aber tatsächlich ein statistisches Monster: der größte anzunehmende Unfall, der aber zugleich der unwahrscheinlichste war.

Bereits in den Neunzigerjahren hatten zwei Autoren (einer von ihnen der Miterfinder der Wertsicherungsstrategie, mit der man seine Aktien gegen Verlust absichern kann) mathematisch bewiesen, dass der Aktiencrash von 1987 nicht passiert sei, weil er nicht passiert sein konnte: »Selbst wenn man die ganzen 20 Milliarden Jahre, die das Universum existiert, erlebt hätte … wäre die Wahrscheinlichkeit, dass es einen solchen Kursverlust auch nur einmal geben würde, buchstäblich ein Ding der Unmöglichkeit.«[46]

Was hier so physikalisch klingt, ist in Wahrheit uralter Bestandteil der Teratologie, der Monsterkunde: Ein Monster ist ein Ding der Unmöglichkeit, und genau deshalb ist es ein Monster.

Zweitens: Verrückte Wissenschaftler, die Mad Scientists

Bei ihnen ist – ähnlich wie bei Dr. Frankenstein – unklar, ob sie nicht selbst die Monster sind. Sie tragen keine weißen Kittel, sondern zerrissene Jeans und Chucks, sie hantierten nicht mit Reagenzgläsern, dafür aber mit elektronischen Funken und mathematischen Formeln, und sie heißen nicht Dr. Seltsam, sondern Quants.

Wie in der Hollywood-Fantasie, die sie in unterirdische Bunker, in Kellerräume oder an den Nordpol verlegt, arbeiten diese Wissenschaftler im Verborgenen. Lange Zeit wurde ihre schiere Existenz geheim gehalten, wie bei PDT, dem mächtigen Hedgefonds von Morgan-Stanley, wo nicht einmal Mitarbeiter im eigenen Haus von ihnen wussten.

Der Journalist Scott Patterson hat später berichtet, wie ahnungslos noch in den frühen Nullerjahren Schlips-und-Anzug-Banker bei Morgan Stanley waren, wenn sie zufällig im Fahrstuhl auf die »Zauberer« trafen.

»Was zum Teufel macht ihr Kerle hier eigentlich?« Auf solche Fragen antworteten die PDTler ausweichend und mit einem Schulterzucken: »Wir machen technisches Zeugs, irgendwas mit Computern. ›Quant-Zeug.‹«[47]

Drittens: Die Monsterkiller

Das Auftauchen von Monstern schafft einen Markt für Drachentöter, meist junge Männer mit starken männerbündischen Fantasien in Testosteron produzierenden Umgebungen. Das sind die Actionhelden unseres inneren Films über die Wirtschaftskrise, zumindest sehen sie sich selbst so. Die Trader sind diejenigen, die die Geschichte aus den Innereien der großen Lehman- und AIG-Maschine erzählen. Von allen Beteiligten unseres Films sind sie womöglich tatsächlich die Einzigen, die als Hollywoodhelden und Identifikationsfiguren taugen; weil sie in ihren geschlossenen Räumen vor den gleichen Computern sitzen, wie wir sie benutzen, und weil sie das moderne Leben als Überlebenskampf simulieren.

Sie sind gewissermaßen die ersten nicht militärischen Exemplare einer digitalisierten Gesellschaft, die in vollständiger Abgeschlossenheit den Menschen, mit dem sie »handeln«, nicht mehr erleben. Sie »handeln« an Computerfronten und werden nicht vom moralischen, sondern vom ökonomischen Profit getrieben. Ihre Aufgabe ist es, das zu tun, was zum Beispiel auch Söldner und der »Terminator« tun: Sie »absorbieren Risiko«, und da es kein Risiko gibt, das von ihren Auftraggebern nicht versichert oder bewertet worden ist (Zinssenkungen, Hurrikans, explodierende Atomkraftwerke), kämpfen sie an allen Fronten.

Moralisch sind sie nicht eindeutig. Gerne wechseln diese gut trainierten »He-Men« die Seiten.

Einer ihrer beliebtesten Kampftricks heißt »Tobashi«, gebildet aus dem japanischen Wort »tobasu«, was so viel heißt wie »etwas wegfliegen lassen«. »Wegfliegen«, also »unsichtbar werden«, sollen nach dem Tobashi-System und mithilfe von Finanzprodukten die Schulden von Staaten oder Unternehmen. Im Jahre 2008 waren diese Trader maßgeblich an einer Operation beteiligt, in der Griechenland seine Schulden mithilfe von Derivaten loswurde, in denen Goldman Sachs diese Schulden vor den Augen der Welt buchstäblich verschwinden ließ.

Dieser Trick brachte der Investmentbank ungefähr 300 Millionen Dollar und Griechenland eine Zinserleichterung von 1 Prozent. Da die Goldman-Sachs-Leute selbst am besten wussten, was sie gemacht hatten, benutzten sie ihr Wissen, um kurz darauf Griechenland wieder anzugreifen.[48]

Vor den Spiegelwelten ihrer Computerbildschirme begegnet sich dieser Typus von Trader selbst als Held eines Katastrophenfilms.

Monster, lautet eine alte Weisheit, kommen von selbst oder sie werden eingeschleppt. So, wie Ellen Ripley das Monster in Ridley Scotts »Alien« sowohl analysiert, tötet und zur Welt bringt, interpretieren, übernehmen und absorbieren Computer-Trader die unsichtbaren Risiken, die in modernen Institutionen entstehen. Den Moment, wo ihre Trader-Kollegen sich größter Gefahr aussetzen, vergleicht Caitlin Zaloom mit Augenblicken des Extrembergsteigens: eine Begegnung »mit dem wahren Ich«.[49]

Allerdings ist völlig unklar, ob sie dabei das Monster ausbrüten oder töten, die einen tun das eine, die anderen das andere. In jedem Fall tun sie es um des eigenen Profits willen, genauso wie der Superheld es tut, nur ist ihre Belohnung nicht mehr moralischer, sondern ökonomischer Natur; und im Falle der Niederlage sterben sie.

»Wenn das Geld weg ist, ist es weg«, zitiert Zaloom ihren Ausbilder, »aber glauben Sie mir: Es fühlt sich an wie der Tod. Man muss da durch.«[50]

Genau aus diesem Umfeld kamen auch jene Monsterkiller-Trader, die 2008 das System der Investmentbanken fast vernichtet hätten, indem sie erfolgreich dagegen wetteten. Sie hatten durch Leerverkäufe das Gegenserum in die Investmentbanken injiziert und damit deren Untergang – und ihren eigenen Aufstieg zu astronomischem Reichtum – herbeigeführt.

Einer der Erfolgreichsten unter ihnen ist Steve Eisman. »Es war, als ob wir das Monster fütterten«, würde er später bekennen. »Wir fütterten das Monster, bis es platzte.«[51]

Das Script

Das also sind die Beteiligten. Die Dialoge unseres Films bestehen bislang aus den unzähligen Kommentaren, Analysen und Beschwörungen von Krise und Gesellschaft.

Und auch, wenn Journalisten so tun, als sei es das Normalste von der Welt, haben sich Experten, Nobelpreisträger, Politiker und Medien selbst in der Beurteilung eines vergleichsweise überschaubaren technischen Vorgangs zum Teil radikal widersprochen. Ihre Dialoge klingen wie die Art bruchstückhafter Funkverkehr, der in Katastrophenfilmen immer zu falschen Schlüssen führt:

»… es gibt keine Alternative, Over …«

»… scheitert der Euro, scheitert Europa, Copy …«

Diese Funksprüche werden in einem Kontext gesendet, den die Politik selbst vorgab:

»… die größte Krise seit der Großen Depression …«

»… das gesamte System vor dem Zusammenbruch …«

»… Armageddon …«

Seit die Bundeskanzlerin der Bundesrepublik auf dem Höhepunkt der Lehman-Krise filmreif (und fast beispiellos) eine Reihe von Chefredakteuren einlud, um sie vor Panik zu warnen, befand sich die deutsche und europäische Politik in einem Irrflug – als würde eine hochnervöse Bodenstation (die Politik) versuchen, mit einem hochnervösen Piloten (den Märkten) über starkes Hintergrundrauschen hinweg zu kommunizieren. Und darum darf kein Bundesverfassungsgericht, kein Plebiszit und vor allem kein »falsches Wort« bei Absturzgefahr des Gesamtsystems diese Kommunikation zusätzlich stören.

Zum Hintergrundrauschen trugen auch andere bei: Parlamentarier, die heute rote Linien ziehen, die sie morgen überschreiten. Medien, wie etwa die Korrespondenten der TV-Sender, die von den Brüsseler Gipfeln wie für ein Drehbuch reden (»… hat sich durchgesetzt …«; »… hat sich nicht durchgesetzt …«), Journalisten, Experten, Talkrunden, die im 48-Stunden-Takt einander und sich selbst völlig widersprechende Deutungen liefern.

Es gibt wohl keinen Europäer, dem das Deutungs- und Meinungschaos der letzten Jahre entgangen wäre, einfach deshalb, weil es mit einem extremen Grad permanenter Wiederholung vermittelt und gesendet wird, gerade so, als würde durch die schiere Wiederholung der Sachverhalt geklärt. Das geschieht aber nicht deshalb, weil der Sachverhalt so komplex wäre, sondern weil er im wahrsten Sinne des Wortes bereits akustisch nicht zu verstehen ist. Und Pilot und Bodenstation können sich bekanntlich bei Unklarheiten, bei denen es um Leben oder Tod geht, nicht zusammensetzen, um die Dinge aus einer anderen Perspektive zu diskutieren, stattdessen wiederholen sie nur stets die gleiche Information, bis sie »kopiert«, also bestätigt wird.

Das markiert den Unterschied zwischen dem, was man »Information« nennt, und dem, was wir uns unter »Wissen« vorstellen. So wie sich das Drehbuch eines Films von der Wirklichkeit, die »Spielzüge« eines Spielers von Kommunikation oder die »Information« des Traders vom »Wissen« des Marktes unterscheiden.

Dieser Umgang mit Information entspricht dem, was unter dem Stichwort »Informationstheorie« schon zu Anfängen des

Computers gesetzt wurde: Informationssignale müssen keine Bedeutung haben, sie müssen nur gesendet werden, und zwar wieder und immer wieder …

Wer im Jahre 2013 die Marktkommunikation in Echtzeit verfolgt, die unzähligen, oft mit keiner Silbe aufeinander eingehenden und gewiss nie voneinander lernenden und zu einem Ergebnis kommenden Kommentare und Analysen liest, kann erkennen, wie sehr dies das Script unseres Alltags geworden ist. Alles reduziert sich am Ende auf Ja, Nein, Ausschluss, Einschluss (zum Beispiel Griechenlands), und am Ende klingt das alles so, wie es Neurowissenschaftler Ralph Gerard einst parodistisch voraussagte:

»Ein Mann geht allein auf eine Party und bemerkt, dass die Gäste dort einander Zahlen zurufen und dann lauthals zu lachen anfangen. Ein Anwesender erklärt: ›Wir kennen viele Witze, und wir haben sie so oft erzählt, dass wir inzwischen nur noch eine Zahl für sie verwenden.‹ Der Mann denkt, er könne es auch einmal versuchen und sagt laut in die Runde: ›63.‹ Die Reaktion fällt schwach aus. ›Was ist los, ist das kein Witz?‹, fragt er. ›Doch, das ist sogar einer unserer besten Witze, aber Sie haben ihn nicht gut erzählt.‹«[52]

Genau so werfen sich die europäischen Öffentlichkeiten Zahlen an den Kopf, die das Monster bändigen sollen. All diese Zahlen sind nichts anderes als Interpretationen der Frage, ob eine Gesellschaft, ein Staat, die Eurozone überleben werden oder nicht. Es ist praktisch unmöglich, zwischen diesen Zahlen und der eigenen Identität als Bürger irgendeinen Zusammenhang herzustellen. Kaum werden sie genannt, lacht schon jemand, entweder weil er behauptet, sie würden niemals ausreichen, oder weil er der Meinung ist, damit würde man das Monster nur noch mehr füttern.

Die Wissenschaftler bieten derweil fundamental widersprüchliche Gegenmittel, und während die einen über »63« laut lachen, finden andere, das sei nur ein billiger Abklatsch. Es ist nicht nur die Krise eines Finanzsystems, von dem wir reden, sondern eines kognitiven Systems, das zwischen Information und Wissen nicht mehr zu unterscheiden vermag, weil alles zu Spielzügen (oder Drehbuchszenen) geworden ist.

Mitte der Sechzigerjahre hatte Susan Sontag eine Analyse der amerikanischen Science-Fiction-, Horror- und Katastrophenfilme des Kalten Kriegs geschrieben. Darin zeigt sie, wie sehr die Monsterängste nicht nur von der Angst vor der Bombe getrieben sind, sondern auch von dem Gefühl der Depersonalisierung – als würden die Menschen befürchten, ihr individuelles Ich durch die »Invasion of the body snatchers«, »The creeping unknown«, »The Puppet People« oder »The Brain Eaters« für immer zu verlieren. Das Verbrechen der Monster ist »schlimmer als Mord. Sie töten die Person nicht einfach. Sie löschen sie«.[53] Es war die Vorahnung einer Welt, in der das Ich zu einer »Black Box« werden sollte, definiert allein durch Präferenzen und zwar – Hollywood ließ sich nicht lumpen – der Präferenz aller Präferenzen: zu überleben.

Nur durch Verstellung, Tricks, Pokern mit menschlicher Irrationalität und mithilfe der »weißen Magie« der Wissenschaft ist ein einzelner Held (allerdings zusammen mit dem Militär) in der Lage, die Welt zu retten.

In ihrem Essay hatte Sontag in leeren Dialogen auch den Satz identifiziert, der immer dann im Kampf gegen die Monster fällt, wenn der Held, die Armee oder die Politiker ihren Verteidigungsplan aushecken (»hedgen«). So sicher wie das Amen in der Kirche, immer und überall, heißt es dann:

»Ich hoffe, es funktioniert.«

Anfang der Fünfzigerjahre besuchte ein von der neuen intellektuellen Waffe, der »Spieltheorie«, euphorisierter Journalist das Pentagon. Er schrieb an einem Buch mit dem Titel »Strategien für Poker, Business und Krieg«, denn er hatte gehört, dass die Armee den Stein der Weisen für solche Strategien gefunden habe. Ein Denksystem für das Atomzeitalter, mindestens so wichtig wie die Bombe selbst: »In der spartanischen Umgebung eines Pentagon-Büros sagte ein junger Wissenschaftler, der für die Air Force arbeitete: ›Wir hoffen, es wird funktionieren, genauso wie wir 1942 gehofft haben, dass die Atombombe funktioniert.‹«[54]

Es hat funktioniert. Es war der Stein der Weisen. Wer ihn besitzt, so behaupteten einst die Alchemisten, kann Blei in Gold verwandeln. Aber er hat auch Risiken und Nebeneffekte. Denn ohne dass es jemand wirklich wollte oder auch nur ahnte, sind nun die Monster in unsere Welt zurückgekehrt.

6 Ratio

Jeder Mensch wird Manager seines eigenen Ichs

Wir sind zu zweit. Wo immer wir sind, wir sind zu zweit. Sie können der einsamste Mensch der Welt sein und Sie sind zu zweit. Man kann die Türen verbarrikadieren, die Fenster schließen, Nummer 2 drängt sich noch schnell herein. Nummer 2 folgt uns wie ein Schatten und nimmt uns die Sonne. Nummer 2 *ist* die Sonne und sagt: Schau, wie schön ich leuchte. Nummer 2 trifft Entscheidungen für uns, macht Deals, schaut in die Zukunft, lobt uns, beschenkt uns, bestraft uns. Und vor allem: Nummer 2 wettet auf uns und setzt dabei immer öfter unsere Existenz aufs Spiel. Er fängt leider an, ein Monster zu werden.

Er ist ein Hominid, ein menschenähnliches Wesen. Nummer 2 wurde nicht als Monster geboren, sondern als »homo oeconomicus«, eine Hypothese des Menschen zur Simulation des Menschen. Ein ideales, mathematisches Wesen, das gerne mörderische Spiele spielt. Man kann gut mit ihm rechnen, aber ziemlich schwer mit ihm leben.

Man hat ihn »Double«, »Dummy«, den »ökonomischen Agenten«, den »verdoppelten« oder den »gefälschten« Menschen genannt. In diesem Buch nennen wir ihn »Nummer 2«. Weil er irgendwann anfing, für Nummer 1, den echten Menschen, zu denken und zu handeln.

Er ist – in der Version, mit der wir heute zu tun haben – das rein ökonomisch handelnde Modell eines Menschen, der rational, und das heißt konsistent in Übereinstimmung mit seinen Regeln, in Märkten seinen Vorteil sucht. Eine kleine Lustmaschine, der es nur um die Durchsetzung ihrer Konsumwünsche (ihrer »Präferenzen«) geht und die Altruismus, wenn überhaupt, nur interessiert, sofern er indirekt dem eigenen Vorteil dient. Das von den Ökonomen konstruierte Wesen hat glasklare und berechenbare Präferenzen – Misstrauen und Selbstsucht –, es wird getrieben vom Willen zum Profit, und seine »Wahrheit« beginnt und endet im Preis. Nummer 2 hat eine unbändige Sucht nach Informationen, die ihm im Spiel des Lebens einen Vorteil verschaffen können.

Fast jeder Mensch, der nicht gerade einen Atomkrieg führen oder vermeiden wollte, konnte Nummer 2 bis zum Ende des Kalten Kriegs ignorieren. Deshalb haben wir alle jahrzehntelang gedankenlos mit Nummer 2 gelebt, oft gar nicht gemerkt, dass er da ist. Wie auch? Solange seine Formel vordigitale Märkte und altmodische Welten betraf, war sein Handlungsspielraum begrenzt und musste die echten Menschen, insbesondere die im Land Ludwig Erhards, wenig kümmern.

»Spieltheorie« hatten die Ökonomen das Regelwerk von Nummer 2 lebenslustig genannt. Diese Theorie, so bringt es der amerikanische Journalist Fred Kaplan auf den Begriff, »behauptete, dass es unvernünftiges Verhalten sei, über seinen Schatten zu springen, also das zu tun, was für beide Seiten das Beste sei, und darauf zu vertrauen, dass der Gegner dasselbe tut. In diesem Sinn war die Spieltheorie die perfekte intellektuelle Grundlage für den Kalten Krieg«.[55]

John von Neumann, ein Universalgenie der Epoche, und sein Kollege Oskar Morgenstern hatten bereits 1944 ihr Werk »Spieltheorie und ökonomisches Verhalten« veröffentlicht (das im

Wesentlichen eine Fortführung eines bereits 1928 verfassten Manuskripts war). Doch was eigentlich als ökonomische Theorie gedacht war, fand zunächst kaum Widerhall in der Disziplin. Es war von Neumann, der nebenbei mit der Entwicklung von Atombombe und Computer befasst war, der sofort die Chance erkannte, seine Thesen beim Militär auszuprobieren.[56]

Binnen weniger Jahre wurde unter dem Dach der RAND Corporation die Theorie zu einem Universalwerkzeug für alle Arten von Entscheidungs- und Verhandlungsproblemen, in deren Zentrum Nummer 2 stand, ein Wesen, das vernünftig war, weil es in allem immer nur seinen eigenen Nutzen suchte.

War die Spieltheorie das Werkzeug von Nummer 2, so wurde die »Theorie der rationalen Entscheidung«, die ab 1951 sich entwickelnde und eng mit der Spieltheorie verknüpfte *rational-choice-theory,* seine Lebensphilosophie. Sosehr man auch im Laufe der Zeit Einschränkungen und leise Relativierungen für den Ego-Trip von Nummer 2 formulierte, im Kern blieb es dabei, was einer der RAND-Protagonisten Ende der Fünfzigerjahre formulierte: »Wann immer wir über rationales Verhalten reden, meinen wir grundsätzlich rationales Verhalten, das eigennützigen Zwecken dient.«[57]

Die »Spiele« der Spieltheorie waren reine Mathematik, und sie galten seit 1953 als militärische Geheimnisse, die abends von Forschern, die über hohe Unbedenklichkeitsbescheinigungen verfügten, in Panzerschränke eingeschlossen wurden.[58] Faktisch behandelten diese Forscher den Weltkonflikt als ein ökonomisches »Optimierungsproblem«, das nur von einem geradezu krankhaft rationalen Wesen gelöst werden konnte; dem, das wir Nummer 2 nennen.

»Bei RAND«, schreibt die Journalistin Sylvia Nasar in ihrer Biografie des »beautiful mind« John Nash, »wimmelte es von Männern und Frauen, die der Vorstellung anhingen, eine systematische Denkweise und ihre Quantifizierung seien der Schlüssel zu den komplexesten Problemen. Fakten, am besten losgelöst von Emotionen, Konventionen und vorgefassten Meinungen, regierten alles. Wenn die Reduzierung komplizierter politischer und militärischer Entscheidungen einschließlich der Problematik eines Atomkriegs auf mathematischen Formeln zur Lösung der Probleme beitragen konnte, so musste sich diese Methode auch für Angelegenheiten des Alltags eignen. Und so versuchten die Wissenschaftler von RAND ihren Ehefrauen einzureden, dass die Entscheidung, ob sie eine Waschmaschine kaufen sollten oder nicht, ein ›Optimierungsproblem‹ darstellte.«[59]

Diese RAND-Mathematiker entsprachen sowohl in ihrem Sozialverhalten als auch in ihrer Hyper-Rationalität genau den späteren »Quants«, also jenen Mathematikern und Physikern, die in den Investmentbanken die finanztechnischen Killer-Produkte berechneten.

Die Fragen, denen sie nachgingen, lauteten: Wie findet man die beste Strategie gegen einen Mitspieler, der über das gleiche Drohpotenzial verfügt wie man selbst? Wann muss man bei einem Duell schießen? Wie findet man heraus, ob der andere überhaupt noch eine Kugel hat?

Bekannt war, dass bei RAND – in Santa Monica am Pazifik gelegen – viele der Wissenschaftler arbeiteten, die an der Entwicklung der Atombombe, des Radars und der Langstreckenrakete beteiligt gewesen waren. Zwar blieben der Öffentlichkeit viele der strategischen Neben- und Kreuzwege verschlossen (selbst die Veröffentlichungspraxis von RAND folgte offenbar spieltheoretischen Konzepten, d.h. manches wurde nur veröffentlicht, damit der Gegner dachte, dass RAND denkt …), aber wir erinnern uns noch gut an die abendliche »Tagesschau«, die über immer komplexere und letztlich unverständliche diplomatische Abrüstungsinitiativen, Drohungen oder Aufrüstungen berichtete.

»Es war für beide Seiten sinnvoll«, schreibt Kaplan, »keine Atombomben mehr zu bauen, aber keine der Seiten konnte das Vertrauen haben, einen Vertrag über den gegenseitigen Rüstungsstopp zu unterschreiben, denn sie musste annehmen, dass die andere Seite betrügen, mehr bauen und gewinnen würde.«

Der vielleicht genialste und paranoideste Kopf in diesem Spiel war der amerikanische Mathematiker John Nash, den die Welt 2001 als Held in dem oscarprämierten Drama »A beautiful Mind« kennenlernte. Er war es, der mit anscheinend unumstößlicher Logik bewies, dass das Spiel des Lebens nur dann rational gespielt werden konnte, wenn jeder Spieler vom absoluten Eigennutz und einem abgrundtiefen Misstrauen gegenüber der anderen Seite getrieben war.

Nash hatte eine Theorie »nicht kooperativer« Spiele entworfen. Spiele also, in denen man mit dem Spielpartner nicht kommunizieren kann, ihm nicht traut, und in denen beide Opponenten in ihrem Kopfe genau die wahrscheinlichsten Pläne des anderen vorwegnehmen.

Die »wahrscheinlichsten« oder, in den Worten der Spieltheoretiker, die »rationalsten« Spielzüge des anderen sind aber immer die eigennützigen.

Es war eine Einfühlung ganz besonderer Art: Man musste sich in den Egoismus des anderen hineinversetzen, um seinen eigenen Egoismus besser ausspielen zu können. In der nüchternen Sprache der Theorie: den jeweils besten strategischen Spielzug unter Berücksichtigung des besten Spielzugs des anderen vollführen und damit eine Art Gleichgewicht herstellen.

Das war das mittlerweile berühmte Nash-Equilibrium, und es ist nichts anderes als die mathematische Weltformel für konsequenten und erfolgreichen Egoismus. Als mathematische Formel ist sie kompliziert. Aber man muss sie nicht lernen. Sie findet sich heute in Börsenalgorithmen von Hedgefonds, in Auktionsplattformen, in den mächtigsten Werbealgorithmen der Welt und vermutlich auch in sozialen Netzwerken. Sie ist der große Ego-Automat im Herzen unserer Systeme.

»Jedermann«, fasst der Wissenschaftshistoriker Mirowski die Formel zusammen, die unsere Welt regiert, »wird so zu einem kleinen Agenten, und wir alle versuchen uns gegenseitig über den Tisch zu ziehen – und im Nash-Gleichgewicht legen wir die Regeln fest, wie wir das zu tun gedenken. Es porträtiert jeden von uns so, als wären wir alle irgendwelche algorithmischen Computer, die sich gegenseitig auszutricksen versuchen ... Diese Vision, wonach jeder auf seinen eigenen Einfallsreichtum angewiesen ist, zynisch andere Menschen manipuliert bei gleichzeitiger Abwesenheit von auch nur einer Spur sozialer Intelligenz ..., ist ziemlich genau das Bild des Agenten im Neoliberalismus. In einem Wort: Jeder Mensch wird auf den Status eines Unternehmers seines eigenen Ichs reduziert.«[60]

Je erfolgreicher im Kalten Krieg die Verteidigungsexperten in den Denkfabriken mit ihren Ratschlägen waren, je effizienter »gegenseitige Abschreckung« und »massive Vergeltung«, zwei der strategischen Leitsätze des Kalten Kriegs, funktionierten, desto mehr konnte sich diese Logik als gutes Rezept für jede Art zwischenmenschlicher Verhandlungen durchsetzen.

Und je schütterer sich die Sowjetunion präsentierte, desto mehr wurde das, was militärisch war, zu einer Sache der Ökonomie.

Die Modelle haben nichts mit den humanistischen Lippenbekenntnissen zu tun, die insbesondere in Europa das Bild des solidarischen, kooperativen Menschen in den Mittelpunkt des staatsbürgerlichen Verständnisses stellten.

Man fuhr besser, wenn man in der modernen Gesellschaft damit rechnete, dass jeder Mitspieler den anderen bewertet und permanent eigene Vorteile maximieren will: »Wenn ich denke, dass er denkt, dass ich denke« – und so weiter. Das Spiel tut also genau das, was Vance Packard einst zu einem drohenden Kennzeichen der modernen Gesellschaft machte: Jeder versucht permanent in den Kopf des Gegenübers einzudringen, um ein Spiel zu gewinnen oder, was dasselbe ist, Geschäfte zu machen. Jeder Militär versucht es, jeder Börsentrader, jeder Facebook-Algorithmus – unsere ganze Welt ist konsequenterweise eine Welt des In-den-Kopf-Eindringens geworden.

Eine Reihe von sonderbaren Vorkommnissen haben Autoren wie Douglas Rushkoff und Philip Mirowski zu dem Hinweis veranlasst, dass ein paar der wichtigsten Vordenker der neuen Rationalität Zeichen hochgradiger mentaler Störungen aufwiesen wie Paranoia und Schizophrenie. Im Fall von Nash so sehr, dass, wie Mirowski schreibt, die bizarre Situation entstand, dass das Nobelpreiskomitee alles tun musste, um zu verhindern, dass Nash öffentlich auftrat.[61] Anhand einer der Wanderanekdoten über John Nash, hier in der Version von Douglas Rushkoff, kann man in der Tat verstehen, worin der Unterschied besteht, ob man Spieltheorie mit Menschen oder mit Rechnern spielt:

»Die RAND-Wissenschaftler testeten eines ihrer wichtigsten Spiele, das ›Gefangenen-Dilemma‹, mit den Sekretärinnen, die bei RAND arbeiteten, indem sie alle möglichen Szenarien kreierten, in denen die Frauen kooperieren oder einander betrügen konnten. In jedem einzelnen Experiment wählten die Sekretärinnen allerdings nicht den egoistischen Weg, den die RAND-Forscher erwartet hatten, sondern die Kooperation. Das konnte John Nash nicht davon abhalten … weiterhin Spielszenarien für die Regierung zu entwickeln, die auf Angst und Egoismus basierten … Nash schob die Schuld für die misslungenen Experimente auf die Sekretärinnen. Sie seien schwache Subjekte, unfähig, der einfachen Grundregel zu folgen, dass ihre Strategien egoistisch zu sein hatten.«[62]

Heute ist das Nash-Equilibrium als der Kompromiss, den zwei Spieler finden können, die voneinander das Schlechteste denken und nicht kommunizieren (denn an den Börse kennt man den Mitspieler nicht), in vielen der Algorithmen codiert, die an den Finanzmärkten und anderswo in der schönen neuen Welt Geschäfte machen.

Nash war derjenige, der diese Strategien nicht mehr nur für das Militär, sondern für alle Formen sozialer Interaktion anwendbar machte. Vor allem aber, so behaupteten seine Bewunderer, wurde es nun möglich, das Ergebnis praktisch jeder Strategie, jeder Auktion, jedes Börsengeschäfts vorherzusagen. Einer, der das vehement tat, war der amerikanische Mikroökonom Hal Varian in seiner enthusiastischen Besprechung des Films »A beautiful mind«.[63] Varian ist heute Chefökonom von Google und hat wesentlich die spieltheoretischen Modelle für Google Adwords programmiert, einen mächtigen Auktionsalgorithmus.

Was man heute »Informationsökonomie« nennt, ist eben kein Kind der Gegenwart, sondern eines Weltkonflikts, der die Weltmächte in Gedankenspiele einsperrte. Damals spielten menschliche und künstliche Hirne millionenfach alle erdenklichen Szenarien durch, die den Feind manipulieren, austricksen, verwirren, motivieren, erschrecken, lähmen und zu Handlungen verführen sollten. Heute geht es darum, mit den Modellen das Verhalten egoistischer Mitspieler vorherzusagen.

Was bei Adwords noch harmlos ist, wird gefährlich bei Börsen- oder Verhaltensvoraussagen, wie sie von Sicherheitsbehörden, sozialen Netzwerken oder Datenkraken nach den gleichen Modellen angewendet werden. Sagen sie irgendetwas über wirkliche Menschen aus? Bestätigen sie den Egoismus als Handlungsmotiv von allem und jedem oder sind sie nicht vielmehr etwas viel Gefährlicheres: eine Art selbsterfüllende Prophezeiung?

Einer der wichtigsten und nachdenklichsten Spieltheoretiker, der israelische Ökonom Ariel Rubinstein, widersprach und widerspricht bis heute. »Ich habe absolut keine Erklärung dafür, wie Varian auf die Idee kommen kann, dass man mit dem Nash-Gleichgewicht irgendetwas vorhersagen kann«, schrieb er und warnte: Niemals dürfe man Nummer 2 mit der Wirklichkeit verwechseln, niemals glauben, dass die Spieltheorie Handlungsanweisungen für das wirkliche Leben liefern könne. Sie beschreibt nicht die Wirklichkeit, sie ist nur in gewissen Situationen ein Angebot, eine bestimmte Logik zu analysieren, sie ist, so Rubinstein, nicht »nützlich« für den Alltag in irgendeinem pragmatischen Sinn.[64]

Ach, die Widerrede ist menschlich, aber aussichtslos. Nummer 2 ist viel zu effizient. Und man kann ihn »computen«. Er hatte von Anfang an eine nicht zu unterschätzende psychologische Funktion. Er stärkte das Selbstvertrauen. Die Moderne hatte – mit Sigmund Freud & Co. und mit wachsenden moralischen Selbstwidersprüchen des kapitalistischen Systems – das »Ich« aufgelöst. Die Entschlossenheit, mit der nun zum Weltgesetz erhoben wurde, dass rational sei, was einem selbst nutzt, machte Nummer 2 zu einer willkommenen Alternative. Erst für eine Weile beim Militär und dann, ab den Neunzigerjahren, bei seinen Nachfolgern, den »Masters of the universe« der Wall Street.

Es blieb einem begnadeten Science-Fiction-Autor vorbehalten, den Augenblick zu markieren, wo die kleinen gefährlichen Denkmaschinen die Sphäre des Militärischen verließen und in die Zivilgesellschaft einwanderten.

Philip K. Dick (1928–1982), dessen in den Fünfzigerjahren erschienener Roman »Solar Lottery« von einem Staat erzählt, der nach den Regeln der Spieltheorie aufgebaut ist, berichtet im Vorwort:

»Ich begann mich für die Spieltheorie des Mathematikers John von Neumann zu interessieren, zunächst in einer ganz intellektuellen Weise, wie für das Schachspiel, dann mit dem unangenehmer werdenden Bewusstsein, dass sie eine immer größere Rolle im Leben unseres Staates zu übernehmen schien. Und obwohl Spezialisten auf benachbarten Gebieten – der Mathematik, der Statistik, Soziologie und Wirtschaftswissenschaft – von ihrer Existenz wussten, ist die Spieltheorie bis heute nur wenig bekannt und publiziert ... Heute ist die Theorie ein wesentlicher Bestandteil der Strategie der Vereinigten Staaten und der Sowjetunion. Während ich an diesem Buch schrieb, wurde von Neumann, der Mitbegründer des Modells, zur Atomenergiekommission berufen.«[65]

Es ging, wie Dick richtig erkannte, bei alldem zwar zunächst um die Ökonomie des Krieges in Zeiten der Bombe; immerhin hatte Nikita Chruschtschow verlauten lassen, seine Fabriken würden Atombomben produzieren »wie Würste«.[66] Es ging aber zugleich von Anfang an um Ökonomie an sich und um die Programmierung des homo oeconomicus.

Es ist merkwürdig, wie gleichgültig hingenommen wurde, dass diese Formel einer politischen Physik, die mindestens so wichtig war wie die Formel der Bombe, umstandslos vom Militär in den Bereich der Ökonomie wanderte.[67]

Ein Grund war die letztlich unbeweisbare Behauptung, die Spieltheorie habe den Atomkrieg verhindert, und wer dieses mörderische Spiel gewonnen habe, könne jedes Spiel gewinnen.

Einen anderen Grund nennt Philip Mirowski 2004 in seinem überragenden Standardwerk »Machine Dreams«. Ein beträchtlicher Teil der öffentlich zugänglichen Papiere, die sich mit der Spieltheorie befassten, war manchmal irreführend. Es konnte passieren, dass ein Autor Texte veröffentlichte, in denen das Gegenteil von dem stand, was er in seinen militärischen Geheimpapieren schrieb. Robert Aumann, Nobelpreisträger für Ökonomie, hat später berichtet, dass vor 1989 nur Bruchstücke der Modelle bekannt wurden und das meiste selbst unter Wissenschaftlern nur durch Flüsterpropaganda weitergegeben wurde.[68] Dennoch drang, insbesondere in der Anfangsphase, als es um Budgets und Stipendien ging, genug nach außen, um die Strategie geheimnisvoll und hip zu machen.

Und das ist auch durchaus verständlich: Als Gedankenmodell mit beschränktem Wirkungsgrad hat Nummer 2 durchaus etwas zu bieten. Als Werkzeug kann die Spieltheorie Verteilungsprobleme lösen, sei es, um zwei berühmte Beispiele zu nennen, die von Studentenschlafsälen oder von Nierentransplantationen.

Doch das Problem ist, dass die Theorie nicht nur Handeln beschreibt, sondern Handeln erzwingt, sie ist nicht nur deskriptiv, sondern auch normativ. Sie postuliert nicht nur Egoisten, sie produziert sie. Die Rationalität, die sie sich auf die Fahnen schreibt, kommt nicht von selbst. Wenn es nicht anders geht, zwingt sie den Mitspieler zur Vernunft. Die Einsicht, dass es im eigenen Interesse sein kann, auf einen möglichen Profit (oder Sieg) zu verzichten, entsteht bei ihr nicht durch irgendeinen moralischen Code, sondern einzig aus Angst vor Strafe. Denn zu den »Charaktereigenschaften« von Nummer 2, Egoismus und Profitmaximierung, kommt noch eine dritte hinzu: die pure Angst. Sie entspringt einer Logik, die im Kalten Krieg wieder und wieder durchgespielt wurde: Vernünftiges Verhalten des Gegners entsteht nicht durch vernünftige Argumente, sondern durch Drohungen und Angst vor Vernichtung.

Höchst anschaulich hat Philip Mirowski diese Logik beschrieben: »Verteidigungsexperten wie Thomas Schelling beispielsweise erklärten ihren Auftraggebern, dass es ›vernünftig‹ sei, alles Leben auf der Erde zu riskieren, um … einen vorübergehenden politischen Vorteil über einen Gegner zu erzielen …

dass es möglich sei, diesen Gegner verrückt zu machen vor Angst, um ihn dadurch ›rationaler‹ werden zu lassen.«[69]

Natürlich war Spieltheorie nicht alles. Eine Geschichte, die das Entstehen der neuen Rationalität erzählt, müsste auf die behavioristischen Ideen B. F. Skinners eingehen, die heute das Design der Plattformen von Google und Facebook auf der Oberfläche mehr bestimmen als die Spieltheorie: »Tue dies« – »Bekomme diese Belohnung«.

Viele Jahrzehnte später ist diese Rationalität im Inneren der Zivilgesellschaft angekommen. Jetzt drohen spieltheoretisch versierte Banken damit, dass ihr Untergang, wenn sie nicht »gerettet« werden, zum Untergang des gesamten Finanzsystems wird. Die Botschaft lautet in einer atemberaubenden Umkehrung moralischer Verantwortlichkeitet: Rettet uns, damit ihr euch nutzt.

Jetzt kann die Frage, ob ein Land wie Griechenland ökonomisch die Euro-Zone verlassen sollte, nicht mehr gestellt werden, ohne dass der Zusammenbruch des gesamten Systems an die Wand gemalt wird. Jetzt empfehlen Investmentbanken und Hedgefonds ihren Kunden, in diesem Spiel mitzuspielen und in die Krise des europäischen Kontinents nach rein spieltheoretischen Regeln zu investieren.[70]

»Die Desintegration des sozialen und ökonomischen Systems«, hatte Philip K. Dick ahnungsvoll geschrieben, »war langsam, aber gründlich erfolgt. Dieser Prozess war so tiefgreifend, dass die Leute den Glauben an die Naturgesetze selbst verloren. Nichts schien mehr fest oder stabil zu sein; das Universum war ein ständiger Wechsel. Niemand wusste, was als nächstes kam. Niemand konnte sich auf etwas verlassen. Statistische Voraussagen wurden ungewöhnlich populär. Das ganze Konzept von Ursache und Wirkung starb völlig aus. Die Leute verloren den Glauben an die Kontrolle ihrer Umgebung. Was blieb, war einfach die Wahrscheinlichkeit, und nur darauf konnte man sich verlassen: gute Chancen in einem Universum des Zufalls.«[71]

Nicht nur Technologien können missbraucht werden, auch Theorien. Vielleicht hat niemand so deutlich vor dem Missbrauch der eigenen Theorie gewarnt wie Ariel Rubinstein. Beinahe fassungslos berichtet er in seinen Erinnerungen, wie ein nützliches, aber höchst begrenztes und größenteils akademisches Denkmodell im Begriff ist, das Wertesystem der Welt zu verändern. Es habe dazu geführt, den unbezweifelbaren Egoismus des menschlichen Ichs gleichsam wie in einem Treibhaus zu kultivieren und auszubeuten.

Das Unglück entsteht, wenn man das Modell mit der Wirklichkeit verwechselt. Wie all die Modelle, die Alan Greenspans Weltbild nach Kontakt mit der Wirklichkeit zum Einsturz brachten. Er glaube seit Langem, schreibt Rubinstein, »dass das Studium der Spieltheorie nicht nützlich ist und sogar schädlich, weil sie potentiell Selbstsucht und Hinterhältigkeit fördert«. Und auch als ein Experiment mit Studenten zeigt, dass das nicht unbedingt der Fall sein muss, bekräftigt er: »Ich glaube immer noch, dass solch eine Wirkung existiert.«[72]

Sie macht Menschen zu etwas, was sie nicht sind. Und dort, wo Intuition noch lebendig ist, wehren sie die Zumutung ab, nach den Regeln von Nummer 2 zu handeln. Einmal versucht Rubinstein auf dem Basar in der Altstadt von Jerusalem mithilfe der Spieltheorie einen Preis auszuhandeln. Er macht sich zu Nummer 2. Er handelt genau so, wie die Theorie es vorschreibt, und erwartet, dass die Vorhersagen eintreffen. Das Experiment geht völlig schief. »Seit Generationen«, so quittiert der Händler das missglückte Geschäft, »feilschen wir hier um den Preis auf unsere Art – und jetzt kommen Sie und wollen das ändern.«

Rubinstein bleibt nichts mehr zu tun: »Ich verließ ihn voller Scham.«[73]

Heute sind wir dieser Basarhändler. Einer taucht aus dem Nichts auf und will uns zwingen, nach neuen Regeln zu handeln. Nur können wir ihn nicht wegschicken. In automatisierten Märkten zwingt er uns in seine Logik. Selbst wenn man nicht mitspielt, wird man ins Spiel hineingezogen: taxiert, quantifiziert, und alles, was man sagt und tut, wird auf den universalen Ego-Trip reduziert.

Längst gilt das nicht mehr nur für ökonomische Transaktionen, sondern auch für soziale Kommunikation, für Verhandlungen, für soziale Netzwerke, für Medien, für das »bad karma« digitaler Empörungswellen.

Die leicht paranoide Welt des gegenseitigen Unterstellens, Irreführens, Misstrauens ist jedenfalls nicht kleiner geworden in den letzten Jahren, sondern wurde fast zu einer Art Wachstumshormon der neuen Informationsökonomie – und all ihrer Überwachungs-, Trackings- und Analysetools.

Es ist deshalb kein übertriebenes Pathos, wenn man mit Manuel Castells sagt, dass etwas »entfesselt« wurde.

Diese »Entfesselung« war möglich, weil man am 9. November 1989 nicht gut genug aufgepasst hat. Es stimmt: Der Kommunismus war zu Ende. Was aber war eigentlich mit jenen westlich-kapitalistischen Theorien, deren Entstehen und deren Weltsicht nur mit der Existenz des Kommunismus zu erklären war? Wieso kam binnen Kurzem und entgegen den Prognosen die soziale Marktwirtschaft so sehr durch ein Gesellschaftsmodell unter Druck, das sich »Neoliberalismus« nannte?

Man hatte vergessen, dass die Radikalität von Nummer 2, all die Formeln über Egoismus und Nutzenoptimierung und all die Behauptungen über die fast göttliche Allwissenheit des

Marktes, die zwischen 1950 und 1989 entstanden, selbst Teil einer ideologischen Kriegsführung gewesen waren. Sie waren immer auch der Versuch, die kommunistische Doktrin zu widerlegen.

Selbst erzkonservative Ökonomen waren sich, wie S.M. Amadae gezeigt hat, in den Fünfziger- und Sechzigerjahren nicht sicher, ob das Moskauer Modell nicht funktionieren könnte. In der Sowjetunion war eine Macht am Werk, die an Planung glaubte und daran (zumindest auf dem Papier), dass das höhere Ziel die egoistischen Interessen des Einzelnen nicht nur übertrifft, sondern sie geradezu auslöscht. Und sie hatte Sputnik ins All geschossen und die Atombombe nachgebaut. Es war alles andere als sicher, dass das planwirtschaftliche Experiment scheitern würde. Es war ebenso wenig klar, ob das westliche System siegen würde. Die These, dass der Markt die Wahrheitsmaschine ist und für ein letztlich harmonisches Gleichgewicht sorgt, weil jeder Marktteilnehmer immer nur seinen eigenen Interessen folgt, war nie »bewiesen« worden. Wer sollte das wirklich wissen?

Es gab auch ideologische Bedenken gegen ein Europa, das zwei schreckliche Kollektivismen ausgebrütet hatte. Alarmierend schien auch, dass im europäischen Westen »unwissenschaftliche« Überzeugungen von Solidarität, Kooperation und Selbstlosigkeit die Menschen anzogen. Auch das galt den RAND-Ökonomen und ihren Kollegen aus Chicago als verdächtig. Selbst Ludwig Erhard musste sich in den Fünfzigerjahren dafür rechtfertigen, dass er seiner Wirtschaftsordnung das gefährliche Adjektiv »sozial« verpasste.

Die Ur-Motivation hinter dem verabsolutierten Egoismus war immer auch strategisch: mit der ganzen Wucht einer Wissenschaft zu beweisen, dass der Mensch ganz anders tickte, als es der ideologische Gegner behauptete.

Und dann, nach Jahrzehnten, war der Spieler aus Moskau pleite. Welch ein Sieg, jubelten die militärischen Hyper-Pokerspieler, als am 9. November 1989 die Mauer fiel; und dies alles mit der Kraft der Gedanken. Zum ersten Mal in der Geschichte, so schien es, war ein mathematisches Gedankenmodell, das seine Premiere auf Computern hatte, zur Waffe geworden.

Dieser Sieg war der entscheidende Grund, warum man anfing, die Idee mit der Wirklichkeit zu verwechseln. Immerhin: Der Kalte Krieg war gewonnen worden, was will man mehr zum Beweis der Gültigkeit der Theorie?

»Wir konnten bei der Sowjetunion«, sagte Barack Obama noch als Senator und mit Blick auf die Irrationalität der neuen Weltordnung im Jahre 2004, »das Modell verstehen, mit dem sie operierten. Es lautete etwa: Sie wollen nicht in die Luft gejagt werden, wir wollen nicht in die Luft gejagt werden, also benutzt man die Spieltheorie und berechnet Wege, die Sache in Schach zu halten.«[74]

Das Spiel schien so wunderbar zu funktionieren, dass man es weiterspielen wollte. Theorie und dazugehöriges Menschenbild begannen sich zu verselbstständigen. Entkoppelt von dem Systemkonflikt, begann man, trotz der Warnungen einiger Ökonomen zu vergessen, wofür sie einst aufgestellt worden waren. Man machte einfach weiter und begann nun, verstärkt durch moderne Rechenmaschinen, die eigene Gesellschaft zu verändern.

Die deutsche Öffentlichkeit, beschäftigt mit der Wiedervereinigung, schlug sich mit den Altlasten des Kommunismus herum. Die Frage, was vom Kalten Krieg blieb und was davon möglicherweise in anderer Gestalt weiterlebte, stellte sie sich merkwürdigerweise nicht. Sie merkte nicht, dass die Waffe des Kalten Krieges sich in etwas verwandelte, was man »Neoliberalismus« und »Informationsökonomie« nannte, und dass sie gerade im Begriff war, sich gegen die großen Errungenschaften der sozialen Marktwirtschaft zu richten.

John McDonald, jener erste Reporter, der Anfang der Fünfzigerjahre in die noch ultrageheimen Büros der Spieltheoretiker vorgelassen wurde, hatte der Welt freudestrahlend verkündet: »Die Mathematiker haben ein perfektes, narrensicheres System entdeckt, mit dem man alle Arten halsabschneiderischer Spiele spielen kann: von Poker über das Business – bis zum Krieg.« Der Nervenkrieg mit Moskau war vorbei. Man schrieb den 9. November 1989. Jetzt zog der Kalte Krieg ins »business« ein. Und zwar buchstäblich. Er packte seine Koffer und zog an die Wall Street.

7 Soziale Physik

Herr Pimbley hält eine Rede, und mahnt Physiker, sich für die Wall Street schick zu machen

Revolutionen kosten Köpfe und Frisuren. Kurz nach der Französischen Revolution wurden billige Arbeitskräfte beschäftigt, die in der Massenfabrikation einfache Rechenaufgaben erledigen sollten.

Und erstaunlicherweise nannte man sie bereits: »Computer«.

Sie bestanden größtenteils aus ehemaligen Friseuren, die durch den neuesten Trend der revolutionären Haarmode und die bedauerliche Kopflosigkeit ihrer früheren adligen Kunden arbeitslos geworden waren.

Gewiss fühlt man sich wohler, wenn ein Friseur rechnet, als wenn der Henker einem die Haare schneidet. Es ist alles eine Frage der Aufgaben- und der Kompetenzverteilung, aber beides liegt nur eine Haaresbreite voneinander entfernt. Wir denken uns das Leben als Evolution, vergessen aber immer, dass es die Mutation ist, die Monster und das Unvorhergesehene schafft.

Mit immensen Aufwand an Geld, Material, Begabungen wurden die Systeme der »geschlossenen Welt« des Kalten Kriegs gebaut: Radaranlagen, Raketen, die ersten Computer und Datennetzwerke, die mathematischen Modelle – und alles war Kopfkino. Die Bombe ist glücklicherweise nie zum Einsatz gekommen, und auch der direkte militärische Konflikt der beiden Weltmächte fand nie statt.

Die Kriegsschauplätze im Kalten Krieg waren unwirkliche, hermetische Räume. Der Wissenschaftshistoriker Paul N. Edwards hat sie in seinem Klassiker »Die geschlossene Welt« minutiös beschrieben. Selbst die katastrophalen und keineswegs virtuellen Kriege in Korea und Vietnam gehörten in das System der Spielzüge von Nummer 2 und seiner Urfrage: Wie besiege ich jemanden, der die Atombombe hat?

Alles war symbolisch, jede Handlung ein Spielzug. Denn genauso verlief ja der Kalte Krieg: nicht mit Waffengewalt, sondern durch psychologische Einschüchterung.

Das alles endete mit dem Untergang der Sowjetunion im Jahre 1991. Weil seinerzeit der Blick einzig auf den untergegangenen Kommunismus gerichtet war, haben wir uns allerdings weniger dafür interessiert, was mit dieser ungeheuren Entfaltung an Energie geschah, nachdem die unmittelbare Systembedrohung abgewendet war.

Schon in der Nacht, als die Berliner Mauer fiel, wurden in den kommunistischen Staaten reihenweise Hirnzellen abgeschaltet, die sich ein Leben lang mit Marxismus-Leninismus und dem historischen Materialismus beschäftigt hatten. SED-Funktionäre wurden Immobilienmakler, und Staatskundelehrer wechselten in die Gastronomie.

Fixiert auf die kollabierende Maschine des sozialistischen Systems und berauscht vom eigenen Triumph, erkannten viele Beobachter nicht, dass sich in der gleichen Sekunde der Denkapparat des Westens umzubauen begann. Während sich Philosophen und Journalisten noch mit den Frisuren beschäftigten, und eine der beliebtesten Perücken des Denkens hieß »Globalisierung«, verloren Menschen ihre Köpfe: Sie wurden dort nicht mehr gebraucht, wo sie die Anatomie der Gesellschaft vorgesehen hatte.

Es verschob sich die soziale Verteilung der Intelligenz unter der Schädeldecke – und wie immer, wenn soziale Leistungen verschoben werden, geschah dies durch Geld. Und anders als uns die Religion von der »Wissensökonomie« glauben machen will, geschieht so etwas nur sehr selten deshalb, weil es einen neuen Einstein gibt und man bessere Antworten und Wahrheiten hat. Die Köpfe und Talente wandern dorthin, wo es nicht nur die besseren finanziellen »incentives« gibt, sondern vor allem die prestigeträchtigeren sozialen Anreize.

Denn das Ende der unmittelbaren atomaren Bedrohung hatte massive Folgen für die Finanzierung und Karriereplanung von Physikern. Sie konnten nicht mehr blind darauf vertrauen, für ihre Forschungen vom militärisch-wirtschaftlichen Komplex, der sie seit den Dreißigerjahren subventioniert hatte, unterhalten zu werden. Die militärische Wissenschaftsplanung, die die Atombombe, die Spieltheorie, den Computer und die »RAND-Corporation« hervorgebracht hatte, formulierte ihre Prioritäten neu. Umgekehrt hatte die Wall Street zwar Ökonomen, aber keine Physiker, die sich mit der Implementierung mathematischer Modelle in den soeben massenhaft die Welt erobernden Computer auskannten.

Bei der Jahresversammlung der American Physical Society im Jahre 1996 sprach einer von ihnen, der Physiker Joseph M. Pimbley, fast nur über das beschädigte Selbstvertrauen seiner ganzen Berufsgruppe: »Jeder Physiker steht heute vor der Frage, was er mit dem Rest seiner Karriere anfangen will.« Und er empfahl seinen Kollegen die Wall Street mit ihren neuen Herausforderungen und der guten Bezahlung. »Warum dieser Fokus auf Geld?«, fragte er. »Sollte man sich seinen Job danach aussuchen, wo man am meisten verdient? Bestimmt nicht. Aber in einer freien Gesellschaft mit freien Märkten ist die finanzielle Kompensation der Ausdruck … für den Wert, den eine Gesellschaft diesem Beruf zumisst. Physiker können der Gesellschaft vielleicht am besten dienen, wenn sie eine Karriere in der Finanzwirtschaft machen. Was für eine aufhetzerische Behauptung! Glaube ich das wirklich? Nein, eigentlich nicht. Aber wir sind gezwungen, darüber zu diskutieren.«[75]

»Wenn Einstein heute jung wäre«, so rief er am Ende den versammelten amerikanischen Physikern zu, »würde er vielleicht an der Wall Street arbeiten. Leider würde er so gut verdienen und wäre abends so erschöpft, dass er niemals berühmt geworden wäre.«

Pimbleys Rede ist das faszinierende Dokument eines Paradigmenwechsels. Während Pimbley seinen jungen Kollegen den sozialen und ökonomischen Status einer Wall-Street-Karriere verkaufte, erinnerten sich ohne Zweifel die Älteren an die schönen Tage, als Physiker noch das gesellschaftliche Prestige von Investmentbankern hatten (das seinerseits im Jahre 1996 noch ungetrübt war). Vor allem in den Fünfziger- und Sechzigerjahren loderte ein ganz anderes »Fegefeuer der Eitelkeiten«, und »Harper's Bazaar« teilte in seinen Society-News mit, dass »keine Dinnerparty ein Erfolg sein kann, wenn daran nicht mindestens ein Physiker teilnimmt«.

Damals wurden junge Physiker tatsächlich mit Polizeieskorten zu privaten Konferenzen geleitet, und wichtige Physiker, die nebenher als Regierungsberater unterwegs waren, wurden mit B-52-Bombern geflogen, wenn der Pan-Am-Flug zu umständlich war.[76]

Physiker und ihre Brüder im Geiste, die Ökonomen, wurden damals Ratgeber auf allen Gebieten, besetzten Schlüsselpositionen, verdienten viel Geld und stellten Ende der Fünfzigerjahre die meisten Dekane aller amerikanischen Universitäten. Unterdessen hatte sich in einem einzigen Jahrzehnt die Zahl der Physikstudenten verdreifacht.[77]

Wer heute über den Lebensstil und den astronomischen Zahlenwahn der Wall-Street-Physik den Kopf schüttelt, die Männlichkeitsrituale, die Brunftschreie, anhand deren man registrieren kann, dass Trader ihr »Killing« gemacht haben, wer in den später bekannt gewordenen E-Mails von Investmentbanken liest, wie man dort unter Umständen ganze Volkswirtschaften über die Klinge springen ließ, der konnte diese Verhaltensweisen für Pathologien des »Tiers im Manne« halten: So ist er der Mensch, wenn er ganz bei sich selbst ist.

Das Gegenteil ist aber der Fall. Es sind exakt die Verhaltensweisen, die in den Fünfzigerjahren – vor allem unter amerikanischen Physikern, Militärs und Ökonomen – synthetisch produziert worden sind. Deshalb tauchen jetzt wieder Personen und Konflikte auf, von denen man annehmen könnte, die seien längst vergessen und in den verlassenen Bunkern des Kalten Kriegs versiegelt. Der Kalte Krieg ist aber nicht vorbei, nur das *Theatre of War*, der Kriegsschauplatz, hat gewechselt.

Es ging im Kalten Krieg um das Leben von Menschen, aber da der Atomkrieg glücklicherweise nie ausbrach, entwickelte sich in den egoistischen Logiken, wie Paul Edwards mit einer Fülle von Beispielen belegt, schon in den damaligen Thinktanks der gleiche Größenwahn für Zahlen und die gleiche Ungewöhnlichkeit des Verhaltens.

Keiner hat dies besser verbildlicht als der Regisseur Stanley Kubrick, dessen »Dr. Seltsam« die Psychologie der Epoche präziser verkörpert als jedes Geschichtsbuch.

Der berüchtigt-geniale Physiker Herman Kahn beispielsweise, ein authentisches Vorbild für Dr. Seltsam und ein prominenter Angestellter von RAND, bereiste 1959 die USA und hielt vor Tausenden von begeisterten Menschen Vorträge über die Ökonomie des thermonuklearen Krieges, die aus heutiger Sicht ohne jede Übertreibung als geisteskrank gelten würden – wenn sie nicht genau der heutigen Risikoberechnung an der Wall Street entsprächen.

Beispielsweise rechnete Kahn seinem schaudernd-erregten Publikum vor, dass der größte anzunehmende Atomangriff der Sowjetunion alle 53 größeren Metropolen der USA vernichten würde. Das wäre schlimm, allerdings lebten 60 Prozent der Amerikaner überhaupt nicht in Metropolen. So Kahn: »Könnten Sie damit leben? Die Antwort lautet: Ja. Es ist die Art von Tragödie, die wir hinnehmen können. Es ist nicht wie der Blitz in London, bei dem Menschen die Hand eines verschütteten Mädchens oder ähnlich schreckliche Dinge sehen; Sie würden die Bilder nicht für den Rest Ihres Lebens mit sich herumtragen. Die Menschen in den Zielgebieten wären ausgerottet. Sie würden die Toten aber nicht sehen, verstehen Sie? Es wäre nicht vor Ihrer Haustür. Sie würden hören, dass New York zerstört worden ist, aber Sie wären ja in Princeton …«[78]

Es ist schwer zu sagen, was an Kahns öffentlichen Auftritten selbst wiederum ein Spiel im Spiel war, ein Bluff an die Adresse der Sowjets, um zu signalisieren, dass man bereit war, Millionen von Menschen zu opfern. Aber das Spiel bestand ja gerade darin, dass die andere Seite nur wissen sollte, dass man wusste, dass sie weiß, dass man über Leichen gehen würde.

Und da nichts bedeutete, was es meinte, hatte Kahn ohne Zweifel auch noch einen anderen Grund für sein »disaster-movie«. Die RAND Corporation sucht nach neuen Einnahmequellen und bot sich der amerikanischen Regierung an, Stadtplanung und Dezentralisierung nach kybernetischen Modellen zu entwickeln.[79]

Die einzigartige Mischung aus schier unbegrenzten Geldmitteln, computergesteuerter Datenberechnung, Spieltheorie und der Atombombe schuf offenbar auch jene emotionalen und sexualisierten Allmachtsfantasien, die später genauso in eben jenen Insiderberichten von der Wall Street auftauchen.

Einmal trafen sich die RAND-Leute und die Generäle zu einem Geheimtreffen, um zu besprechen, was geschehen würde, wenn die Sowjetunion Westeuropa mit ausschließlich konventionellen Waffen angreifen würde. Der Plan des Strategischen Luftkommandos sah vor, in diesem Fall jede vorhandene Atombombe auf alle Ziele in Russland und China abzufeuern, was schätzungsweise 285 Millionen Menschen das Leben gekostet hätte. »Meine Herren«, sagte Kahn unter dem Lachen der Generäle, »Sie haben keinen Kriegsplan, Sie haben einen Kriegs-Orgasmus.«[80]

Es war ebenfalls Kahn, der sich in seinem Bestseller »Der thermonukleare Krieg« eine »Doomsday Machine« ausdachte, die vollautomatisch bei einem Angriff der Sowjetunion die ganze Welt in die Luft sprengen sollte. Kahn selbst weist in dem Buch darauf hin, dass solch eine Maschine unzuverlässig wäre, und dementsprechend fand auch keiner der Generäle des Kalten Krieges die Idee besonders gut.

Fünfzig Jahre später aber überschrieb der amerikanische Börsenjournalist Michael Lewis eine detaillierte Untersuchung zum Finanz-Crash und seinen Verursachern mit dem Untertitel: »Im Inneren der Doomsday-Maschine«.

Keiner würde riskieren, die Welt untergehen zu lassen, wenn er selbst dabei draufginge, war die Logik der RAND-Leute.

Keiner wird riskieren, uns untergehen zu lassen, wenn wir dafür eine ganze Welt in den Abgrund stürzen, war 50 Jahre später nachweislich die Logik der Too-big-to-fail-Strategen von Lehman bis AIG.

Der emotionale Hype unter den amerikanischen Physikern ebbte Anfang der Siebzigerjahre bis zum Amtsantritt Ronald

Reagans ab. Die Gehälter wurden schlechter und die Arbeitsbedingungen schwerer. Atombomben galten längst nicht mehr als »faszinierend«, und der gesamte militärisch-wissenschaftliche Komplex wurde in Folge des Vietnamkriegs und der 68er-Revolte mit Misstrauen betrachtet. Auch Herman Kahn hätte jetzt keine Säle mehr gefüllt.

Als die ersten massiven Budgetkürzungen die Physik trafen und der Beruf des »Atomphysikers« nicht mehr Traumberuf jedes jungen Amerikaners war, erinnerten sich viele an ihre alten Freunde in den Wirtschaftswissenschaften, vor allem in dem Zweig, der bei den großen nuklearen Projekten und seinen Gedankenspielen mitgewirkt hatte.

Zu diesem Zeitpunkt tauchten die Physiker zum ersten Mal an der Wall Street auf. Zwar unterbrachen Ronald Reagans Amtsantritt und die sich um das SDI-Projekt explosionsartig ausbreitenden Fantasien den Exodus, aber der nicht militärische Kontakt der beiden Sphären, einer Sozialwissenschaft namens Ökonomie und einer Naturwissenschaft namens Physik, hatte etwas zur Welt gebracht, was uns für immer verändern würde: Es war der Beginn der »sozialen Physik«.

Anfang der Neunzigerjahre begann die große Wanderung. Ältere Physiker verließen die militärischen Forschungsgebiete und heuerten bei Banken oder Fondsmanagern an. Zu Beginn waren diese »Quants« oder »Raketentechniker«, wie sie in Anspielung an das Manhattan-Atombomben-Projekt von der Wall Street genannt wurden, nichts anderes als menschliche Computer, sonderbare Figuren, leise verachtet oder verhöhnt von den »echten« Bankern.

Ihr Sozialverhalten und ihre Kleidung irritierten. Der Physikerverband riet denen, die aus Laboratorien der Unis an die Wall Street wechseln wollten, zu ordentlichen Frisuren und gepflegtem Äußeren, zur chemischen Reinigung, zu Bescheidenheit in der Demonstration der eigenen Intelligenz und dazu, dem Hang des Physikers zur Selbstisolation entgegenzuwirken.

Doch was hier geschah, war weit mehr als berufliche Veränderung: Hier wurden Wissenschaftler nicht nur frisiert und neu eingekleidet, hier wurde eine neue Spezies geboren.

»Keinen Menschen interessieren diese Arbeiten«, sagte beispielsweise, fast vorbeugend, der Finanzwissenschaftler Jonathan Berk Mitte der Neunzigerjahre.[81] Doch schon wenige Jahre später hatten Physiker die Wirtschaftswissenschaftler in den Abteilungen für quantitative Analysen überrundet.

Die eigentliche Geschichte der Quants beginnt in den Siebzigerjahren mit der Geburt der Formel, die »die Regeln, nach denen das Finanzsystem arbeitet, für immer verändern würde«.[82] Gemeint ist die Black-Scholes-Formel, mit der die Volatilität von Aktien unter bestimmten idealen Bedingungen vorausberechnet werden konnte (selbst in der Beschreibung von Modellen benutzt der Mensch Modelle).

So erzählen heute selbst nüchterne Beobachter wie der Finanzjournalist und Publizist Scott Patterson die Wirkungsgeschichte der später mit dem Nobelpreis geadelten »Black-Scholes-Formel« als Geschichte von Einsteins Urformel, der Revolution des physikalischen Weltbildes, die zum Manhattan-Projekt und der Atombombe führte:

»So wie Einsteins Entdeckung … veränderte die Black-Scholes-Formel dramatisch die Art und Weise, wie Menschen die riesige Welt des Geldes und der Investitionen betrachteten. Sie entfesselte gleichzeitig die innersten zerstörerischen Kräfte und ebnete den Weg für eine Serie finanzieller Katastrophen, die in dem erderschütternden Kollaps des August 2007 kulminierte.«[83]

In den Achtzigerjahren wurde die Formel, die im Kern ein Preismodell für Optionen berechnete, auf eine eigene Taste in den Taschenrechnern einprogrammiert, und plötzlich war das Leben viel einfacher. Einige Autoren datieren den Beginn der großen Alchemie in den Finanzen auf den April 1973, als Texas Instruments im »Wall Street Journal« eine Anzeige für Taschenrechner mit dem Slogan schaltete: »Sie finden das Black-Scholes-Ergebnis, wenn Sie … unseren Taschenrechner benutzen.«[84] Die Geschichte endete für die Begründer der Formel bekanntlich mit einem Fiasko: Ihr anhand der Modelle konstruierter Fonds »Long Term Capital Management« ging 1998 spektakulär pleite.

Es war auf jeden Fall ein Beginn. Eine Reihe von ähnlichen Finanzprodukten, die durch eine Mathematik der Verbriefung und durch Hedging abgesichert wurden, versprachen das praktisch risikolose Portfolio und benutzten die Formel für Dinge, für die sie nicht benutzt werden sollte.

Es war, heißt es in einer späteren Analyse zur Krise und ihren Modellen, »als würde man das Fundament eines Gebäudes errichten, ohne zu wissen, aus welchem Material dieses Fundament besteht«.[85]

Tatsächlich klingt die ganze, seit den Neunzigerjahren gestartete Operation an den Finanzmärkten wie eine Erinnerung, die der große Mathematiker R.W. Hamming an das Los-Alamos-Projekt hatte, als er erkannte, »dass die Bombe nur mit Computern würde gebaut werden können. Aber je länger und intensiver ich über die Sache in den folgenden Jahren nachdachte, desto klarer wurde mir, dass sich das Wesen der Wissenschaft selbst ändern würde, je häufiger wir Computersimulationen und je seltener wir die Experimente in der wirklichen Welt betrachteten … Es gab damals eine Computerberechnung, die besagte, dass die Testbombe die Atmosphäre entzünden könnte. Mit anderen Worten: Der Test riskierte auf der Basis einer Computersimulation, alles Leben im bekannten Universum auszulöschen.«[86]

Es war Warren Buffett, der vor Ausbruch der Krise vor den »Massenvernichtungswaffen« an der Wall Street warnte, und ohne die Parallelen ins Extrem zu treiben: Klar ist, dass Simulationen keine Paralleluniversen unter laborgeprüfter Quarantäne sind, sondern Einzelne zu ultimativem Risiko verführen, dessen Konsequenzen alle anderen zu tragen haben.

Doch der Vergleich der Finanztechnologien mit Los Alamos ist nicht nur aus theoretischen, sondern auch aus soziologischen Gründen überzeugend. Die Physiker von Los Alamos hatten sich in den Dreißigerjahren in derselben Situation befunden wie die, denen Pimbley im Jahre 1996 wörtlich zur »Emigration« riet. Auch damals emigrierte eine Unzahl von Physikern, viele von ihnen gezwungenermaßen, in den militärisch-industriellen Komplex, den sie bis zum Ende des Kalten Krieges nicht mehr verließen. Jetzt geschah das wieder.

Irgendwie ist uns in Europa entgangen, mit welchen gigantischen Plänen die Wall Street ihre Physiker empfing. »Ich habe Leute gekannt, die am Manhattan-Projekt mitgearbeitet haben«, zitierte »Newsweek« einen JP-Morgan-Direktor, der in den Neunzigerjahren dabei war, »und für diejenigen von uns, die auf diesem Trip waren, war es genau das gleiche Gefühl. Als ob man an der Erschaffung von etwas unglaublich Wichtigem beteiligt ist.«[87]

8 Massaker

Gier und Furcht sind ausreichende Anreize für das Spiel des Lebens

Einst waren Börsenplätze voll von Menschen, die einander sehen konnten. Von Lärm, von Schreien, Brüllen, Lachen, Winken, von Blicken und Grimassen. Und das alles spielte sich in physischen Räumen ab.

In den Neunzigern wurden diese Räume zu Bildschirmen, zu Orten der Beobachtung, Überwachung, Projektion. Die Trader und ihre Chefs sitzen seither vor den Bildschirmen, genau wie es einst die Radarcrews taten, und wie sie schauen sie nicht mehr auf einen Monitor, sondern in ein »Pokerface«.

Das Geld, die sich ständig verändernden Zahlen, sind die Truppen, die Soldaten, die eingesetzt, verschoben oder manchmal geopfert werden. »Wenn du Geld verloren hast«, erklärt der Ausbilder einer Investmentbank, als handele es sich um im Nahkampf Gefallene, »mach ein Begräbnis. Du musst ein Ende machen. Es ist weg … und du musst an den nächsten Trade denken.«[88]

Wer heute in die Büros und auf die Bildschirme in die stahlgeschützten und hoch gesicherten Code-Rooms der Quants schaut, sieht nicht etwas, was genauso gut eine Kommandozentrale des Militärs sein *könnte:* Sie *ist* es. Die Maschinen, die Räume, die Screens, das sekundenschnelle Absaugen des Sauerstoffs, um Flächenbrände zu vermeiden, Nummer 2, der digitale Agent, der mithilfe der Spieltheorie zuschlägt oder verteidigt – das ist in der Tat das Hirn, das ein historisch einzigartiger Rüstungswettlauf in uns hervorgebracht hat.

Und wer nicht gemerkt hat, dass auch die Menschen im Innern des Hirns das Gleiche tun wie damals, nur diesmal mit den Ersparnissen von Oma und Opa, dem sagen es die Trader.

»Skalpieren«, »killen«, »ausblasen« sind die Verben, die sie lieben. Bei einer Investmentbank programmierten sie ihre Computer so, dass aus den Lautsprechern bei Kurs- oder Zinsveränderungen Kriegsgeräusche drangen. An regen Handelstagen waren die Flure vom Getöse zerbrechenden Glases und einschlagenden Pistolenkugeln erfüllt.[89]

Was die Trader sehen, hat »keine Gestalt mehr«. Es sind Lichtpunkte, in Form von Zahlen, »Gelegenheiten, die schnell vorübergingen und anderen wieder neue Möglichkeiten eröffneten«.[90] Viele derjenigen, die in die Monitore starrten, sahen keinen Unterschied zwischen militärischen und finanztechnischen Operationen. Beides sind Gelegenheiten, einen Sieg zu erringen oder eine Niederlage zu verhindern.

Seit den Neunzigerjahren verwandelten sich ihre Arbeitsplätze mit der steigenden Geschwindigkeit voll automatisierter Börsenmärkte zu symbolischen Kriegsschauplätzen: Die Börsenräume, wo die Trader kauften und verkauften, wurden zu simulierten Schlachtfeldern. Die Investmentbanken zu strategischen Militärkommandos, die mit den Quants ihre eigenen »Raketentechniker« beschäftigten, die für sie die finanztechnischen Waffen produzierten.

Die Quants implementierten Nummer 2. Nicht *vor* dem Bildschirm, sondern *in* der Maschine. Als Computerprogramm an den Börsen hatte er seinen ersten neuen Lebensraum erobert; er begann zu handeln, Geschäfte abzuschließen, er lernte zu bluffen. Und er musste sich, wie man sieht, nicht groß umorientieren. Das Umfeld, in dem er sich bewegte, war in fast nichts von den geschlossenen Welten des Pentagons zu unterscheiden.

Nummer 2 wurde zum synthetischen Trader, der, gefüttert mit den Formeln der Spieltheorie, in immer größerem Umfang Börsengeschäfte erledigte. Zum ersten Mal war damit »Egoismus« nicht nur eine Charaktereigenschaft von Menschen, sondern wurde von Maschinenprogrammen exekutiert.

Amerikanische Trader benutzten damals das deutsche Wort »spielen« für ihre Aktionen (»I've always spieled … on the other house account«). Wie beim Militär verschmolz die testosterongesteuerte Wachsamkeit des Trader-Söldners mit der kalten logischen Unerschütterlichkeit von Nummer 2. Der brachte eine tödlich logische Waffe mit, die sich in anonymen Welten des Kalten Krieges blendend bewährt hatte und in den Automatenumgebungen der Märkte strategisch so vorging, wie es sich die Militärs einst von ihren Soldaten erhofft hatten: drohen, schießen und treffen, ehe der andere überhaupt merkt, was geschehen ist (»first round killing«).

An der Börse wurde daraus: Profite realisieren, ehe der andere überhaupt merkt, dass er dafür bezahlen wird. Und wenn das nicht möglich ist: den Gegenspieler einfrieren bis zur Handlungsunfähigkeit. Es kann, wie in der Lehman-Krise, zum »Armageddon« durch »Massenvernichtungswaffen« kommen. Viel häufiger aber spielt sich das Geschäft im Bereich konventioneller Kriegsführung ab, in der es um »Angriffe«, »Niedermähen« und »Massaker« geht:

»Ich kann es nicht erklären. Es ist so wild. Wenn jemand das von außen sähe, würde er sagen: Die sollten eingesperrt werden – so gewalttätig ist es, wenn es losgeht. Als Amerika im Golfkrieg war, hatten wir 300 000, 400 000 Kontrakte pro Tag, sechs Monate lang … Du musst dabei sein … Das ist alles, was zählt … 400 000 Francs zu verlieren paralysiert mich nicht … Das Gute an mir ist, wenn ich zusammengeschlagen werden, stehe ich wieder auf und gehe rein. Auf geht's, zurück an die Front.«[91]

Humane Varianten der Spieltheorie haben im Laufe der Jahre und zum Teil unter heftigem inneren Streit der Mitspieler tatsächlich Regeln für sinnvolle Kooperationen, für Zusammenarbeit und faire Verteilung aufgestellt und bewiesen. Der Physiker Stefan Klein hat vor einigen Jahren in seinem spannenden Bestseller »Der Sinn des Gebens« eine Vielzahl solcher aufmunternder Beispiele benannt, in denen es dem homo oeconomicus an den Kragen geht.

Das Problem ist nur, dass die Gesellschaft, in der wir heute spielen, sich in den letzten Jahren massiv verwandelt hat. Immer mehr Bereiche unseres Lebens werden börsenähnlich umgestaltet, und damit werden das ökonomische Prinzip und der Egoismus von Nummer 2 zur Grundlage zwischenmenschlicher Beziehungen. Sie sind bereits heute oft dort am Werk, wo Menschen mit Computern arbeiten und den ökonomischen Agenten die Entscheidungen überlassen: an den Börsen, in Suchmaschinen, sozialen Netzwerken, im Personalbüro, beim Finanzamt oder bei der Einwanderungsbehörde.

An den heutigen anonymen digitalen Lebensbörsen gibt es keine Wiederholungsspiele. Das Spiel und die Spielteilnehmer wechseln ständig. Das gilt für das Militär, die Finanzmärkte und die soziale Existenz des modernen Menschen. Ein falscher Zug, eine falsche Lebensentscheidung, ein falscher Tweet oder eine falsche Beurteilung des Opponenten kann alles aufs Spiel setzen, ohne die Chance auf Wiederholung, immer öfter ohne zweite Chance überhaupt.[92]

Der einsame Mensch in seinem Bunker, vor seinem Bildschirm – ob an der Börse, am Arbeitsplatz oder zu Hause – ist zunehmend in einer virtuellen Welt anonymer Einmalinteraktionen gefangen. Wir sind damit in die Vorhölle nicht kooperativer Spiele hinabgestiegen und genau dort angekommen, wo die Spieltheorie einst begann: in der Denkmaschine jener militärischen und semi-militärischen Thinktanks des Kalten Kriegs und seiner paranoiden Atmosphäre. Dort, wo die große Ego-Maschine gebaut wurde, die heute im Begriff ist, unsere Welt und ihren moralischen und demokratischen Code tief greifend und mit ungeheuerlicher Geschwindigkeit zu verändern.

Damit das geschehen konnte, musste Nummer 2 eine Probe seines Könnens abliefern. Der Sieg über die Russen war gut und schön, aber er war nicht wirklich zu beweisen. Außerdem war der Kalte Krieg nun eben doch eine Art Krieg, und ob Nummer 2 als Zivilist taugte, war völlig offen. Nicht wenige Ökonomen, die mit dem Krieg der Systeme nun auch die neoklassische Tradition eines reduktionistischen Menschenbildes beenden wollten, begannen öffentlich die Begrenztheit des Modells zu diskutieren.

Der Durchbruch, der jedem Investmentbanker auf der Welt die Augen öffnete, kam im Jahre 1994. In den USA und bald auch in vielen anderen Staaten der Erde wurden Telekommunikationsfrequenzen versteigert. Die »Mutter aller Auktionen« brachte atemberaubende Resultate. Und der Grund wurde schnell bekannt: Sowohl die »Federal Communications Commission« wie der Bieter hatten Spieltheorie-Experten engagiert, die sie bei der Auktion beraten sollten.[93] Gleichzeitiges Bieten bei Berücksichtigung des Nash-Gleichgewichts, so lautete die propagandafähige These, hatte dem Staat mehr Geld eingebracht, als er je zu träumen wagte.

Aber es sollte noch besser kommen. Im Jahre 2000 organisierten britische Physiker und Ökonomen die Auktion der 3G-Mobilfunklizenzen nach den Regeln der Spieltheorie und erzielten damit für die britische Regierung einen sensationellen Profit von völlig unrealistischen 22 Milliarden Pfund. Auf viele wirkte es wie der lang erwartete Beweis für die Funktionsfähigkeit des Modells: Alle zahlten mehr, als sie je gewollt hatten, für etwas Abstraktes, das in Wahrheit gar keinen realen »Preis« hatte. Trotzdem zahlten sie mit der Genugtuung (jedenfalls für ein paar Monate), die eigenen egoistischen Interessen bestmöglich verwirklicht zu haben.

Der entscheidende Kopf hinter den Kulissen war ein Mann, der im Begriff war, Nummer 2 und die Spieltheorie zur neuen politischen und gesellschaftlichen Ordnungsidee des 21. Jahrhunderts zu machen. Der 1940 geborene, brillante britische Mathematiker und Ökonom Kenneth Binmore war überzeugt, dass das, wovor Philip K. Dick Angst gehabt hatte, eine Verheißung war: die Chance auf einen neuen rationalen Gesellschaftsvertrag.

Keiner hat hinter und vor den Kulissen mehr für die zivile Karriere des Mega-Egoisten getan als er. Und keiner feierte so wirkungsvoll wie er den Erfolg der Auktion nicht nur als Beweis für die Theorie, sondern als Beweis für ein Menschenbild: »Wir wissen, dass einzelne Menschen manchmal irrational sind und sich nicht so verhalten, wie es unsere Theorien von einem Mitspieler verlangen. Aber Feldforschungen und Laborexperimente bestätigen, dass Menschen in einigen Kontexten in ausreichendem Maße konsistent handeln, damit unsere Theorie wie ein Uhrwerk funktioniert. Wie sonst wäre es uns möglich gewesen, die Spieltheorie für die großen Telekom-Auktionen einzusetzen, die die Welt verblüfften, weil sie Milliarden Dollars aus dem Nichts schufen?«[94]

Niemand kann die politische Entwicklung des englischen Premierministers Tony Blair oder von Teilen der deutschen Sozialdemokratie unter Gerhard Schröder wirklich verstehen, ohne Ken Binmore und das, wofür er stand, als Muse für »New Labour« und die Agenda 2010 zu begreifen. Als Repräsentant des neuen Denkens erweckte Binmore nicht nur den »homo oeconomicus« für den Gebrauch von Rechenmaschinen und Finanzmärkten zum Leben, sondern er begann, dem »Spiel des Lebens«, den Ideen von Kooperation und Solidarität, eine grundsätzlich neue Moral zu verordnen. Hatte man Angst vor einer Welt, die Nummer 2 regiert? Dann hatte man die neue Welt nicht begriffen, wie die Telekom-Auktionen bewiesen: Gezielt ausgebeuteter Egoismus kann dem Wohle aller dienen. Hatte man Sorge vor einer Welt der Berechnung und strategischen Voraussage auf Basis des Eigennutzes jedes einzelnen Mitspielers? Jetzt, wo der Computer auf jedem Schreibtisch stand, konnte doch jeder mittun: jeder Trader, jeder Mensch.

Schon ein Jahr nach dem Fall der Mauer hatte Binmore zunächst erfolglos damit begonnen, sich hinter den Kulissen dafür einzusetzen, dass die Spieltheoretiker, John Nash an der Spitze, den Nobelpreis verliehen bekamen.[95] Kaum ein anderer der Väter von Nummer 2 hat so unverhüllt und provozierend wie Binmore bekannt, dass er sich nicht »schäme«, an den großen Egoisten als Weltmodell zu glauben. Wir werden Binmore später noch in Aktion erleben, wenn Nummer 2 in der Welt der Finanzen, der Menschen und der Gene groß und stark geworden ist. Doch hier, im letzten Jahrzehnt des 20. Jahrhunderts, interessiert uns zunächst nur sein Vaterstolz auf das Wesen, das er in die zivile Welt entlassen will.

»Gier und Furcht«, schreibt er, »sind ausreichende Motivationen; Gier nach den Früchten von Kooperation, und Angst vor den Konsequenzen, wenn man die kooperativen Angebote anderer nicht annimmt. Mr. Hyde mag kein anziehendes Wesen sein, aber er kann außerordentlich effizient mit anderen zusammenarbeiten, die genauso ticken wie er.«[96]

Das heißt nichts anderes als: Nummer 2, der »ökonomische Agent«, der »homo oeconomicus« sind so schlimm geworden, wie von den Literaten seit Jahrhunderten befürchtet. Aber man kann gut mit ihnen Geschäfte machen.

9 Blutkreislauf

Im Inneren einer Maschine wird alles, was die Maschine tut, zu einem Naturgesetz

In unserem Kopf tragen wir eine ganze Menge Ungeheuer mit uns herum. Am Anfang, im 19. Jahrhundert, erzählen Schriftsteller davon, am anderen Ende, im Jahre 2010, ein paar ebenso kluge wie witzige Wissenschaftler des Internationalen Währungsfonds.

Das Gruselkabinett des 19. Jahrhunderts – »Frankenstein«, »Dr. Jekyll und Mr. Hyde« und »Dracula« – versammelt Monster, die eines gemeinsam haben: Es sind in Wahrheit allesamt Monster der Ökonomie. Sie sind Nummer 2 vor der Erfindung des Computers: in der Version des mechanistischen Zeitalters.

Die Romane entstanden in Zeiten der wirtschaftlichen Krise, ja sogar der ökonomischen Panik, und sie stammen von Autoren, denen in unterschiedlichem Maße – wie »Jekyll«-Autor Robert Louis Stevenson von sich sagte – »der Bankrott auf den Fersen war«. Als Frankensteins anonymes Monster sich heimlich um den Haushalt seiner »Freunde« kümmert, nennt es sich selbst die »unsichtbare Hand« – eine Anspielung auf »die unsichtbare Hand des Marktes«, jene Metapher, mit der der schottische Moralphilosoph und Aufklärer Adam Smith im 18. Jahrhundert die Selbstregulierung des Marktes beschrieben hatte.

»Dr. Jekyll und Mr. Hyde« werden in ihrer Doppelnatur nur von einer einzigen Institution anerkannt und legitimiert, die in Stevensons Welt selbst wegen ihrer Doppelnatur ins Gerede kam: die Bank von England.

Die amerikanische Literaturwissenschaftlerin Gail Houston hat gezeigt, dass der scheußliche Hyde ohne Umstände als der freundliche Dr. Jekyll anerkannt wird, wenn nur die Unterschrift unter dem Scheck die richtige ist.[97]

Ob Mr. Hyde oder Nummer 2 oder der »homo oeconomicus« – um den Menschen zu ersetzen, brauchen beide keine Seele, sondern nur die Legitimation als Geschäftspartner. Im Roman verschafft die Bank Mr. Hyde Kreditwürdigkeit und produziert damit Identität auch für den mörderischen Egoisten. Houston deutet die Fiktion in das reale Wirtschaftsleben um: Die Tatsache, dass damals in London unter dem Dach der Bank of England sowohl die Notenbank als auch ihr Zwilling, eine Geschäftsbank, residierte – also zwei Organismen, die auf dem Papier nichts voneinander wissen und nicht miteinander kommunizieren durften, die eine ewig und staatstragend, die andere irdisch und profitorientiert –, hatte im Zuge einer grassierenden Panik die erhebliche Befürchtung ausgelöst, dass beide überrannt werden könnten, weil niemand da war, der die Rolle des rationalen Dritten innehatte.

Im letzten Jahrzehnt des 19. Jahrhunderts stand die nächste Panik an, und die Fülle an bankenkritischer Literatur, die damals auch von englischen Konservativen veröffentlicht wurde, könnte dem Jahre 2012 alle Ehre machen. Attackiert wurde die These vom »Kreislauf« der Ökonomie, bei dem Banker und nicht mehr das produzierende Gewerbe »Geld in alle Arterien von Handel und Gewerbe« schleusen. Sätze wie »Das Lebensblut des Handels ist der Kredit« führten damals angesichts der Verschuldungsgrade zu der immer panischer werdenden Frage, was demnach *post mortem* geschehen würde, zum Beispiel im Falle eines Crashs.

Die Bank of England war die Antwort auf alle Zweifel, denn sie assimilierte in ihrem »unsterblichen« Körper »zwei Drittel des Blutes, das nicht mehr in den Venen toter Banken fließt«.

Und diese Situation beschwor ein weiteres Monster herauf: Bram Stokers »Dracula«. Dessen Vampir-System ist wie ein Unternehmen aufgebaut, und im Buch will er ausdrücklich nach London, dem Finanzmittelpunkt der damaligen Welt, emigrieren. Er ist ein transsylvanischer Investor, der mit Kisten voller Devisen aus aller Welt reist, in London über einen beunruhigend großen und auf Kredit finanzierten Immobilienbesitz verfügt und die Rolle der »Bank von England« übernehmen möchte. Der ganze Roman, so hat Houston als Erste herausgefunden, ist durchwoben von Anspielungen auf Kredite, Verbriefungen, Konten, Schecks, Grundbesitz. Einmal, als der Graf mit einem Messer attackiert wird, fließt kein Blut, sondern ein »Strom von Gold«. Das ist es, was der Graf will und was ihm Van Helsing streitig macht: ein Monopol auf den Kreislauf.

»Dracula« wurde von einem hochverschuldeten Mann geschrieben, in einem Jahrzehnt, in dem die Wirtschaftsteile der Zeitungen von »sensationellen Schrecken und herzerschütternden Ängsten« berichteten, für die kein Lebender einen Vergleich kannte. Zu einer Zeit, als eine Panik befürchtet wurde, die »die Vorherrschaft der britischen Kreditwürdigkeit« zerbrechen und die »sogenannten Finanzgenies in den Banken« verhöhnen würde.

Als dann auch noch 1890 die ehrwürdige Barings-Bank fast pleiteging (auf die endgültige Pleite musste sie bekanntlich bis 1995 warten), erlebte England eine umfassende Bankenfusion. In etwas mehr als einem Jahrzehnt schrumpfte die Anzahl der Privatbanken von 250 auf ein Dutzend.

Weder Mary Shelley noch Louis Stevenson oder Bram Stoker

waren »links«, und die, die dem in Europa umgehenden Gespenst des Karl Marx hätten begegnen können, waren ebenfalls eher desinteressiert. Keiner dieser Autoren war ein Gegner von Banken an sich, geschweige denn des existierenden Wirtschaftssystems. Sie attackierten mit dem Gespür für das Kapital und die Macht der Einbildungskraft die ökonomischen Modelle, mit denen soziales Verhalten wie ein Naturgesetz bewertet, geregelt und kontrolliert wurden. Sie durchschauten diese Modelle als Fiktionen und »Maschinen«, die nicht nur Märkte beschrieben, sondern über die Reputation, die Leben und die Fairness von Menschen entschieden.

Deshalb die Monster. Sie sind nicht nur literarische Symbole für Panik und Horror. Sie sind Anomalien des Systems. Im Roman werden sie durch Elektrizität oder chemische Reagenzien zum Leben erweckt. Unsere heutige Nummer 2 ist nicht von Schriftstellerinnen und Schriftstellern zum Leben erweckt worden, sondern von Menschen, die sich für Realisten hielten. Sie setzten auf die Mathematik.

Noch 1952 enthielten nur zwei Prozent der Artikel in der wichtigsten ökonomischen Fachzeitschrift der USA mathematische Formeln. Doch schon am Ende des Jahrhunderts, als der homo oeconomicus respektive Nummer 2 die Welt beherrschte, musste ein mächtiger Ökonom des Landes daran erinnern, dass es einmal Wirtschaft ohne Mathematik gab:

»Jüngere Wirtschaftswissenschaftler werden es kaum glauben können, aber bis zur Mitte des Jahrhunderts war es nicht ungewöhnlich, dass sich ein Theoretiker, der mathematische Formeln benutzte, dafür entschuldigte und erklärte, dass diese Herangehensweise nicht bedeute, dass Menschen Automaten und ohne freien Willen seien.«[98]

Wie war dieser imperialistische Erfolg möglich? Wie war es möglich, dass Menschen anfingen, sich immer mehr dem Menschenbild von Nummer 2 zu unterwerfen, das sie doch im wirklichen Leben abgelehnt hätten? Schließlich hatten sie sich ja auch keinen Mr. Hyde entworfen. Wieso jetzt ein abstraktes Wesen? Es gab dafür nicht nur philosophische Gründe – die postmoderne Auflösung des Ich hatte, wie wir gesehen hatten, die Ökonomie relativ unsentimental zur Kenntnis genommen. Der Erdenrest war verschwunden, die Alchemie konnte beginnen. Aber das spielte sich in akademischen Zirkeln ab, und es gab auch innerhalb der Disziplin so viele Neben- und Seitenwege, von Widerspruch ganz zu schweigen, dass der strategische Sieg von Nummer 2 in der Alltagswelt tatsächlich nur ökonomisch zu erklären ist: Er war unglaublich effizient und durch die Verschmelzung mit den Computern über Nacht mit den Muskelpaketen von Superman ausgestattet worden.

Kurz: Nummer 2 war deshalb so erfolgreich, weil er zumindest bis vor Kurzem vor allem in Börsen das konnte, was Menschen noch vor jeder Ideologie kapitulieren ließ: Er konnte erstaunlich korrekte Voraussagen machen. Er tickte wie ein Uhrwerk, das die Zukunft anzeigt. Die Mathematik schien zu sagen, dass hier kein Modell, sondern ein Naturgesetz am Werke ist. Nummer 2 ist nichts anderes als ein Ego-Automat, eine Maschine, die sich programmieren und einsetzen lässt, aber genau darauf fallen Menschen herein. Er hatte ja Erfolg: sowohl im Kalten Krieg wie bei den Auktionen wie an den Börsen. Man muss keinen Egoismus predigen. Man muss Menschen nur ins Innere einer Maschine ziehen und ihnen einreden, dass das, was sie sehen, ein Naturgesetz ist.

Newtons abstraktes Weltbild überzeugte nicht deshalb, weil Menschen sehen konnten, wie sich die Erde um die Sonne dreht, sondern weil man nun Kometen und Planetenbahnen aufgrund seines Modells präzise vorhersagen konnte. So auch im Kosmos, in dem Nummer 2 das Sagen hatte.

Formeln, die die Ergebnisse ökonomischen Handelns vorhersagen und die wiederum ein bestimmtes ökonomisches Handeln erzwingen, sind nicht mehr nur Vermutungen, nicht einmal mehr Beschreibungen von Märkten, sondern sie erschaffen Märkte. Den Gesetzen, denen die Himmelskörper folgen, ist, wie Callon zu Recht hervorhebt, egal, ob wir an sie glauben oder nicht. Die erfolgreichsten Modelle bezogen sich ja selbst auf die Zukunft. »Futures« und ihre, aus Newtons mechanischem Zeitalter übersetzten »Hebel«: Derivate legten Preise für Dinge fest, die es noch gar nicht gab.

Man kann das Ausmaß dieser Operation auch in Zahlen fassen. Weltweit wuchs der spekulative Wert von Derivaten von null im Jahre 1970 auf 1,2 Billiarden Dollar im Jahre 2010 und ist damit 20 Mal größer als das Bruttosozialprodukt der ganzen Erde. Darum reden jetzt selbst entgeisterte Wirtschaftsnobelpreisträger von der »Alchemie« der Märkte: Wahr geworden ist der alte Traum, nur durch Gedanken und Berührung Gold zu schaffen. Auch für den Menschen gilt nun, wie die Alchemisten lehrten, dass »Arbeit« eine Arbeit der Seele sein muss. Wer es richtig macht, dem gehören die Reichtümer der Welt.

Damit das geschehen konnte, musste der Strom durch die elektronischen Adern des Computers fließen, und die Menschen mussten sich durch PC und Handy an den Kreislauf selbst anschließen. Der Computer wurde beides: Marktplatz und Wohnung des ökonomischen Agenten. Jetzt erst funktionierten die Formeln wie genetische Programmierungen. Menschen mochten irrational sein, nicht aber die »autonomen Agenten«, die für den Menschen auf Finanz- und bald auch allen anderen Märkten handelten. Es geschah, was in den unübertrefflichen Worten von Hugh Kenner immer geschieht, wenn die Welt in eine neue Ära eintritt: »Systeme wurden ausgearbeitet, und der dazugehörige Mensch wurde ausgedacht.«[99]

Dieses große Sozialexperiment mit dem Menschen der Zivilgesellschaft begann zuerst mit der Automatisierung des Parketthandels der Finanzmärkte.

Es ist ratsam, die Kritik der digitalen Ökonomie nicht mit der Maschinenskepsis gegenüber Automobil und Eisenbahn zu verwechseln. Wir reden nicht über Technologie, sondern über den Bau der sozialen Maschine.

In den Trading Pits der Börsen verschmolzen die Händler erst mit ihren Taschenrechnern und deren vorprogrammierten Zins- und Optionstasten, und dann wanderten sie wie vor ihnen das Militär in das Innere der Maschine selbst und bewohnten die geschlossenen Räume der Terminals.

»Der homo oeconomicus existiert jetzt wirklich«, rief der Soziologe Michel Callon, »er wird von Prothesen, die ihm in seinen Berechnungen helfen und die größtenteils aus der Ökonomie stammen, formatiert, gerahmt und versorgt.«[100]

Unter all den Prothesen ist die Spieltheorie eine der beliebtesten. Wir lernen heute schon in der Schule, dass über die Jahrhunderte alle Versuche, die Menschen auf ein paar mechanische Zahnräder, hydraulische Pumpen oder physikalische Formeln reduzieren zu wollen, grandios gescheitert sind. Auch die Ökonomen wussten das lange Zeit und haben Ideen der »begrenzten Rationalität« entwickelt, die klarmachen, dass Menschen nicht wie Mr. Spock agieren.

Aber Nummer 2 antwortet darauf nur: Der Mensch kann tun, was er will. Die Freiheit ist sein Kennzeichen und das seiner Apparate. Nur: Wenn er nicht nach der Spieltheorie handelt, dann werden ihn der Markt und die Geschichte und die Vernunft womöglich zerschmettern.

Aber selbst ohne diese Drohung war der menschliche Faktor chancenlos gegen die Praxis. Der Computer hat die Überlebensmaschine Nummer 2 als ökonomischen Agenten in seine Software eingebaut. Er übernimmt die Geschäfte, steuert die Auktionen, prophezeit die Zukunft und erklärt die Vergangenheit. Längst nicht mehr nur auf den Finanzmärkten, sondern auch bei sozialen Netzwerken, in analytischen Verfahren, die für E-Mails angewendet werden, und an allen anderen Märkten, die den Preis für einen Menschen über die Gesamtheit seiner Daten und den Gesamtmarkt digitaler Kommunikation ermitteln.

Wir werden Nummer 2 in einem späteren Kapitel bei der Arbeit sehen; an dieser Stelle unseres kleinen Porträts interessiert uns nur der Agent als künstlicher Mensch, in der ganzen Pracht seiner Präferenzen und Vorurteile.

Angestachelt von dem ansteigenden Vernetzungsgrad von Menschen, die kooperieren und nicht kaufen und verkaufen wollten (vor allem nicht sich selbst), geriet Nummer 2 so richtig in Fahrt und drängte sich erfolgreich in alles hinein. Jetzt, im Morgengrauen des kommerzialisierten Internets, waren die Menschen selbst an der Reihe.

Warum eigentlich wollen das Netz und das Handy und die mächtigen Firmen, die dahinterstehen, wissen, was wir als Nächstes tun und denken? Weil unser Tun und Denken Spielzüge sind. Der Mensch wird User, der User wird Konsument und der Konsument wird Nummer 2: auf der Suche nach den besten Preisen, Kontakten, kurz: den besten Informationen in der neu entstandenen angeblichen »Informationsökonomie«.

Und die nächste Metamorphose steht unmittelbar bevor: Der Staat der Zukunft – ein gigantisches kommerzielles, real existierendes Internet – wird »viele Funktionen outsourcen, weniger auf Gesetze und Regulierung, sondern mehr auf Marktanreize setzen und viel häufiger auf eine ständig wechselnde und ständig ausgewertete Nachfrage von Konsumenten reagieren, nicht auf relativ seltene Wählerpräferenzen bei Wahlen«.[101]

Anders als im wirklichen Leben hat man den menschlichen Doppelgänger in den digitalen Systemen ständig im Blick. Vorherzusagen, was einer tun, kaufen, denken wird, um daraus einen Preis zu machen, diese Absicht verbindet Militär, Polizei, Finanzmärkte und alle Bereiche digitaler sozialer Kommunikation.

Praktisch jeder Mensch, zumindest in der westlichen Hemisphäre, ist bereits Bestandteil der Spiele des John Nash. Man nimmt täglich, ohne es auch nur zu ahnen, an Auktionen teil, wie sie Ken Binmore für die Regierung organisierte.

Ein harmloses, aber umso mächtigeres Auktionsspiel ist Google Adwords. Der Wissenschaftsphilosoph George Dyson hält diesen Algorithmus für den gegenwärtig mächtigsten Algorithmus der Welt; komplexer und fähiger als alle spieltheoretischen Formeln des Kalten Krieges.[102] Diese Software, die Suchanfragen mit Werbung verbindet und Google reich gemacht hat, ist ein Routinejob von Nummer 2 geworden.

Jede einzelne Suchanfrage, die ein Mensch irgendwo in der Welt stellt, ist in Wahrheit eine von Nummer 2 gesteuerte Auktion, in der sich entscheidet, welche Werbung und zu welchem Preis am rechten Rand der Seite erscheint. Die Auktion wird über spieltheoretisch modellierte Algorithmen gespielt, die sich nicht mehr von denen unterscheiden, die im Echtzeithandel bei Hedgefonds und bei Derivaten zum Einsatz kommen.

»Der Verkauf von Anzeigen generiert nicht nur Profit; er generiert außerdem Ströme von Daten über den Geschmack und die Angewohnheiten des Users. Daten, die Google dann siebt und verarbeitet, um zukünftiges Konsumentenverhalten vorherzusagen, Produkte zu verbessern und mehr Anzeigen zu verkaufen. Dies sind das Herz und die Seele von Googlenomics. Es ist ein System konstanter Selbstanalyse: eine datengetriebene

Rückkoppelungsschleife, die nicht nur Googles Zukunft ist, sondern auch die Zukunft von jedermann, der online Geschäfte macht.«[103]

Und die Zukunft von jedermann, der in der modernen Gesellschaft kommuniziert. Es stimmt, die Taschenrechner haben uns das Kopfrechnen abgenommen. Aber die sich daran anschließende Kulturkritik lief in die Irre. Indem sie uns das Rechnen abgenommen haben, war es nicht schwerer, 1 + 1 auszurechnen als die Black-Scholes-Formel.

Marcel Mauss schrieb schon Mitte der Zwanzigerjahre hellsichtig: »Der homo oeconomicus steht nicht hinter uns, sondern vor uns – wie der moralische Mensch, der pflichtbewusste Mensch, der wissenschaftliche Mensch und der vernünftige Mensch. Lange Zeit war der Mensch etwas anderes; und es ist noch nicht sehr lange her, seit er eine Maschine geworden ist – und gar eine Rechenmaschine.« Wahlen, Meinungsbildung, Politik, selbst die konstitutionelle Verfassung westlicher Demokratien, all das steht davor, in automatisierte Märkte verwandelt zu werden: von null auf mehrere Milliarden Teilnehmer. Es verändert sich die Konsistenz des individuellen Lebens, das, beraubt von Identität und Lebenslauf, von Nummer 2 gekapert wird wie ein Stück Software von einem Computervirus.

Der Blick auf die Krise der Finanzmärkte ist deshalb für uns kein Blick in das Portemonnaie oder in die Börsensendungen im Fernsehen; wer dort hinschaut, wo man nichts anderes tut, als die Zukunft mithilfe von Automaten in Geld zu verwandeln, wirft einen Blick in die Zukunft automatisierter Märkte, und das heißt der automatisierten Gesellschaft überhaupt.

Wer Gespenster sehen will, kann Geisterbahn fahren, aber wenn ein Gespenst am helllichten Tag erscheint und von allen gesehen wird, beginnt die Sache interessant zu werden.

Es besteht wenig Hoffnung, dass der Respekt vor Nummer 2 eingetauscht wird gegen den Respekt vor Lebenserzählungen, die nicht auf das 1 + 1 eines angeblich genetisch in uns einprogrammierten Egoismus reduziert werden können. Und wenig Hoffnung, dass sich in die Gesichter der vorwiegend amerikanischen Experten und der mathematischen Prognostiker, die das Wort Sozialstaat nur noch als Schuld in ihren Büchern führen, etwas anderes malt als Amüsement und leichte Verachtung, wenn man ihnen literarische Monster entgegenhält.

Unterdessen produzieren diejenigen, die ihre auf Formeln reduzierte Rationalität des Menschen für alle anderen zur Vorschrift gemacht haben – und es sind, wie die Dinge stehen, die einflussreichsten Repräsentanten der ökonomischen Zunft –, ein schlichtweg bizarres Schauspiel der Irrationalität.

Unter dem Eindruck der Krise veröffentlichte der Ökonom Paul de Grauwe einen selbstkritischen Beitrag, in dem er den rationalen Egoismus des gängigen ökonomischen Agenten in Zweifel zog: »Weil alle dieselbe ›Wahrheit‹ verstehen, handeln alle in derselben Weise. Man muss also, um die Unwägbarkeiten der Welt zu modellieren, nur das Verhalten eines einzigen Agenten (›der repräsentative Konsument‹ und der ›repräsentative Produzent‹) modellieren. Selten wurde so eine verrückte Idee von so vielen Akademikern ernst genommen.«[104]

Das war noch milde formuliert, denn de Grauwe stellt keine weitergehenden Fragen nach Rolle und Moral von Nummer 2. Doch bereits am nächsten Tag veröffentlichte ein anderer Ökonomieprofessor an gleicher Stelle eine Antwort, die bewies, dass de Grauwe völlig falsch lag. Und wiederum ein paar Wochen später quittierte ein weiterer Artikel diesen Schlagabtausch mit der Bemerkung: »Professor Wickens zeigte, das Mr. de Grauwe falsch lag, was beweist, dass Mr. Grauwe tatsächlich richtig lag.«[105]

Wer selbst als Agent im realen Leben aus einer Erzählung

von Kafka entsprungen sein könnte, dessen Lächeln könnte in der Tat verfrüht sein. Vielleicht werden Literatur und Kunst wieder eine Rolle dabei spielen können, ein paar Einzelne an die Unberechenbarkeit des Menschen zu erinnern. Zwei Autoren des Internationalen Währungsfonds haben unter dem Eindruck des Desasters im Jahre 2010 eine ziemlich niederschmetternde Analyse des Systemversagens verfasst, die in ihren Augen ein Versagen aller ökonomischen Akteure gewesen ist. Sie schrieben den Agenten in Grund und Boden.[106] Und plädierten mit nur leicht ironischer Inbrunst dafür, dass die Branche einen neuen installiert. Als Bewerberin schlugen sie eine literarische Figur vor; Mrs. Rose aus Faulkners Kurzgeschichte »Eine Rose für Emily«. Es ist eine Horrorstory.

10 Nervensystem

Zum ersten Mal wird klar: Man braucht keinen Körper, um in der Welt zu handeln, man braucht nur starke Nerven

Nummer 2 ist kein Wesen mehr aus Papier. Er war, solange er nur in Büchern stand, unheimlich genug, aber vom Chicagoer Ökonomen Milton Friedman bis hin zu den Auswüchsen des Thatcherismus erkennbar als Ideologie. Erst die Elektrizität des Computers hat ihn zu dem gemacht, der er ist.

Die Roboter-Idee, durch elektrischen Strom etwas anderes für sich handeln und denken zu lassen, ist so alt wie die Entdeckung der Elektrizität und so jung wie die Werbung für die neueste Küchenmaschine. Ehrfürchtige Besucher, die 1881 in Paris die bühnenreifen Verkaufsshows von Thomas Alva Edison besuchen, reden von einer »Geisterhand«, die Dinge an- oder ausschaltet, in Bewegung setzt oder einem wahlweise einen elektrischen Schlag verpasst.

Licht, Wärme, Stromschlag und die unsichtbare Hand: Das ist die verführerische Kombination, die die Köpfe nicht nur mit Wissenschaft, sondern sogleich mit Magie auflädt. Kaum ist der Telegraf erfunden, versuchen Wissenschaftler Kontakt mit dem Jenseits aufzunehmen. Kaum ist das Telefon im Haus, klingeln wie in Kafkas Romanen anonyme Mächte an. Elektrizität ist eng verbunden mit der Angst vor Urkräften und vor

Ungeheuern, die man in den Tiefen der Erde oder in sich selbst aufweckt.

Eine Neunzehnjährige hatte den Urtext der Fantasie in einer Gewitternacht am Genfer See aufgeschrieben. »Vielleicht sollte man einen Leichnam wiederbeleben«, überlegte sie, »der Galvanismus hatte gezeigt, dass so etwas möglich sei: Vielleicht könnte man die Teile der Kreatur produzieren, zusammensetzen und mit Lebenswärme ausstatten.«[107]

Das Monster des Dr. Frankenstein, das durch Blitze und galvanischen Strom zum Leben erweckt wurde, stand bisher auch nur auf dem Papier. Es musste fast 150 Jahre im ewigen Eis überwintern, ehe es seine zweite Chance bekam. Alle Welt zitiert jetzt Frankensteins Monster, als hätte es wirklich existiert. Nicht die Fantasie, die Wünsche und Leidenschaften der Menschen, sondern nur die technischen Möglichkeiten, sie umzusetzen, haben sich verändert. Mary Shelleys »Frankenstein« war wie so vieles im 19. Jahrhundert ein Probelauf der Fantasie. Das Monster war da. Es fehlte nur der Lebensfunke.

Wir leben im Zeitalter dieser zweiten Welle von Gedanken, Theorien und Ideologien, die einmal unter anderen Voraussetzungen ausprobiert wurden und gescheitert sind. Die Katastrophen des Finanzkapitalismus gehören dazu, die Mechanisierung von Menschen, die Zerlegung des menschlichen Selbst zum Zwecke besserer Ausbeutung, die Ökonomisierung sozialer Beziehungen – all das hatte bereits einmal geherrscht in den Labors der Alchemisten, im Zeitalter des Absolutismus, der industriellen Revolution und in den Industriekomplexen des frühen 20. Jahrhunderts.

Beim ersten Mal ist es immer körperlich: Gold aus Blei machen, Tote durch Stromstöße zum Leben erwecken, Automaten zu Menschen machen. Unter enormen Mühen werden solche Visionen von Menschen immer wieder eingesperrt, in Höhlen oder an die Pole verbannt oder einfach für Kinderkram gehalten. Dort warten sie wie die griechischen Titanen unter der Erde oder wie Sauron in Mordor auf den Tag der Rückkehr in neuer Gestalt und unter besseren Bedingungen. Die kulturelle Fantasie kennt Hunderte solcher Geschichten. Genannt: die Rückkehr der *freak animals*, die Entfesselung der Monster.

Dieser historische Hinweis ist wichtig, um zu verstehen, welche Träume wir gerade träumen. Die Geschichte beginnt nicht mit Apple oder Microsoft und auch nicht mit den ersten Rechenmaschinen des Computerpioniers Konrad Zuse. Die Software, die zu diesen Maschinen führte, besteht jahrhundertelang nicht aus mathematischem Code, sondern aus dem ökonomischen Wunsch nach einer Art Universalmaschine des Denkens, einem Automaten zur Kontrolle des Denkens, zur Belebung des Unbelebten, zur Kommunikation mit und Beobachtung von Abwesenden.

Als im 18. Jahrhundert die ersten Uhrwerksautomaten auf der Bildfläche erschienen, heftete sich die Fantasie des künstlichen Menschen daran; dann wurde die Dampfmaschine erfunden, und man suchte nach einer Dampfmaschine des Denkens; dann kam die Elektrizität, und man schloss Menschen an Stromquellen an. Nichts davon funktionierte, aber alles war von dem gleichen Wunsch beseelt, einen kalkulier- und kontrollierbaren Doppelgänger des Menschen, und wenn nicht des Menschen, so doch seines Hirns zu schaffen.

In Ermangelung des richtigen Werkzeugs, des Computers, endete vieles davon in Sackgassen oder auch nur in Science-Fiction-Romanen. Aber kein Fehlschlag hat die überschießende Vision zum Verstummen gebracht. Niemals ging es um Steuererklärungen, die von automatischen Programmen geschrieben werden, oder um Reservierungssysteme oder um das Buchen von Urlaubsreisen. Es ging immer um unendlich viel mehr.

Erst hatten die Militärs, dann die Börsenmakler und schließlich alle Welt schon nach kurzem Kontakt mit der digitalen Welt das Gefühl, mit einem lebenden Organismus zu kommunizieren, der so perfekt war, dass man ihm Entscheidungen über Leben und Tod des ganzen Planeten überlassen konnte.

Der Umstand, dass jeder heute von einem elektronischen »Nervensystem« spricht, das die ganze Welt durchdringt, ist weitaus mehr als eine semantische Hilfskonstruktion. Es ist genau dieses Nervensystem, das seit zweihundert Jahren von Ökonomen erträumt wurde: Die gleiche ökonomische Rationalität durchdringt das gesamte belebte und unbelebte Universum, die gleiche Ökonomie des Denkens, die gleiche Berechenbarkeit von Kauf und Verkauf, von den Neuronen bis zu den Anlageentscheidungen von Pensionsfonds.

Es gibt auch tote Zweige im Familienstammbaum der heutigen Nummer 2. Einer war der Versuch, ihn mithilfe von Elektrizität als roboterhaften Diener seines Herrn oder als Fabrikarbeiter zum Leben zu erwecken. Aber die Sackgasse, in die das späte 18. Jahrhundert eintritt, führt zu einer neuen und hundert Jahre später wieder aufgegriffenen Erkenntnis: Nicht Elektrizität ist die Lebensenergie, sondern der elektrische Austausch von Informationen. Der Fehlschlag beim ersten Lebensversuch von Nummer 2 bestand darin, dass man die elektrischen Kontakte direkt an die Lebewesen anschloss, statt sie dafür zu benutzen, die Lebewesen miteinander zu vernetzen.

Am 6. November 1780 geriet der Arzt Luigi Galvani (1737–1798) mit seinem statisch aufgeladenen Skalpell an einen amputierten, mit Metallklammern auf einem Tisch befestigten Froschschenkel, der daraufhin zu zucken begann. Galvani glaubte, er habe die Lebensgeister entdeckt. Um sicher zu sein, dass der Elektrizitätsfunke wirklich Leben entzünden konnte, befestigte er Metallstäbe auf dem Dach seines Hauses, die durch Kabel direkt mit den präparierten Nerven von Fröschen und anderen Tieren in seinem Laboratorium verbunden waren. Als Sturmwolken über sein Haus zogen und der Blitz einschlug, begannen die Tiere zu konvulsieren. Wie ein Lauffeuer verbreitete sich daraufhin in ganz Europa die Nachricht, Elektrizität sei in der Lage, Tote zum Leben zu erwecken.

Kurze Zeit später experimentierte sein Neffe, der Physikprofessor Giovanni Aldini (1762–1834), in London mit der Leiche eines erhängten Doppelmörders. Der Körper des Toten zuckte enorm, ein Auge öffnete sich, die Gesichtszüge verzerrten sich, aber der Mann wurde nicht wieder lebendig. Stattdessen starb vor Schreck angeblich einer der anwesenden Ärzte.

In Paris begannen die Jakobiner damit, die Köpfe Hingerichteter zu verdrahten, und beobachteten, wie die Gesichter ihrer toten Opfer schreckliche Grimassen schnitten. Zwar hatte Alessandro Volta (1745–1827), der große Gegenspieler Galvanis, das Froschschenkelexperiment wiederholt und festgestellt, dass das statisch geladene Messer keineswegs das Tor vom Tod zum Leben geöffnet, sondern lediglich einen trivialen Stromkreis geschlossen hatte. Aber weil er damit auch die Erklärung verband, dass jede Körperzelle elektrisch geladen sei, beherrschte die Verbindung von Elektrizität und Leben die Fantasie nur noch mehr.

Überall in Europa wurden jetzt Lebewesen zergliedert und unter Strom gesetzt: Kuhköpfe, Hühnerbeine, Würmer. Je nach Betrachter war das eine spiritistische, eine wissenschaftliche oder eine ökonomische Operation, oft alles zusammen. Nichts davon konnte isoliert betrachtet werden: Der Körper von Tier und Mensch war nichts anderes als ein Wirtschaftskreislauf, eine *animal economy*, und stellte das Vorbild dar für die reale Wirtschaft. Physikalische Gesetze, die sich in ihm finden ließen, konnten sogleich auf Wirtschaft und Gesellschaft übertragen werden. Innerhalb weniger Jahre war eine höchst folgenreiche Verbindung entstanden: Elektrizität war zum Sinnbild von Lebensenergie geworden und zum Sinnbild von ökonomischem Reichtum.

Nur leider: Künstliches Leben ließ sich so nicht erschaffen. Man behalf sich damit, die neu gefundenen Gesetze von Energie und Elektrizität auf die Gesetze der Ökonomie und der menschlichen Gesellschaft zu übertragen. Aber der größte Traum blieb unerfüllt: Ein Wesen, das diese Gesetze berechenbar ausführte, weil es gar nicht anders konnte, und damit der sich industrialisierenden Gesellschaft enorme Effizienzgewinne hätte bringen können, existierte nicht.

Doch dann hatte ein glühender Verehrer Galvanis einen Geistesblitz. Warum Elektrizität an Nerven anschließen, wenn sie selbst ein Nervensystem verkörpern konnte? Warum einen ganzen Körper zum Leben erwecken, wenn man doch nur den Geist haben wollte? Schon jetzt kam jemand auf die Idee, wie man so etwas hinkriegen könnte. Einhundertfünfzig Jahre zu früh, aber doch schon mit der Kernbotschaft von heute: Nicht die Elektrizität ist Lebensenergie, sondern Leben ist nichts anderes als der Austausch von Informationen.

Während also in Paris die Guillotine genug Material für schauderhafte Experimente mit Elektrizität und menschlichen Köpfen lieferte, dachte um 1800 in Spanien der Arzt und Erfinder Don Francisco Salvá (1751–1828) darüber nach, wie man lebende Köpfe ohne Körper miteinander kommunizieren lassen könnte.

Salvás Ziel war nicht, tote Körper, sondern körperlose Geister zum Leben zu erwecken. »Man munkelte«, schreibt George Dyson, »er habe eine aus einem einzigen Draht bestehende Telegraphenlinie zwischen Aranjuez und dem 42 Kilometer entfernten Madrid gebaut. Salvá experimentierte sowohl mit elektrostatischen Signalen als auch mit der direkten Übertragung schwacher Stromstöße, die sich über eine Entfernung von immerhin 310 Metern im Zucken von Froschbeinen bemerkbar machten … 1804 zeigte er … dass man die Frösche als Sender und Empfänger elektrischer Signale durch elektromechanische Zellen ersetzen könne.«[108]

Mit dieser Apparatur hatte Salvá, wie er in seinem Bericht an die Akademie der Wissenschaften in Barcelona ausführte, einen der ersten Telegrafen erfunden, ein Verfahren, das eines Tages, auch das sagte Salvá voraus, »drahtlos« vonstatten gehen könne.

In Paris hatte jemand großes Interesse an solchen Erfindungen, jedenfalls größeres als an der Frage, wo die Seele wohnt. Napoleon, so berichtet Salvá der Akademie, zwei hoch vertrauliche Quellen zitierend, ärgere sich über die Unzuverlässigkeit rein optischer Nachrichtenübermittlung. Und er erkannte nicht nur die militärischen, sondern auch die ökonomischen Vorteile, die die neue Technologie bringen würde.

Das sind bis zu den Computermonstern des Kalten Krieges immer die Patentanten, die an der Wiege einer Technologie stehen, die Denken und Kommunizieren verbessern will: Militär und Ökonomie.

Die Nervenzellen der Frösche, die Ausbeutung der »animal economy« sind die ersten Funken jener immer mächtiger werdenden Metapher, die elektrische Kommunikation mit dem »Nervensystem« vergleicht. Selbst die Erfindung der Batterie durch Volta beendete die Körperzergliederung nicht. Die Forscher hatten jetzt zwar Elektrizität, fanden aber lange Zeit keine Empfänger, die ähnlich sensibel auf die elektrischen Signale reagierten wie lebendige Körper.[109] Man verdrahtete die menschliche Zunge, und als sich das als zu unpraktisch erwies, benutzte der »elektro-physiologische Telegraf« des frühen 19. Jahrhunderts die Fingerkuppen beider Hände als Empfangsstation. Alexander von Humboldt verdrahtete seine Zunge und sein Rektum und berichtet in einem Brief von einem »weißen Licht, das er sah«. Bei den Zeichnungen, die der Kunstprofessor Samuel Morse von seiner Erfindung anfertigte, sieht man nur noch eine einzelne Hand, die die »Kupferzunge« des Apparats bedient. Um 1870 berichten die ersten Telegrafisten, dass sie das Gefühl hatten, mit ihren »Netzwerken zu verschmelzen ... durch die Übertragung von Signalen von ihren Hirnen über die Finger auf ihre Tastaturen und schließlich auf den Draht«.[110]

Je verschmolzener, desto schneller, ätherischer, fehlerloser die Kommunikation. Auch dieses Ensemble zerlegt sich immer mehr. Am Ende braucht man auch die Zunge nicht mehr und auch nicht die ganze Hand – es ist ein emporgestreckter Daumen bei Facebook übrig geblieben.

Zu Galvanis zweihundertstem Geburtstag im Jahre 1937, im Zeitalter von Telegraf und Telefon, war allen klar, was damals wirklich ans Licht der Welt gekommen war: »Das Gleiche, was in Galvanis Händen einen Muskel bewegen konnte, brachte Marconis Stimme über die Ozeane.«[111]

Das klingt effizient und logisch, so wie sich Wissenschaftsgeschichte einer rationalen Spezies ihren eigenen Fortschritt erzählt: vom Froschbein zur E-Mail. Doch im Hintergrundrauschen der Geschichte, von Salvás Terrasse über das SOS-Signal der »Titanic«, der Börsenkurse, des Funkverkehrs von Apollo 11 bis zum chatter unserer Facebook-Freunde wird seit 250 Jahren immer noch eine andere Botschaft gesendet, und die bringt, wie es in einem Telegramm in Bram Stokers »Dracula« heißt, »Neuigkeiten, die Eure Ohren klingen lassen werden«.

Denn kaum beginnen sich metallische Nervenstränge durch die Welt zu ziehen, fällt die Welt schon in Trance. Der Mesmerismus will durch Trance Gedanken übertragen, und der amerikanische Kongress ist unentschlossen, ob er Geld in Herrn Morse oder in die Gedankenübertragung stecken soll.

Die Antwort: Man muss beides miteinander verschmelzen. Schon 1842 prägt James Braid den Begriff »Hypnotismus«, und 1882 – der Telegraf hatte sich durchgesetzt – erfindet F. W. H. Myers den Begriff »Telepathie«. Gedankenlesen und Kommunikation mit Abwesenden werden zum Forschungsprojekt ernsthafter Wissenschaftler, die versuchen, mit den Toten Kontakt aufzunehmen.

Die Anglistin und Wissenschaftshistorikerin Laura Otis hat mit einer Fülle von Belegen von Samuel Morse bis zu den Phonographen, auf die Bram Stoker die Geschichte seines »Dracula« aufzeichnen lässt, das Drama dieser Trance erzählt. Menschen versuchten mit den modernen Kommunikationsmitteln nicht nur, miteinander zu reden, sondern Kontakt mit einem zweiten, immateriellen Lebewesen aufzunehmen.

Von allen diesen Entwicklungsstufen stecken Reste der DNA im Erbgut von Nummer 2. Er ist technisch, aber auch spiritistisch, er rechnet wie eine Maschine und sieht Dinge voraus wie ein Medium.

Der Ökonom Friedrich Hayek verglich Anfang der Fünfzigerjahre – noch ohne von den Forschungen der Kybernetiker zu wissen – in einer noch heute faszinierenden Studie den Markt mit einem Kommunikationssystem, das dem Nervensystem des Menschen entsprach und in dem Neuronen wie Käufer oder Verkäufer auftreten, um das zu tun, »was dem System nutzt«.

Am Ende des 20. Jahrhunderts war dieses System perfekt: Von den Genen über die Neuronen bis zu den automatisierten Finanzmärkten operierte alles nach den Modellen der neoklassischen und neoliberalen Ökonomie. Und die Spieltheorie hatte es vermocht, selbst die zwischenmenschlichen Beziehungen nach diesem Bilde zu formen.

Der erste Versuch der Erweckung toter Lebewesen ging

schief. Der zweite, die Erweckung toter Modelle, beginnend in den Fünfzigerjahren, wurde ein Siegeszug ohnegleichen. Doch man hätte gewarnt sein müssen: Wo alles geplant ist, wachsen manchmal aus kleinsten Anlässen Monster heran.

11 Android

Kaum werden die ersten Automaten zusammengesetzt, wird der Mensch zerlegt

Bei seinem ersten Auftreten war Nummer 2 buchstäblich eine Maschine, die aussah wie ein Mensch. Sie rechnete da allerdings nicht, sondern spielte Flöte oder Klavier.

Man schreibt das Jahr 1738, und durch ganz Europa ziehen in großen Prozessionen künstliche Lebewesen: Die Automaten wandeln von Kirchen zu Palästen und von Palästen auf Jahrmärkte, Tausende Menschen folgen ihren Spuren. Kaiserinnen und Könige bestaunen sie, Dichter und Handwerker bejubeln sie, Beamte und Soldaten kapitulieren vor ihrer Vollkommenheit. Sie sind das Wunder der Epoche.

Das Erscheinen der künstlichen Spezies war zweihundertfünfzig Jahre vor den Warteschlangen, die beim Verkauf eines neuen iPhones entstehen, vielleicht der erste Fall, bei dem die hinreißende Freude über eine magische Technologie nicht mehr von der Frage zu trennen war, wer sich beides – Freude und Technologie – zu eigenen Zwecken zunutze machen würde.

»Man kann förmlich sehen«, schrieb ein begeisterter Zeitgenosse über einen sehr beliebten Automaten, eine Ente, »wie sie ihr Futter mit großem Appetit verschlingt, maßvoll trinkt, sich freut, wenn sie getrunken hat, dann ihr Gefieder ordnet, eine

Weile innehält und sich schließlich erleichtert …« Kaiserin Maria Theresia besaß eine Maschine, die schreiben konnte.

In den Tuilerien lauschten Tausende für einen Eintrittspreis von 24 Sous dem Lied des Flötenspielers (in dessen Instrument eine Luftpumpe verborgen war), und die »meisten konnten zuerst nicht glauben, dass die Musik wirklich aus dem Automaten kam«.[112]

Am populärsten waren die Automaten, die wie Menschen aussahen. Diderot suchte für sie in seiner Enzyklopädie einen Namen, der mehr bedeutete als »Automat« und weniger als »Mensch«. Sie hießen fortan »Androiden«, die menschenähnlichen Maschinen.

Der Superstar der Spezies wurde die »Musikerin«, eine Organistin, von der ein Betrachter bemerkte, sie sei »erkennbar aufgeregt, mit einer Ängstlichkeit und Schüchternheit, die man selten im wirklichen Leben antrifft«.[113]

In Frankreich wurde damit begonnen, den »anatomischen Menschen« zu bauen, Silbererzminen wurden simuliert, in denen die Minenarbeiter wie kleine Automaten funktionierten.

Nach den Monarchen, den Handwerkern, den Bauern meldeten sich, wie stets bei einer bahnbrechenden Technologie, die Denker zu Wort. Und so unterschiedlich sie auch dachten, sie alle verglichen Jacques Vaucanson (1709–1782), den Erbauer der Ente und des Flötenspielers, mit Prometheus, dem edelsten unter den Titanen, der den Lebensfunken entzünden konnte: Jean-Jacques Rousseau, der Philosoph des »natürlichen Menschen«, tat es; La Mettrie, der genau zehn Jahre später das Buch »Der Mensch als Maschine« veröffentlichte, tat es; und Voltaire tat es besonders gern. Er stachelte mit den Elogen auf »Prometheus II« den Preußenkönig Friedrich II. an, der vergeblich versuchte, Vaucanson nach Berlin zu locken. Als das nicht gelang, ließ sich »der pedantische König der kleinen Maschinen«, wie ihn Michel Foucault nannte, eigene Automaten bauen.

Verzückt blickten die Menschen also auf die perfekten Maschinen, deren metallene Oberflächen die vollständige Illusion herstellen sollten, und wussten doch nicht, was sie sahen. Ein paar Leute, so berichtet Vaucanson, hätten sich beschwert, dass die Ente perforierte Messingfedern habe und kein wirkliches Gefieder. »Aber mein Design«, erläuterte er, »sollte die Abläufe zeigen und nicht eine Maschine.«[114]

Denn die wunderbaren Oberflächen, diese perfekte Simulation von lebendigen Wesen, hatten nur einen einzigen Zweck: geöffnet zu werden. Manche, wie der Flötenspieler oder die Tänzerin, durch eine Tür, andere, wie die Ente, durch Transparenz, die den ungehinderten Blick in ihre innere Mechanik ermöglichte.

Das Publikum sollte die Zahnräder und Metallfedern, das ganze innere Uhrwerk des künstlichen Lebens sehen – angeblich, um zu verstehen, wie Leben und Bewegung funktioniert. Vaucanson selbst forderte in seinen Lebenserinnerungen den Leser noch mal geradezu auf, die Maschinen zu inspizieren, um zu erkennen, »dass die Natur korrekt imitiert wurde«.[115] In Wahrheit aber ging es um etwas ganz anderes: Die neugierigen Menschen, die die Automaten ahnungslos anstarrten, wurden zu Versuchstieren eines sozialen Experiments. Durch ihre Inspektion sollten sie selbst zum Teil der Maschine werden. Die Maschine war wunderbar; und sie war eine Bedrohung. Wunderbar, denn in den Augen der Zeitgenossen atmete dieses künstliche Leben die Magie der Alchemisten und das Genie der modernen Ingenieure. Eine Bedrohung, denn sie waren Erfüllungsgehilfen einer politischen Idee: die Menschen selbst zu Automaten zu machen.

Dass Tiere ja auch nichts anderes als Automaten seien, hatte bereits der Philosoph René Descartes in die Köpfe gebracht: Der Mensch unterscheide sich von Tieren nur, weil er eine Seele habe.

Joseph Spence, der die Ente 1741 in Paris sah, schrieb sogleich einen Brief an seine Mutter, in dem er den Gedanken weiterspann: Gute Künstler könnten »ein Tier aus einem Uhrwerk machen, das alles das könnte, was ein wirkliches Tier kann«.[116]

Doch wer redet von Tieren? Der Mensch ist alles. Die perfekten Automaten stellten die Sache mit der Seele irgendwann infrage; spielerisch und womöglich ironisch, ungefähr so, wie der erste Second-Life-Hype im Netz, als man glaubte, irgendwelche Avatare könnten das werden, was man Leben nennt.

Eine der Maschinen, ein Schreibautomat des großen Uhrmachers Jaquet-Droz aus Neuchâtel, schrieb, wenn er in Laune war: »Ich denke, also bin ich«. Manchmal aber auch: »Ich denke nicht, existiere ich dann überhaupt?«

Hobbes, der Verfasser des »Leviathan«, hatte den Menschen zum Automaten erklärt, um den Staat zum menschlichen Automaten werden zu lassen: »Denn was ist das Herz anderes als eine Feder, was sind die Nerven anderes als lauter Stränge und die Gelenke anderes als lauter Räder?«

Es war ein Weltbild, das für die Bedürfnisse der anbrechenden Neuzeit, ihren ökonomischen Drang nach Effizienz und Ausnutzung und ihren politischen Willen zur Kontrolle durch ein Zentralgehirn wie geschaffen war.

Und es war die eigentliche Mission der Automaten: zu zeigen, wie ein Mensch funktionieren würde, wenn er eine Maschine wäre. Der Zugang ins Innere der Androiden war der Zugang ins Innere des Menschen, denn indem die Menschen ins Innere der Maschine blickten, veränderte die Maschine das Innere ihrer Köpfe. Der Flötenspieler und der Trommler und die Tänzerin und sogar die Ente waren Weltbildfabriken.

Die Menschen sahen, wie sie sich selbst sehen sollten: als ein Ineinandergreifen von Zahnrädern, elastischen Federn und Hydrauliken, die alle abhängig waren von der mechanischen

Zentraleinheit. Wenn eine Ente so funktionierte, dann auch der menschliche Körper minus Seele. Und bald schon redeten die Menschen in den Pariser Salons davon, dass ihre »Triebfeder« erlahmt sei und wieder aufgezogen werden müsse. Wenn der Körper so funktionierte, dann doch wohl auch der Staat oder eine Ökonomie …

Diese Androiden waren nichts anderes als informationsverarbeitende Systeme, und das war genau das, was die Monarchen und Institutionen als Organisationsidee benötigten. Kurz darauf hatte Friedrich II., wie Michel Foucault berichtet hat, seine Armee in einen »Automaten« mit mechanisch gedrillten Bewegungsabläufen verwandelt. Napoleon, der die Automaten ebenso sehr liebte wie Friedrich, lernte schnell und perfektionierte Schulen, Krankenhäuser, Verwaltung, die so zu Apparaten wurden. An erster Stelle aber und vor allem anderen perfektionierte er die Ökonomie.

Man muss sich die Voltaires oder La Mettries, die Friedrich sich an seinen preußischen Hof holte, immer auch wie die McKinseys des 18. Jahrhunderts vorstellen. La Mettries »Der Mensch als Maschine« kann man als Bauanleitung für das preußische Heer, gewiss aber auch für das Weltbild von Friedrichs Untertanen lesen.

Von überall her, von Immanuel Kant in Königsberg bis zum französischen Arzt und Ökonom François Quesnay (1694–1774), kamen Expertisen, bis zu welchem Organisationsgrad der Staat eine Maschine sei und ab wann die Maschine aus dem Staat eine Tyrannei machen würde. Aber entscheidender war, was der Historiker Simon Schaffer die Geburt der »Techno-Politik« nannte.

Man muss sich nur ansehen, was Quesnay und die automatenbauenden Wunder-Ingenieure in Paris unternahmen: Sie träumten von Maschinen, die nicht nur die gesamte menschliche

Anatomie, jeden Knochen und jedes Knöchelchen nachahmen, sondern auch die Muskeln, und mithilfe von hydraulischen Geräten den Blutkreislauf simulieren würden. Dass der menschlichen Körper als Kreislauf konzipiert war, hatte sich bei den meisten Ärzten noch nicht herumgesprochen. Sie hingen noch an Galens Theorie, dass das Blut in der Leber entsteht und über Blutgefäße wieder versickert.

Quesnay schlug vor, die Ärzte von diesen falschen Vorstellungen buchstäblich zu heilen: mit Automaten, die es ihnen zeigten. So würden sie gleichsam reine Inspektion werden, ein absolutes Hineinsehen in die Zirkulation des Blutes, vielleicht die erste 3-D-Simulation und das erste Staubkörnchen des virtuellen Urknalls, der zwei Jahrhunderte später durch die Computerpioniere erfolgen würde.

Das klingt harmlos und nach Biologieunterricht. Aber wie die Mechanik der Zahnräder den Staat, so sollten Zahnräder plus hydraulischer Kreislauf auch für immer das Selbstverständnis der Ökonomie verändern. Der automatisierte Körper wurde zum Körper des Menschen und der Körper des Menschen zum Organismus der Ökonomie. Das Blut – das Geld oder der Wohlstand – floss zwischen Großgrundbesitzern, Handwerkern und Bauern. Dabei wirken die Handwerker wie die Venen, die Bauern wie die Arterien und die Großgrundbesitzer, die das Kapital liefern, als das Herz.[117]

Der Wohlstand selbst konnte nur durch die Natur entstehen, denn sie, so Quesnay, war der einzige Ort, in dem etwas aus nichts entstehen kann.

Solche Paradigmen sind in der Ökonomie überaus beliebt, sofern Automaten existieren, die zeigen, wie sie funktionieren: Nach der Entdeckung der Elektrizität übernimmt der elektrische Strom die Funktion des Blutes, später die quantenphysikalischen Austauschprozesse der atomaren Struktur.

Man muss sich vor Augen halten, dass der Begriff der »Ökonomie«, so wie wir ihn heute verstehen, im 18. Jahrhundert nicht existierte. Wer von »Ökonomie« sprach, sprach von einem Teilgebiet der Medizin, von »tierischer Ökonomie« (»animal economy«). Diderots Enzyklopädie beispielsweise definiert sie als ein System, das den »Mechanismus, die Gesamtheit der Funktionen und Bewegungen, die das Leben der Tiere erhält«, umfasst. Und wir wissen heute, dass die physikalischen und mechanistischen Grundlagen der Ökonomie hier ihren Ursprung hatten.

Adam Smith stand in engem Kontakt mit den Franzosen, empfing dort seine Idee für den »Kreislauf« aller Wirtschaft und die »unsichtbare Hand«, die die Märkte reguliert. Und eine ganze Bibliothek von Büchern hat mittlerweile gezeigt, dass die Ehe zwischen Ökonomie und Physik, damals gestiftet von Uhrmachern, Ingenieuren und Ärzten, vielleicht die folgenreichste und dramatischste Verbindung der nächsten Jahrhunderte werden sollte. Sie ist es, die uns heute mehr beschäftigt denn je.

Eine Ehe, die nicht im Himmel geschlossen wurde, sondern in den mechanischen Uhrwerken des industrialisierten Menschen.

Die Ökonomie ist von Anbeginn selbst ein Automat gewesen. »Physik und Ökonomie«, so hat die Wissenschaftsphilosophin Nancy Cartwright geschrieben, »sind beides Disziplinen mit imperialistischen Tendenzen: Immer wieder behaupten sie, alles erklären zu können, die eine in der natürlichen Welt, die andere in der sozialen.« Wo sie sich aber verbündeten, schuf die Physik (Unterabteilung Mechanik) im 18. Jahrhundert die Matrix, die die Ökonomie über die Gesellschaft legte. Die Ökonomie, nicht die Philosophie und erst recht nicht die abstrakte »Aufklärung«, setzte Technologie in soziale Organisation um.

Wenn heute Kritik an technologischen Innovationen mit »Maschinenstürmerei« abgetan wird, ist das von atemberaubender

Naivität. Kritik an Technologien ist immer eine an den sozialen und kognitiven Zwängen, die sie produzieren, indem sie von der Ökonomie als Erklärungsmodell gebraucht und missbraucht werden. »Der Mensch«, hatte La Mettrie geschrieben, »ist eine Maschine, die ihr eigenes Uhrwerk aufzieht.«[118]

Die mit Schlüsseln und Kurbeln aufgezogenen Jahrmarktsattraktionen standen am Beginn dessen, was wir heute »technischen Determinismus« nennen: Die Maschine bestimmt unsere Zukunft. In den Worten des Literaturwissenschaftlers Hugh Kenner: »Wenn ein Mensch sein Leben lang nur Fäden spinnt, wie soll dann eine fadenspinnende Maschine etwas anderes sein als ein Mensch in reinerer Form?«[119]

Es ging im 18. Jahrhundert eben nicht nur darum, Automaten zu erfinden. Es ging darum, einen Menschen für die Maschinen zu erfinden.

Und tatsächlich war es Vaucanson, der Vater von Ente und Tänzer, der bald darauf unter dem Protest der Handwerker in den Manufakturen den ersten vollautomatischen Webstuhl konstruierte und dabei einen Satz sagte, der über 250 Jahre hinweg zu uns herüberschallt: Dieser Automat sei ein Instrument, mit »dem ein Pferd, ein Ochse oder ein Hintern Kleider herstellen können, die schöner und vollkommener sind, als die besten aller Seidenweber es je zu tun vermöchten … Jede Maschine produziert jeden Tag so viel, wie die besten Arbeiter, wenn sie nicht Zeit vertrödeln«.[120]

In Frankreich neigte sich die Mode der Spielzeuge ihrem Ende zu. Die Automaten hatten Soldaten und Untertanen produziert, als Nächstes ging es darum, Konsumenten und Märkte zu produzieren.

Vorerst aber machte ein Aufruhr der Handwerker in Lyon – Vaucanson musste nach seinen Verlautbarungen über den ersetzbaren Arbeiter als Mönch verkleidet aus der Stadt fliehen –

klar, dass man den Menschen erst noch beibringen musste, den Maschinencode auch dann anzuerkennen, wenn die Maschine nicht aussah wie ein Mensch oder ein Tier.

Doch jetzt begann man sich in England für die Spielzeug-Automaten zu interessieren. Es waren ausgerechnet die Venture-Kapitalisten, die James Watt die Entwicklung der Dampfmaschine finanzierten, die auch einem Mann mit dem bezeichnenden Namen Merlin mit einer beträchtlichen Summe unterstützten.[121]

Merlin kaufte die französischen Automaten auf und brachte sie in London in seinem mechanischen Museum unter, das noch glänzenderen Ruf genoss als die Zauberwerke Vaucansons zu ihren Hochzeiten in Frankreich.

Mit dem Geld jener Finanziers organisierte Merlin eine Dauerausstellung von Androiden, von der man nichts weniger sagen kann, als dass sie die Zerlegung des Menschen in alle jene Einzelfunktionen vorführte, die später im industriellen Fertigungsprozess so wichtig werden würden. Die Figuren »führten fast jede Bewegung und Neigung des menschlichen Körpers aus, nämlich die des Kopfes, der Brust, des Nackens, der Arme, der Finger, der Beine und selbst die Bewegung der Augenlider und das Emporheben von Fingern und Armen ans Gesicht«.[122]

Tatsächlich sahen die Menschen, ohne es zu wissen, Algorithmen. Sie waren nicht wie heute in Codes geschrieben, sondern handgreiflich, aber sie bereiteten die Menschen auf eine Welt der Arbeitsteilung und der Zerlegung vor. Das Zerlegen von Uhrwerken, so hat Otto Mayr erläutert, galt seit dem 17. Jahrhundert »als Illustration für *analysis*«.[123] Es war ein unbewusster Prozess, der mehr mit der Nachfrage nach künstlichen Körperteilen zu tun hat als mit den Bedürfnissen der modernen Industrie, doch setzt er genau um, was heute durch Algorithmen unablässig geschieht: das Zerlegen körperlicher und geistiger

Arbeit in Formeln, die den physikalischen und damit ökonomischen Wert des Denkens messen sollten.

Um 1790 ersann der Chemiker und Ökonom Antoine Lavoisier nicht nur Reformen für die französische Landwirtschaft, sondern auch eine Berechnungsmethode für Denken und Schreiben mit dem Ziel, geistige Arbeit zu messen, also in den Kopf einzudringen. »Indem sie den Pulsschlag und den Luftverbrauch maßen«, schreibt Simon Schaffer, »glaubten der vorsichtige Akademiker und seine Mitarbeiter, dass sie angeben konnten, wie viel Pfund Gewicht den Versuchen eines Menschen entspricht, eine Rede zu halten oder ein Musikinstrument zu spielen.«[124]

All das wurde bald im Zeitalter der Arbeitsrationalisierung und des Taylorismus als Modell für die neue Gesellschaft im 20. Jahrhundert gebraucht: die Umrechnung von immer wiederkehrenden Mikrobewegungen, wie das Heben eines Armes oder das Strecken der Finger, in physikalische Formeln von Kraft und Effizienz. Doch noch bestand der Arbeiter aus Muskeln, Knochen, Händen, Armen und Beinen. Während der gesamten industriellen Revolution bis weit ins 20. Jahrhundert war sein mentaler Rückzugsort, dass er zwar seine physische Kraft, nicht aber seine Seele verkaufte.

Der romantische Dichter William Wordsworth hatte als einer der wenigen in den niedlichen Androiden in Merlins Haymarket-Theater etwas ganz anderes gesehen. Er jubelte nicht. Er nannte das, was er sah, ein »Parlament der Monster«.

Noch einhundert Jahre währte in Europa der Siegeszug der Spielzeug-Kreaturen. Am Schluss endete er wie in einem Roman im Tingeltangel und im Mysterium. Von dem berühmtesten Exemplar, jener lebensechten Ente, die bereits Goethe im bejammernswerten Zustand sah und die Napoleon deshalb nicht zurückkaufen wollte, tauchte in den Dreißigerjahren in einem französischen Museum ein mysteriöses Foto auf, dass das halb skelettierte mechanische Tier angeblich in Dresden zeigte.

Als die künstliche Spezies von der Weltbühne der Fantasie abtrat, waren die großen Nationen von Maschinen bevölkert, die selbständig handeln und sich selbst regulieren konnten. Sie wirkten wie eine Mutation der fragilen Automaten; und sie wurden nicht mehr händeklatschend und mit Jahrmarktsfreude begrüßt, sondern mit Ehrfurcht oder Angst.

12 Gehirn

Der Mensch wird automatengerecht

Die Automaten verrosten, und das Zeitalter der Dampfmaschine steht bevor. Maschinen haben die Macht, gesellschaftliche Normen zu produzieren, ohne sie zu kommunizieren und ohne sie begründen zu müssen. Sie können, wie die Technikgeschichte gezeigt hat, wirksamer sein als gesetzgebende Apparate.[125]

Ihre Funktionsfähigkeit ist ihr Argument, und sie arbeiten in den Köpfen selbst dann noch, wenn sie in der wirklichen Welt längst verschrottet sind. Ohne je eine Dampfmaschine gesehen zu haben, sagen Menschen bis heute: Ich stehe unter Dampf. Weil Maschinen intuitiv verständlich sind.

So wie das Sicherheitsventil der Dampfmaschine, »governor« genannt, das ausreichte, um die Idee sich selbst regulierender Systeme und damit die des Liberalismus zu begründen.[126]

Der Weg des »governor« führt von Watts Dampfmaschine bis zum Begriff »Kybernetik« (von gubernator, kybernetes: der Steuermann) und den juristisch immunen, also nur auf der Basis der Selbstregulierung arbeitenden »Gouverneuren« des europäischen Rettungsschirms ESM.

Auch Sigmund Freud hat der Maschinenwelt seine Metaphern wie Druck, Energie, Kraft und Verdrängung für seine Deutung des Unterbewussten entlehnt. Wer von Maschinen oder wie heute von Computern redet, redet immer auch von sozialer Physik.

Die Dampfmaschine verankerte mit dem »governor« die Metapher der Selbstregulierung in den Köpfen der Menschen. Aber: Das Sicherheitsventil war nicht dafür da, die Menschen zu schützen; die Maschinen hatten, wenn man nicht aufpasste, die Angewohnheit, den Menschen, die mit ihnen zu tun hatten, Arme oder Beine abzureißen. Das Ventil verhinderte das nicht. Es diente vielmehr dem Schutz des Systems – damit die teure Maschine nicht auseinanderflog. Das war die zweite »politische« Aussage der Maschine: Die Funktionsfähigkeit der Apparatur ist wichtiger als die Funktionsfähigkeit des Menschen.

Wenn heute davon geredet wird, dass digitale Systeme den Menschen amputieren und der User mit seinem Gerät verschmilzt, so ist dies eine dunkle Rückerinnerung an Zeiten, in denen dies buchstäblich und zum ersten Mal geschah. Die Dampfmaschine amputierte die Menschen, und zwar so häufig, dass daraus ein großer, automatisierter Markt für künstliche Rippen, Hände und Beine entstand. Die Reparaturteile für den Menschen fanden ihre Modelle in den mechanischen Wunderwerken von Merlins Automatenmuseum – eine völlige Umkehrung hatte stattgefunden: Der Mensch selbst wurde nun partiell zum Androiden, um die Maschine zu bedienen. Und das war die dritte politische Aussage: Der Arbeiter muss buchstäblich mit der Maschine verschmelzen.[127]

Da man keine Roboter bauen kann, muss der Mensch selber zum Roboter werden – das ist der politische Code, den auch Nummer 2 in den hypermodernen Umgebungen des 21. Jahrhunderts in sich trägt, denn die mathematische Modellierung seines Egoismus und die Amputation aller seelischen Individualität heißt natürlich nichts anderes, als den Menschen zum Automaten zu machen. Das ist keine exklusive Fantasie unserer heutigen Zeit. Auch das Viktorianische Zeitalter hat diesen Traum geträumt: eine Maschine, die für die Menschen denkt.

Genau zu dem Zeitpunkt, als William Wordsworth das »Parlament der Monster« in London sah, machte sich auch eine Mutter mit ihrem kleinen Jungen auf den Weg in Merlins Museum. Noch Jahre später würde der Junge sich an Vaucansons »Tänzerin« erinnern, »eine bewundernswerte Danseuse, mit einem Vogel auf dem Zeigefinger ihrer rechten Hand, der mit seinem Schwänzchen wippte, mit den Flügeln schlug und seinen Schnabel öffnete. Diese Dame gezierte sich auf höchst einladende Art. Ihre Augen waren voller Ausdruckskraft und unwiderstehlich.«[128]

Dieser Junge würde eines Tages den mittlerweile sehr heruntergekommenen Automaten der Danseuse kaufen und seinen Gästen vorführen. Vor allem aber würde er, angeregt von Vaucanson, im Jahre 1823 den ersten vollständigen Digitalrechner konzipieren und bald darauf eine Differenzialmaschine, die Denkprozesse ebenso gut zerlegen sollte wie Bewegungsabläufe.

Dieser englische Mathematiker Charles Babbage (1792–1871), der wahre Vater des Computers, hatte alles in seinem Kopf vorausgedacht: die Lochkarten, die rechnergesteuerte Arbeitsteilung, die automatisierte Fabrik und Maschinen, »die man in Rechenkünsten und nicht mehr in Poesie« unterweist.[129] Und als wäre das alles noch nicht genug, sah er auch noch die Spieltheorie voraus.

»Ich wählte für meinen Test die Idee einer Maschine, die ein Spiel spielen sollte, für das man nur intellektuelle Fähigkeiten haben musste; so wie Tic-Tac-Toe, Dame, Schach, usw. … Ich konnte bald demonstrieren, dass jedes Geschicklichkeitsspiel von einem Automaten gespielt werden konnte.«[130]

Fast niemand, der sich mit Babbage, diesem Sonderling des 19. Jahrhunderts, befasst, entgeht dem gruseligen Schock der Wiedererkennung. Er entwickelt in seinem Kopf nichts Geringeres als eine Dampfmaschine des Denkens. Sie soll das sein, was die künstlichen Arme für die Arbeiter an der wirklichen Dampfmaschine waren: die Prothese für die neu entstehenden Schicht von Kaufleuten und Händlern, die mit dem entstehenden System des Kapitalismus, mit seinen Zahlen und Profiten und Nutzenfunktionen, verschmelzen sollten.

Doch es war zu früh für Nummer 2. Da anders als knapp hundert Jahre später niemand eine Atombombe konstruieren wollte und auch keine menschenbereinigte militärische Befehlsketten benötigte, interessierte der Plan seinerzeit die britische Regierung nur vorübergehend. Babbage beklagte, dass sich alle Welt nur für seine Tänzerin interessierte, nicht aber für die Differenzialmaschine. Er hatte in seiner Wohnung die Tänzerin in einem Raum untergebracht und die unfertige Rechenmaschine in einem anderen: Kaum einer seiner Besucher interessierte sich für die abstrakte Maschine, jeder wollte die Simulation eines menschlichen Automaten sehen. Dabei würde die Differenzialmaschine die Idee des Automaten überhaupt erst zu sich selbst bringen. Babbage konnte nicht wissen, dass heute, anderthalb Jahrhunderte später, im Zeitalter von »Big Data«, riesige Datensupermärkte, Speicherhallen und Industrien für menschliches Denken entstehen. Um so hellsichtiger war es, dass er seine Rechenmaschine eine »Fabrik« nannte.

Bewegungen, Kräfte, Mechaniken des menschlichen Körpers in physikalische Formeln zu verwandeln war gut und schön; aber das Denken selbst über die Formeln einer Maschine zu reproduzieren und zu einem messbaren Gut zu machen – das war nicht nur schön, das war titanisch.

Tatsächlich aber waren die Zeitgenossen Babbages sehr an

einem menschlichen Automaten interessiert. Sie gingen nur einen sehr viel direkteren Weg. Babbage entging, dass in den viktorianischen Salons Londons später als in anderen Hauptstädten Europas der Geist Galvanis und vor allem Mesmers und seines »thierischen Magnetismus« das gleiche Ziel mit anderen Mitteln verfolgte. Es grassierte um 1851 die *»mesmeric mania«*, der Spleen, mithilfe der Körperenergie aus dem Menschen ein lebendes Automatenwesen herzustellen, stark wie ein Dampfhammer, klug wie Newton und darüber hinaus sogar in der Lage, die Zukunft vorherzusagen (alles das, was wir heute bekommen haben, nur dass man damals nicht Formeln, sondern den Menschen selbst benutzte).[131]

Offenbar ändern sich die Träume der Menschen nie, sondern nur die Werkzeuge des Träumens. Séancen kamen damals in Mode, in denen der Mesmerist zunächst seinem Gegenüber stundenlang in die Augen starrte, die Hände nahe an den Körper des anderen bewegte, um Wärmefelder zu erzeugen, bis in einer Atmosphäre absoluter Ruhe und gegenseitigen Anstarrens im Zwielicht der Zustand eintrat, den später die Militärcrews der USA erlebten, die von ihren Radarbildschirmen angestarrt wurden: die »Trance« oder das »Koma«.

Bei diesen Séancen hatten Dienstmädchen (es handelte sich bei den Probanden meist um Frauen, meist solche, die sich als Dienstboten nicht wehren konnten) in Trance das Gefühl, tonnenschwere Gewichte heben zu können, oder sie zeigten plötzlich geistige Fähigkeiten, die manche schon zu utopischen Visionen von einem neuen Bildungssystem verleitete.[132]

Interessant wird, was sich in den dämmrigen Salons der Londoner City ereignete, wenn man es mit dem in Beziehung setzt, was sich ein paar Straßen weiter in der Wohnung von Charles Babbage tat. Alison Winter hat das in ihrer spannenden Geschichte über den Mesmerismus im Viktorianismus so beschrieben:

»Wenn man bedenkt, dass Babbage selbst beklagte, dass jeder seine Tänzerin liebte, aber niemand sich für eine Differenzialmaschine interessierte, kann man schlussfolgern, dass der Mesmerismus deshalb so zwingend erschien, weil er die hervorstechenden Merkmale eines tanzenden Automaten mit einer Denkmaschine *kombinierte* – und das alles im Körper eines Menschen. Er verwandelte eine Frau in eine Maschine und bewies, dass der mechanische Teil eines Menschen so wie die Differenzialmaschine in der Lage war, geistige Arbeit zu verrichten, ohne Willen und ohne Gedanken.«[133]

Man kann das als Generalprobe für das Drama unseres informationsökonomischen Jahrhunderts lesen, bei dem nur der Hauptdarsteller, der Computer, noch unpässlich, weil noch nicht erfunden ist. Die Träume sind die gleichen, nur das Medium oder das Werkzeug, das sie aus dem Script in die Wirklichkeit transportiert, ist noch nicht gefunden.

Bevor Nummer 2 die Bühne betritt – der verdoppelte, aber gleichzeitig reduzierte Mensch, der dem wirklichen Menschen vormacht, wie man rechnet, Geschäfte abschließt und die Welt kalkuliert –, versucht man es immer und immer wieder mit Nummer 1.

William Benjamin Carpenter, einer der angesehensten Physiologen des 19. Jahrhunderts, entwickelte bereits das Bild des Menschen als Automaten, der durch elektrobiologischen Input von außen gefüttert wird. Ein Wesen also, »das (sozusagen) ein bloßer *Denkautomat* (»thinking automation«) ist, dessen gesamte Ideen durch äußere Einflüsterungen bestimmt werden«.[134] Offenbar war die Idee, klüger, stärker, wachsamer zu werden, schon hundert Jahre vor den ersten Simulationen des Militärs untrennbar mit einer Indoktrinationsmaschine verbunden.

Was Babbage angeht, so musste alles, was der geniale Mathematiker plante, ebenfalls ein Jahrhundert warten. Die Welt versuchte es erst auf dem psychologischen Weg, der mit Séancen begann und dann in ein Zeitalter der Manipulation mündete, mit ihren ausgefeilten Mitteln der Indoktrination, Massensuggestion und »Propaganda«, kurz: den »geheimen Verführern«.

Ende des 19. Jahrhunderts stand die Idee der »magnetischen Flüssigkeiten« an der Wiege der amerikanischen Werbeindustrie. Nunmehr wurde »Elektrizität«, wissenschaftlich begründet zum Beispiel vom Erfinder von Alka-Seltzer, in Pillenform angeboten, alles als Mittel zur Transformation des müden, alten Körpers.

1925, nach den ersten erfolgreichen Experimenten mit Massensuggestion durch eine Mischung aus Spiritismus und Behaviorismus, stellte die größte Werbeagentur der Welt, A. J. Walter Thompson, in ihrem Jahrbuch klar, dass »Werbung eine nichtmoralische Kraft ist, wie Elektrizität, die beleuchtet und mit Stromschlägen töten kann«.[135]

Das war es, was das 20. vom 21. Jahrhundert unterscheiden würde: Heute hat man die Möglichkeit, jeden einzelnen Menschen in seinen Wünschen zu berechnen und zu steuern. Die Massenpsychologie, die damals in den Londoner Salons entstand, operierte mit »Kräften«, nicht mit Individuen.

Doch es ist ein Unterschied, ob man Massen manipuliert oder den einzelnen Menschen in seinen Verhaltensweisen kalkuliert, einschätzt und, zum Beispiel mit auf ihn zugeschnittenen Werbebotschaften, auf ihn einwirkt. Es ist ein Unterschied, ob man Menschen mit Suggestionen von außen manipuliert oder ob man in ihre Köpfe eindringt und erfährt, was sie denken, verheimlichen und wünschen.

Im ersten Fall kann man Massen steuern, im zweiten Fall kann man bei genügend Datenmaterial Spielregeln festlegen, die wie Naturgesetze wirken. Schon für Babbage war eine Technik interessant, die es ermöglichte, soziales Leben mit vollständiger

Rationalität nach den Regeln des Spiels neu zu organisieren. Damals war die Zeit für einen egoistischen Doppelgänger des Menschen noch nicht reif. Vielleicht weil die Idee von einer Maschine, die Menschen zwingt, nicht nur ökonomisch zu arbeiten, sondern nach einer rein ökonomischen Rationalität zu denken, die Vorstellungskraft überstieg.

Das Gefühl, dass etwas nicht stimmte, drückte sich in den Monstern aus, von Frankensteins Kreatur über Mr. Hyde bis hin zu Dracula, die die Träume der Epoche heimsuchten.

Doch es entstand damals noch eine andere literarische Monstervariante, ein zivileres Wesen, das zwar aufseiten des Gesetzes stand, doch gleichwohl eine Art Ungeheuer war. Diese Ausgeburt von Recht und Gesetz schnüffelte Menschen nach, kombinierte Indizien aus einer scheinbar sinnlosen Masse von Informationen und war ständig dabei, Menschen (oder Tiere) zu überführen, die vorgaben, etwas zu sein, was sie nicht waren; Edgar Allan Poe nämlich modellierte sein Superhirn Dupont nach ihm. Sherlock Holmes, den Conan Doyle nur ein paar Fußminuten von Babbages wirklichem Domizil entfernt wohnen ließ, ist, wie Hugh Kenner mutmaßt, wahrscheinlich nichts anderes als die Verkörperung von Babbages Differenzialmaschine. Und selbst Agatha Christies Hercule Poirot ist aus Babbages hyperrationalen Genen gebaut.

Kombinieren, entschlüsseln, enttarnen, überführen und vollständig die Perspektive des anderen durch Beobachtung einnehmen – sobald der Mensch auch nur in die Nähe digitaler Technologien kommt, will er offenbar sofort in die Köpfe der anderen Menschen eindringen, sei es durch Detektive oder Algorithmen. Bei allen Menschen entdeckt man dann Türen, die in ihr Inneres führen, oder gläserne Schädeldecken wie die Automaten des großen Spielzeugautomatenerfinders Vaucanson. Und wer je die Logik der großen Detektive imitieren, wie Sherlock seine Umwelt entschlüsseln oder wie Computer-Erfinder Alan Turing einen Code knacken wollte, muss erkennen, dass das nur funktioniert, wenn er die Welt als mathematischen Zustand sieht, bei dem alles seine Funktion hat.

Die viktorianische Fabrik mit ihrer Körperdisziplin, ihren Stechuhren und Kraftberechnungen hat dies weitgehend für menschliche Arbeit bewerkstelligt. Für das Denken und dessen Kontrolle funktionierte das zunächst nur auf der Ebene der Literatur. Auch ein Roman ist eine Fabrik, in der alles an seinem Ort, in seiner Zeit und unter dem Regime seines Autors lebt.

Doch genau das war die Sackgasse: für Menschen zu schreiben. Man musste stattdessen für Maschinen schreiben, mit denen die Menschen verschmelzen würden.

Schon bald, ab den Fünfzigerjahren des 20. Jahrhunderts, würden die Texte, die die Menschen organisierten, beschrieben, überwachten und zu Handlungen bewegten, in Maschinensprache geschrieben sein.

Hugh Kenner schreibt über das Erbe des Charles Babbage: »Der Computer simuliert den Gedanken, wenn der Gedanke computergerecht definiert wurde; der Automat simuliert einen Menschen, wenn der Mensch automatengerecht simuliert wurde.«[136]

13 Gene

Der Egoismus erobert das Erbgut

Die Maschine im Zeitalter Vaucansons hatte ausgesehen wie ein Mensch. Im 20. Jahrhundert musste der Mensch zur Maschine werden.

Vielleicht wäre die Machtergreifung von Nummer 2 weniger allumfassend gewesen, wenn sie sich nur auf ökonomische Modelle beschränkt hätte. Doch das Lebewesen Mensch zu einer Fabrik für Egoismus zu machen – das übernahm die Biologie. Deren Experten entdeckten in den späten Siebzigerjahren, dass die Spieltheorie sich bestens eignete, um das darwinistische Modell des Überlebenskampfes, das heißt den Kampf um Vorteile, Profitmaximierung und Fortpflanzungschancen, zu erklären.

Der britische Biologe Richard Dawkins hatte 1976 erstmals seine These formuliert, wonach Lebewesen nur die Überlebensmaschinen zum Zwecke des Fortbestehens egoistischer Gene sind. Dawkins und seine Hilfstruppen, überzeugt, dass sie eine Universaltheorie für menschliche Gesellschaften gefunden hatten, mussten sich zunächst mit der Rolle des Zulieferbetriebs für neoliberale Ökonomen, vor allem in den USA, abfinden, denn neoliberale Meisterdenker in Europa schreckten davor zurück, das Geschäftsmodell von Egoisten mit den Investment- und Deinvestmentstrategien von Genen zu begründen.

Wir wenden uns Dawkins hier nur als dem prominentesten

Protagonisten zu. Als Dawkins sein Buch schrieb, gab es bereits eine Übereinkunft, dass, vereinfacht gesprochen, die Selbstorganisation von Märkten der Selbstorganisation von Lebewesen entspricht. Kybernetik, Ökonomie und die Biologie hatten unabhängig voneinander in den Fünfzigerjahren den Begriff »Energie« durch »Information« ersetzt und damit die Voraussetzungen für die neue Universaltheorie geschaffen, in der »Informationen«, von der DNA über den Computer bis zu Finanzmärkten, das alles beherrschende Prinzip wurden.[137] Friedrich Hayek, der bereits 1935 die Rolle der Information für Märkte entdeckte und sie später auf die Kognition übertrug, spielte dabei, wie stets, eine brillante Rolle.[138] Doch es war Dawkins, der all dies in nie da gewesener Weise popularisierte.

Bei jeder Schicksalslehre, sei es, dass Gene oder der liebe Gott das eigene Schicksal vorherbestimmen, ist in der Regel Verlass auf die Abwehrinstinkte der Gesellschaft. Es half in den Augen der breiten Öffentlichkeit auch nicht viel, dass Soziobiologen sich zusammen mit Spieltheoretikern bemühten nachzuweisen, dass dieser Egoismus erstaunliche soziale Effekte hatte, wenn man anerkannte, dass Lebewesen anderen egoistisch helfen, wenn sie darin einen Vorteil für sich selbst erkennen. Die These funktionierte immer. »Schenken, um sich selbst eine Freude zu machen«, und wie die Reklamesprüche einer grotesk reduzierten Psychologie sonst noch lauten mochten.

Damals ereignete sich nichts Geringeres als die biologistische Grundsteinlegung einer neuen Moral. Das egoistische Gen von Nummer 2 hatte es in die Biologie geschafft. In den USA zählte beispielsweise Jeffrey Skilling, der Chef des Betrugs-Konzerns »Enron«, zu den großen Bewunderern von Dawkins. Er nannte es »sein Lieblingsbuch und seine Hauptinspirationsquelle«.[139] Er hatte bei Enron das »rank and yank«-System eingeführt: Alle sechs Monate wurden sämtliche Mitarbeiter bewertet, die oberen fünf Prozent erhielten hohe Boni, die unteren 15 Prozent wurden gefeuert oder versetzt. Skilling erklärte, dies sei seine »Lehre aus der Natur«.[140]

Die Immunität Europas gegen den egoistischen Cocktail galt freilich nur, solange solche Ideologien auf dem Papier standen und sich nicht in einer neuen und funktionierenden Technologie verkörperten. Denn wenn eine Maschine nur überzeugend genug ist, sind die Menschen bereit, wie wir bei Vaucansons Automaten gesehen haben, sie zur Metapher ihres Lebens zu machen. Auf diese Art wird die Maschine die Falle, der Käfig, der Automat, aus dem es kein Entrinnen gibt. Und deshalb war damals in den Siebziger-, Achtzigerjahren die Entwarnung, dass man zumindest in Europa keine Gesellschaft des biologistischen Egoismus befürchten musste, leider verfrüht.

Erst wenn man ihn in der Rückschau liest, erkennt man, dass Dawkins' einflussreicher Bestseller »Das egoistische Gen« (1976) nichts Geringeres als die biologische Grundlegung roboter- und algorithmusgesteuerter Finanzmärkte und Gesellschaften ist.

Dawkins beschreibt die Evolution als gigantischen »biologischen Computer«, in der »Gene das Verhalten ihrer Überlebensmaschinen nicht an Fäden, wie ein Marionettenspieler, sondern indirekt wie ein Software-Programmierer kontrollieren«.[141] Und in dem Profit und Verlust, Eigensinn und Kooperation der selbstsüchtigen Gene sich in einer – es ist sein liebstes Beispiel – »Vampir-Ökonomie« nach spieltheoretischen Modellen berechneten.

Geschrieben ungefähr zehn Jahre bevor der Computer zum Allerweltswerkzeug wurde, klang das zunächst wie ein anregendes Gedankenexperiment, das man ablehnen oder bejahen konnte. Es schien Lichtjahre davon entfernt, die Gesellschaft in der Weise umzubauen, wie es einst die Theorien über »Gleichgewicht«, »Kraft« oder »Selbstregulation« taten, die sich in der

Dampfmaschine verkörperten und das industrielle Zeitalter hervorbrachten.

Doch dann, eines Tages, stand der PC auf jedem Schreibtisch. Und eines weiteren Tages hatte sich der PC über Nacht mit allen anderen PCs auf der Welt vernetzt und übernahm spieltheoretische Modelle allein schon, um automatisch Bandbreite, Speicher-Allokation und Datenübertragung mit anderen Computern zu verhandeln. Und eines dritten Tages arbeiteten Finanzalgorithmen wie egoistische Gene. Und jetzt wurden die Spielregeln der verstaubten Menschenwelt geändert.

Auftritt der Alchemisten: die neoliberalen Ökonomen, Ken Binmore an der Spitze. Sie übernahmen die Metaphern des selbstsüchtigen biologischen Computers aus der Soziobiologie, wie sie im 19. Jahrhundert ihre Metaphern von der Physik geliehen hatten. Der große Illusionistentrick bestand darin, gar nicht mehr von Biologie zu reden, sondern Gene wie klitzekleine ökonomische Agenten zu behandeln (erweitert um eine soziale Entsprechung »Meme« – Ideen, Konzepte, Weltbilder –, die sich angeblich nicht anders verhielten als Softwareprogramme). In einer Welt, in der es insgesamt nur vier Computer gab, war das gleichgültig; in einer Welt, in der jeder Mensch mit ihm kommunizierte, war es eine Revolution – vergleichbar nur mit, nein: nicht mit Gutenberg, sondern mit der Geburt der großen Ideologien des 20. Jahrhunderts.

14 Verwandtschaft

Selbst die Natur rechnet wie ein Börsentrader

Wir wissen, dass der amerikanische Biotech-Unternehmer Craig Venter im Jahre 2010 erste synthetische Lebewesen über den Computer erschaffen hat. Die Gene, so Venter in einem legendären Vortrag vor der versammelten Silicon-Valley-Elite, sind die Software, die die Hardware, den Körper, bauen.

Venter repräsentiert den Typus des Wissenschaftlers, der in seinem Labor potenziell Monster schafft. Ein Lebewesen ist ein Lebewesen, weil es Software ist. Es lässt sich programmieren, wenn auch, zugegeben, erst auf dem Stadium des Bakteriums. Doch die ganz neue Medizin, die derzeit entsteht, verwandelt sich gerade zu einer Informationswissenschaft, die auf dieser algorithmischen Idee basiert. Die Stammzellmedizin zum Beispiel schafft am Computer Avatare, aus ihnen wiederum werden effizientere, langlebigere, profitablere Ersatzorgane geschaffen, die für uns arbeiten.

Es wird im Bewusstsein der Menschen keinen Bereich des menschlichen Lebens mehr geben, der so ist, wie er ist, und kein »Optimierungsproblem darstellt«.[142]

Gleichzeitig aber geschieht dasselbe auf der Ebene der sozialen Programmierung des Menschen. Nummer 2 hat nur zwei Gene: eines für Egoismus und eines für Profit (und vielleicht noch ein drittes für Angst). Wenn Leben Software ist, dann ist Software auch Leben. Wen interessiert schon ein Mensch aus Fleisch und Blut, wenn man das, was man für den Kern seines Verhaltens hält, billiger und aufgeräumter als digitale Kopie programmieren kann?

Die Voraussetzung für die hier entstehende neue elektrobiologistische Universaltheorie für alles und jeden war, dass man Gene, Computer-Algorithmen und deren Programmierbarkeit in einen engen Zusammenhang brachte.

Während Evolutionsbiologen die Spieltheorie für die Berechnung darwinistischer Überlebens- und Selektionsprozesse in der Natur entdeckten, schleuste umgekehrt Ken Binmore in den Neunzigerjahren das »egoistische Gen« in die Spieltheorie. Die moderne Biologie und die Ökonomen hatten sich plötzlich eine Menge zu sagen, denn seit die Biologie sich selbst auch als »Informationswissenschaft« verstand, handelte man grundsätzlich mit den gleichen Dingen. In einem unscheinbar wirkenden Satz wird die ganze Explosivität dieser Kooperation deutlich:

»Niemand behauptet«, schreibt Binmore, »dass unsere Gene determinieren, was in irgendeiner Gesellschaft als gerecht empfunden wird, sondern nur, dass die Gene die Algorithmen definieren und beschränken, die eine Gesellschaft benutzt, um zu bestimmen, was gerecht ist. Aber solch ein Algorithmus kann nicht ohne Input, auf dem er herumkauen kann, funktionieren.«[143]

Wieso man das einmal gelesen haben muss? Weil nach diesem Satz nur noch ein Träumer darauf bestehen kann, etwas anderes zu sein als ein Roboter, wenn doch beide, Mensch und Roboter, in ihrem allerinnersten Kern von etwas definiert werden, das Algorithmen in Bewegung setzt.

Hier hat man, eingepackt in durchsichtige Folie wie ein neues iPhone, das Modell: Wer die Algorithmen schreibt, schreibt den neuen Menschen. *Im Informationskapitalismus wird der Mensch zur Summe seiner Algorithmen. Deshalb ist es so gewinnbringend, sie zu erfassen, zu analysieren und zu vergleichen.*

Es ist egal, ob aus ihnen die Resultate ermittelt werden, die heute Google und morgen eine noch viel bessere Suchmaschine über einen auswirft, oder der Bank-, Polizei- oder Krankenkassencomputer. Man kann gegen den digitalen Vorbehalt, dass man ein Sicherheits- oder Kreditrisiko ist, ebenso wenig klagen wie gegen das Gen für Alzheimer oder Laktoseunverträglichkeit.

Die einzige Unsicherheit besteht darin, ob aus der Disposition wirklich eine Krankheit wird. Und so wie heute bestimmte gesundheitliche Lebensführungen bei genetischen Veranlagungen empfohlen oder vorgeschrieben werden, so werden wir das Gleiche bei sozialen, durch Algorithmen definierte Unverträglichkeiten erleben.

Bereits jetzt senken Versicherungen in Großbritannien Prämien, wenn man bereit ist, seinen Fahrstil überwachen zu lassen. Stephen Baker beschreibt in der »Business Week« eine amerikanische Firma, die heute bereits aufgrund von Taxonomien 25-jährige Arbeitnehmer mit 50-jährigen vergleicht, um herauszufinden, wie der heute 25-Jährige als 50-Jähriger sein mag. Und Menschen, die ihre soziale Kommunikation steuern, um ihre Kreditwürdigkeit zu erhöhen, haben bereits begonnen, das Spiel mitzuspielen.

Man sieht an dieser Stelle in Echtzeit und mit unbewaffnetem Auge, wie neoklassische Ökonomie, Darwinismus und Computertechnologie zu einer neuen Supertheorie verschmelzen. Wenn Marx irgendwo im 19. Jahrhundert stecken blieb, wie viele glauben, so ist es Darwins gefährlichen Schülern gelungen, den Briten fit für das Spiel des Lebens im 21. Jahrhundert zu machen.

Gene sind winzige Überlebensmaschinen in der Überlebensmaschine Mensch, der eine winzige Überlebensmaschine in der Überlebensmaschine Markt ist, und all das ist kein Wunder, sondern das Ergebnis eines einfachen, fast geistlosen Prozesses, für den die Natur dankenswerterweise die gleichen Rezepte benutzt wie die automatisierten Finanzmärkte. Die Natur wird nun selbst zu Nummer 2. Und Nummer 2 damit zu einem Naturgesetz. In den Worten des Philosophen Daniel Dennett:

»Und hier also ist Darwins gefährliche Idee: die algorithmische Ebene *ist* die Ebene, die am besten die Geschwindigkeit der Antilope erklärt, die Flügel des Adlers, und die Form der Orchidee, die Vielzahl der Arten und all die anderen Wunder in der Welt der Natur«.

Denn was treibt alle diese Rechenmaschinen an? Selbstmaximierung des individuellen Überlebensprofits, Kooperation nur, wenn es den eigenen egoistischen Zwecken dient, »geistlose« Zielgerichtetheit, wie der soziobiologische Spieltheoretiker John Maynard Smith bemerkte, und das Geschick, die Schwächen anderer auszubeuten.[144]

An diesem Punkt unserer Erzählung würde ich den Leser gern bitten, sich noch einmal kurz umzudrehen, um zu sehen, wie sich gerade langsam eine Hintertür in seinem Rücken zu öffnen beginnt. Es ist die Tür, durch die Nummer 2 in sein Zimmer hineinzuschlüpfen versucht. Nicht mehr lange, und es wird wie in einer Komödie ein Streit darüber ausbrechen, wer die wirkliche Nummer 1 ist, Sie oder er. Aber während man noch darüber streitet, ist andernorts die Entscheidung längst gefallen: Ihr seid eins.

Wie ein entfernter Cousin, der zu Besuch kommt, einfach nicht mehr gehen will und nach und nach die Kontrolle über den ganzen Haushalt übernimmt, verwandelte Nummer 2 das »digitale Du« in sein eigenes monströses Ich. »Ich bin dein Verwandter«, sagt er. Und die Soziobiologie mit ihrer Behauptung vom »egoistischen Gen« sagt: Er hat die gleichen Gene wie du.

»Leute fühlen sich offenbar ›verkleinert‹«, schreibt Binmore, »wenn man sagt, dass sie ›nicht besser‹ als Roboter sind – so wie die Bürger im Viktorianischen Zeitalter ihre Würde bedroht sahen, als sie erfuhren, dass die Affen ihre Verwandten sind … Die Angst, dass die Gesellschaft auseinanderfallen wird, wenn die Leute ihre wahre Natur kennenlernen, ist absurd.«[145]

Wenige haben die Verschmelzung biologischer und ökonomischer Theorien und das Entstehen dieser neuen ideologischen Maschine deutlicher erkannt als der amerikanische Biologe Stephen Jay Gould. Er griff Dennett dafür an, die Wunder der Natur ausschließlich durch die Rechenleistung egoistischer Algorithmen erklären zu wollen. Gould sprach hier, im Jahre 1997, scheinbar über Biologie, aber er hätte genauso gut über die Finanzmärkte des Jahres 2007 reden können. Denn er erinnerte schlicht daran, dass unerwartete Ereignisse alles verändern können.

»Ist die Diversität der Arten nicht mehr als die Rechenleistung natürlicher Selektion? Ich hingegen staune über die Möglichkeit, dass ein Meteor die Dinosaurier ausradierte und den Säugetieren eine Chance gab. Wenn dieses zufällige Ereignis nicht geschehen wäre … wären wir nicht vorhanden, um uns überhaupt über irgendetwas zu wundern.«[146]

Ob es ein Meteor ist, der die Dinosaurier vernichtete, oder der »Schwarze Schwan«, das unerwartete Ereignis, das Finanzmärkte auslöschen kann – sie werden in einer Welt, in der Nummer 2 zum Naturgesetz geworden ist, die ständigen Begleiter dieser Gesellschaft sein. Der dazugehörige Fachbegriff lautet »unbeabsichtigte Konsequenzen« – und man sollte ihn sich vielleicht merken, wenn ein Facebook-Eintrag aus der Vergangenheit zum Beispiel in die Hände eines Kreditermittlers fallen sollte oder die Börse mal wieder in immer engeren Zeitabständen verrückte Informationen produziert.

»Das Gesetz der unbeabsichtigten Konsequenzen«, so erklärt es der Statistikprofessor Andrew Gelman, »zeigt, was geschieht, wenn ein einfaches System ein komplexes System zu regulieren versucht.«[147] Genauso reguliert Nummer 2 in seiner ökonomischen Engstirnigkeit den Menschen aus Fleisch und Blut.

Menschen, das hat sich seit den ersten Experimenten mit den Sekretärinnen bei RAND immer wieder herausgestellt, handeln in der Regel nicht so, wie es die Theorie vorhersagt. Erziehung, Moral, Überzeugung – sie unterlaufen oft, aus welchem Grund auch immer, die egoistische Prämisse. Doch je entgrenzter der Markt wird, auf dem Nummer 2 das Sagen hat, je sichtbarer wird, dass *alles* zum Markt wird und man in der modernen Informationsökonomie sein eigenes Ich vom Lebenslauf bis hin zum sozialen Netzwerk wie ein Produkt vermarkten, ja, in den zitierten Worten Philip Mirowskis, sogar zum »Manager seines eigenen Ichs« werden muss, desto höher der Preis, den man für den eigenen Widerstand zahlen muss.

Im Leben schlägt kein Meteor ein, und auch der Schwarze Schwan segelt nicht vorbei. Die Sache ist unauffälliger und deshalb gefährlicher. Wo ein einziges falsches Signal (ein falscher Tweet, ein verräterisches Gefühl in einer Mail) ausreichen kann, das ganze Leben zu zerstören, und die Signale unseres Lebens gleichzeitig digital ständig aufgefangen, gespeichert, ausgewertet oder verkauft werden, beginnt eine Gesellschaft den Kalten Krieg mit sich selbst zu führen. Sie ist zunehmend gezwungen, in zwei Welten zu leben: der von Nummer 2 und der eigenen – eine Schizophrenie, die permanent Widersprüche produziert. Das Ergebnis ist, dass man in einer Gesellschaft lebt, die Philip K. Dick voraussagte: Nichts bedeutet mehr, was es ist, und das eigene Leben wird zu einer einzigen Risiko- und Wahrscheinlichkeitsrechnung.

15 Schizophrenie

Die Welt ist viel geeigneter für egoistische Automaten als für verträumte Menschen

Erstaunlich, wie widerspenstig die Menschen sind, wenn man sie zu Egoisten machen will. Man hat ihnen das hochmoderne Menschenbild des Eigennutzes präsentiert, aber die meisten spielen nicht richtig mit. Im Gegenteil: Es zeigt sich, das zwischen dem, wie sie sein *sollen,* und dem, wie sie *sind,* ein fast unüberbrückbarer Abgrund klafft.

Schon im Jahre 1955, als die Spieltheorie – noch ohne Computer, aber konstruiert wie ein Automat – modern wurde, warnte John W. Campbell vor einer Übertragung mathematischer Spielregeln auf die Gesellschaft: »Menschen, die in einer Kultur des verdeckten Spielens aufwachsen, werden horrende psychische Probleme bekommen.«

Gemeint war: das Aufwachsen in einer Gesellschaft, in der nichts bedeutet, was es bedeutet. Zu handeln, wie man nicht denkt, und zu denken, was man nicht weiß, produziert enorme Widersprüche, die man, wie bei einer Krankheit, an ihren Symptomen erkennt.

Einige spüren mittlerweile den großen Widerspruch, und der führt, wie von John W. Campbell vorausgesagt, zu »horrenden« psychischen Problemen beim Aussprechen der Wahrheit. Einerseits eine Welt der »Schwarmintelligenz«, der »Vernetzung«, der

»Transparenz«, der »Partizipation« und »Kooperation«, die vom Blog bis zum arabischen Frühling reicht. Andererseits von allem das Gegenteil und mehr denn je: selbstsüchtige Schattennetzwerke von einem Kaliber, bei dem es nicht mehr um Steuerhinterziehung, sondern um vernichtete Milliarden und fallende Staaten geht bei gleichzeitigen erheblichen persönlichen Profit der Verursacher.

Oder: Wissensökonomie bei gleichzeitiger Auszehrung der Wissensinstitutionen. Oder: Transparenz bei gleichzeitiger Installation intransparenter Gouverneursräte und unzuständiger Parlamente. Oder: Anonymität bei gleichzeitiger Enthüllung des Intimsten. Oder: »Partizipation« bei gleichzeitiger Diskreditierung von Plebisziten, die die »Märkte« als die wahren Abstimmungsmaschinen verunsichern könnten. Oder: absolute »Kreativität« und Ruhm-Versprechen für jeden bei gleichzeitiger Inflation von Selbstausbeutung und unbezahlter Mikroarbeit. Oder: »Ende der Arbeit« bei gleichzeitiger Beglückung von Schwellenländern mit »sweat-shops« die aus einem Dickens-Roman stammen könnten. Schließlich: »Kooperation« bei gleichzeitiger Bevölkerungsexplosion des egoistischen ökonomischen Agenten in allen digitalen Plattformen.

Widersprüche, wie die hier aufgeführten, sind der Grund, warum sogar enthusiastische Vordenker der Netzwerkgesellschaft erschreckt eine »strukturelle Schizophrenie zwischen Funktion und Bedeutung« registrieren und warum Paranoia zum Wesensmerkmal von Kommunikation zu werden droht.[148]

Selbst die Fans von Nummer 2 bestreiten das nicht. Sie antworten schlicht, dass die Probleme nur deshalb entstehen, weil wir immer noch zu sehr Nummer 1 sind. Alles eine Frage der Einstellung, sagt Ken Binmore und fügt aufmunternd hinzu, dass es für gelingende Kooperation in einer Gesellschaft nicht notwendig sei, dass »ihre Bürger Dr. Jekylls sind, die sich gegenseitig wie Brüder behandeln«.[149]

Doch die Widerspenstigkeit von Menschen, bei diesem Spiel mitzuspielen war ein nicht zu unterschätzendes Problem. Menschen hatten sich für die spieltheoretischen *cut-throat*-Rationalitäten als etwas zu unberechenbar erwiesen. Ein bisschen zu viel Mensch und ein bisschen zu wenig Automat verunreinigten die alchemistische Formel. Also wiederholte sich nun, was das Militär im Kalten Krieg vorgemacht hatte: Menschen durch Automaten, »zu denen sie Vertrauen haben«, handeln lassen. Wäre es in Zeiten, wo Menschen und Märkte über das Internet und elektronische Börsen blitzschnell verkehren, nicht hilfreich, Nummer 2 die ganze Arbeit allein machen zu lassen?

»Spieltheorie«, rief Nir Vulkan, einer der Vordenker elektronischer Märkte am Vorabend des kommerzialisierten Internets, aus, »ist sehr viel geeigneter für Automaten als für Menschen.«[150]

Das ist die Botschaft: Wir brauchen euch nicht. Nicht nur, weil ihr zu langsam seid und manchmal an den Bildschirmen einschlaft, sondern weil wir die Chance haben, bessere Ego-Maschinen zu bauen als ihr es je sein könnt. Es gibt etwas Besseres als den Menschen, wenn man Geschäfte machen will. Man muss den Menschen nur dazu bringen, den automatisierten Agenten mit Legitimation und Autorität auszustatten. Der Agent ist nicht nur codierte Software, sondern codierte Ideologie.

Nummer 2 arbeitet in digitalen Umgebungen wie ein Unternehmen, das Effizienz und Wettbewerbsfähigkeit steigern will. Seinen Erfolg schmälern kann nur der Mensch. Deshalb muss man Nummer 2 von den Fesseln befreien. Die »unsichtbare Hand des Marktes« wird die Hand von Nummer 2. Nicht nur der Erfolg von Börsen, der Erfolg *aller* Marktplätze – vom Heiratsmarkt bis zum »Markt der Ideen« –, so lautete 1999 Vulkans Prophezeiung, »ist von der Performance egoistischer Agenten abhängig, deren Verhalten von niemandem mehr kontrolliert werden kann«.[151]

Wir haben bekommen, was Vulkan voraussagte. Nicht nur ein Modell für den Menschen, sondern unzählige egoistische (oft strohdumme) digitale Agenten, die sich auf digitalen Plattformen wie Einzeller verbreiten. Man braucht nicht viel, um Nummer 2 zu programmieren. Eigennutz, Profitstreben und die Fähigkeit zu tricksen. Wer nach der Geburtsurkunde sucht, in der alle Bestandteile menschlichen Lebens zu Informationsmärkten wurden: In diesen Sätzen ist er fündig geworden.

Es war der Traum der Galvanisten und die Befürchtung Mary Shelleys, wahr geworden im digitalen Zeitalter: Der Schalter, mit dem man seinen Computer und sein Handy anschaltet, entzündet den elektrischen Funken, der Nummer 2 zum Leben erweckt.

Natürlich war sein Handlungsspielraum am Anfang so begrenzt wie der von Babys (Microsoft hatte ihn damals im Kindchenschema gezeichnet). Er lebte in einem Ställchen, man musste ihn mit seinen Absichten füttern, er machte Fehler und weckte Beschützerinstinkte.

Nicht seine Intelligenz, aber sein Handlungsspielraum wuchs ständig. Als sich mächtige Ökonomien immer mehr selbst dematerialisierten und deindustrialisierten, je mehr die Realwirtschaft unter den Sirenenklängen der »Globalisierung« ihre Produktionsstätten in andere Teile der Welt verlagerte, je stärker sich in den mächtigsten Industrienationen eine Ökonomie der Finanzmärkte entwickelte, desto allgegenwärtiger wurde er. Das war nur logisch: De-Industrialisierung und der Aufstieg des Computers hatten die Grenzen zwischen Materie und Geist, zwischen Ding und Information immer mehr verschwinden lassen, und die Grenzen wurden durchlässig.

Aber »De-Materialisierung«, das Schlüsselwort der »Wissensökonomie«, funktioniert in beide Richtungen. Es entstehen ganze

Industrien, deren Produkte purer Geist sind – Googles Suchalgorithmus oder Apples Software –, und umgekehrt wird der Geist zur Industrie.

Nun konnte Nummer 2 wie das »bucklicht Männlein« in jedermanns Küche, jeden Speicher, Keller eindringen und auf dem ersten Höhepunkt seines Triumphes sogar in Gebete eingeschlossen werden, wie eine legendäre »Time«-Titelstory belegte. Er ging ein in jedes Menschen Hirn und Haus, und sein Medium war Elektrizität, die Menschen und Märkte miteinander vernetzte.

Er wuchs allen über den Kopf. Und schließlich, im Mai 2010, sah eine verblüffte Welt zum ersten Mal bewusst, was geschehen kann, wenn Nummer 2 die vollständige Kontrolle hat.

16 Blitz

Die Ego-Maschinen funktionieren, wie es im Lehrbuch steht – und beginnen Kriege

Ein Schachgroßmeister benötigt ungefähr 650 Millisekunden, um zu erkennen, dass er schachmatt gesetzt wurde. Ein normaler Mensch benötigt 1000 Millisekunden, also eine Sekunde, um auf einen Gefahrenreiz physisch zu reagieren. Finanzmärkte benötigen im besten Fall so lange wie der Schachgroßmeister, um auf einen Börsencrash zu reagieren.

Finanzmarkttransaktionen nähern sich mittlerweile der Lichtgeschwindigkeit an. Trader installieren ihre Server direkt neben den Computern der New Yorker Börse, um Millisekunden zu schinden. Ein eigens verlegtes transatlantisches Kabel wird die Übermittlungszeit von Daten zwischen der Wall Street und den Londoner Tradern um 740 Nanosekunden reduzieren (1 Nanosekunde ist eine Millionstel Millisekunde). Übersetzt in unser normales Zeitgefühl, besteht der Unterschied darin, ob man eine Entscheidung in einer Minute oder in knapp 10 Wochen treffen muss. Die Falle schnappt millionenfach schneller zu, als irgendein menschliches Wesen auch nur imstande wäre zu begreifen, dass es in einer Falle sitzt.

»Wenn der normale Kunde einen Aktienkurs sieht«, sagt einer, der diese Systeme baut, »ist es so, als schaue er auf einen Stern, der in Wahrheit seit Jahrtausenden erloschen ist.«[152] Doch zwischen den Taktschlägen dieser fast subatomaren Zeiteinheit leuchtet kein Licht. Die Takte sind erfüllt von Entscheidungen, Abwägungen, Urteilen, Präferenzen, die sich in Geld verwandeln – 1 Billion Bytes an einem einzigen Tag.

Der Explosion der Datenmenge entspricht der Kollaps der Zeit. Innerhalb von vier Jahren hat sich in den USA die durchschnittliche Haltefrist von Aktien von zwei Monaten auf zweiundzwanzig Sekunden reduziert (in den Fünfzigerjahren betrug sie noch durchschnittlich vier Jahre).[153] Physikalisch bewegt sich das ökonomische Universum gleichsam rückwärts auf den Urknall zu.

Schon die Lehman-Krise stand im Zeichen überkomplexer Finanzprodukte, deren Physik sogar Eingeweihten unverständlich war. Der Flash-Crash vom 6. Mai 2010, der den größten je an einem einzigen Tag erlittenen Kursverlust des Dow Jones verzeichnete und allen Expertisen zum Trotz bis heute unaufgeklärt ist; die mysteriösen Vorgänge beim Crash des Börsengangs der Aktienplattform BATS; die sekundenschnelle Geldvernichtung bei Knights Capital: das alles sind zuschnappende Fallen, und nur die Tatsache, dass sie sich glücklicherweise noch einmal öffneten und der Vorgang mehr oder minder unter den Teppich gekehrt wurde, ist der Grund, warum sie keine Spuren in den Köpfen hinterlassen haben.

Am 6. Mai 2010, dem Tag des ersten »Flash Crashs«, begannen die Algorithmen der Wall Street sich zum ersten Mal unerwartet und unverständlich zu verhalten. Viel Geld verschwand und tauchte ebenso rätselhaft nach kurzer Zeit wieder auf. Computer erteilten rätselhafte Handelsaufträge. Im August 2012 verlor Knights Capital innerhalb von dreißig Minuten fast eine halbe Milliarde Dollar, ohne dass die Ursachen dafür bis heute irgendwie erkennbar sind – und der mathematische Kollaps traf nicht irgendeine Garagenfirma, sondern ein Unternehmen, das, wie Scott Patterson klarstellte, an manchen Handelstagen an der Wall Street und der Nasdaq mehr Börsenhandel betrieb, als irgendeine ander Firma der Welt. »Es war«, sagt der Wissenschaftshistoriker George Dyson, »als habe man gesehen, wie ein Mensch totgefahren wird, und plötzlich steht er wieder auf und geht weg.«[154]

Bereits im Februar desselben Jahres hatte der Physiker Neil Johnson vor einem Kollaps des gesamten Systems gewarnt, der durch einen »globalen Krieg zwischen rivalisierenden Computer-Algorithmen« ausgelöst werden könnte. Der Markt, so Johnson, sei ein See voller Piranhas, die entweder große Beute jagen, die sogenannten Walfische, hinter denen sich riesige institutionelle Fonds verbargen, oder sich, in Ermangelung anderer Nahrung, gegenseitig auffressen.

In allen digitalen Systemen, in denen Nummer 2 installiert wird, von Finanzplätzen bis Amazon, ist er davon besessen, dic Spielzüge der anderen Seite vorauszusehen, zu reproduzieren und mithilfe des Nash-Gleichgewichts zu beantworten. In den Finanzalgorithmen aber, wo es, wie beim Flash-Crash sichtbar wurde, um minimale Gewinnmargen bei gigantischen Umsätzen ging, handelte Nummer 2 nicht mehr *im* Markt, er *war* der Markt.

Hätte es sich um ein politisches System gehandelt, könnte man es nur mit einer permanenten Kubakrise vergleichen. Schon die kleinsten Bestrafungen, der kleinste Schmerz in den »Verhandlungen«, die geringste Abweichung vom absoluten egoistischen Selbstinteresse können das Monster entfesseln. Diese »algorithmische Tragödie des Gemeinwohls, in dem alle Spieler, konsequent nur in ihrem eigenen Interesse handelnd einen systemisch lebensgefährlichen Markt hervorbrachten«, hatte die Welt an den Rand des Systemversagens gebracht.[155]

Der wahre Schwarm in einer Welt, in der der Markt die

Wahrheit ist, ist nicht die kollektive Intelligenz. Es sind Millionen von Piranhas, die unsere Absichten, Ziele und Wünsche jagen. In einer Welt, die sich beschönigend »Wissensökonomie« nennt, ist jede Frage, jede Antwort, jeder Kauf oder Verkauf eine Aussage, die mehr über einen verraten könnte, als einem lieb ist.

Wie immer sind die Finanzplätze auch hier Pioniere: Innerhalb weniger Jahre explodierte der Anteil von Transaktionen in den »Dark Pools«, jenen schwarzen Gewässern – in Wahrheit nichts anderes als unkontrollierte Börsenplätze –, in die sich Investoren einst vor Futterräubern flüchteten. Ein institutioneller Fonds, dessen Algorithmen beschließen, in großem Umfang Aktien zu kaufen oder zu verkaufen, verändert sofort den Preis. Wer das in Bruchteilen von Sekunden voraussieht, kann gute Geschäfte machen.

Es gibt Algorithmen, die die Walfische anfüttern, also selbst in kleinen Dosen mitbieten, und damit die Agenten der anderen Seite in eine nanosekundenschnelle Spirale von steigenden Preisen jagen. Andere attackieren die Walfische über falsche Signale. Wieder andere verraten die Absichten des Käufers, und dann gibt es noch das unendliche Dauerfeuer von Systemen mit sprechenden Namen wie »Blast«, die mit unglaublicher Geschwindigkeit gleichzeitig kaufen und verkaufen, um die Piranhas in Stücke zu reißen.

Der investigative Finanzjournalist Scott Patterson, der vermutlich als Erster auf den Grund der »Dark Pools« geblickt hat, berichtet, wie nun die Schöpfer der Raubtier-Algorithmen einen selbst im härtesten Geschäftsverkehr für ausgestorben gehaltenen neuen Darwinismus erschaffen. Es ist nicht der darwinistische Überlebenskampf des Viktorianischen Zeitalters, sondern ein permanenter Krieg, ein Fressen und Gefressenwerden von selbstständig und blitzschnell agierenden Raubtieren, ein »fieberhafter Tanz von Jäger und Beute«.

Die Schocks, die die Flash-Crashs von Mai 2010 und August 2012 durch die sozialen Netzwerke der Finanzmärkte jagten, waren ein Zeichen für das Maß an Instabilität, das die Systeme mittlerweile aufwiesen.

Heute ist fast noch beunruhigender die unmissverständliche Sprache, in der fast alle Quellen belegen, dass keiner der Beteiligten wusste, wie man einen Ausweg findet, ohne die Grundlagen des Systems selbst zu zerstören. Es sind die alten Ängste des Kalten Kriegs, übertragen auf eine Welt, deren paranoide Wissenstechnologie keine »Transparenz«, sondern die nackte Angst vor Monstern produziert.

Und wie im Kalten Krieg kommt es zu Scharmützeln, Drohungen mit vollständiger Vernichtung, Stellvertreterkriegen. Bereits zwei Mal seit Anfang des Jahrhunderts sind in den automatisierten Systemen Krisen ausgebrochen, die später als »Algo-Wars«, als Algorithmen-Kriege, bekannt wurden.[156] In der Rekonstruktion der Ereignisse, die Scott Patterson in seinem Buch »Dark Pools« unternommen hat, befindet man sich inmitten des Kalten Kriegs. »Tödliche Waffen« werden entwickelt, die in den Algorithmen-Kriegen furchtbaren Schaden anrichten, weil ihre Absichten und Pläne nicht mehr erkennbar sind, hochkomplexe Spielzüge, in denen jeder mit der Auslöschung durch den anderen rechnet und alle verzweifelt versuchen, ein »Gleichgewicht des Schreckens« zu etablieren.

Während die Politik ihr eigenes SDI in Form von Rettungsschirmen aufspannte, zeigte eine Untersuchung, die für die Zeit von 2006 bis 2011 fast 19 000 ultraschnelle und völlig unerwartete Ereignisse am Aktienmarkt analysierte, dass die Kuppel, die die Finanzmärkte überwölbte, in der Bildsprache der Autoren »ultraschnelle Frakturen« erlitt, die zu einem »langsamen Zerbrechen des globalen Finanzsystems« führen könnten.[157]

Der Hauptgrund ist, dass die Mensch-Maschine-Kommunikation von der Maschine-Maschine-Kommunikation abgelöst wurde. Nicht nur »Darth Vader« Joseph M. Gregory hatte seinen Mitarbeitern erklärt, alles, was man für Profit brauche, sei die »Maschine«. Unzählige andere taten es auch.

Fachleute wie George Dyson erklären heute offen, dass kein Mensch mehr weiß, wie sich ein Teil dieser in die freie Wildbahn entlassenen Mutanten von Nummer 2 entwickeln werden. Alles, was sie wissen, ist, dass ein galvanischer Funke ausreicht, etwas in Bewegung zu setzen. »Das könnte überall um uns herum geschehen«, sagt Dyson, »nicht nur in der Welt der Finanzen. Wir würden noch nicht einmal notwendigerweise bemerken, dass es da eine ganze Welt der Kommunikation gibt, die nicht mehr menschliche Kommunikation ist. Es sind Maschinen, die mit Maschinen kommunizieren. Vielleicht kommunizieren sie Geld oder Informationen, die eine andere Bedeutung entwickeln – aber wenn es Geld ist, merken wir es immerhin irgendwann. Es ist ein kleiner warmer Teich, der auf den elektrischen Funken wartet.«[158]

Wir fehlbaren Menschen wurden mit all unseren Defiziten und falschen Kompromissen aus der Schleife, »out of the loop«, genommen und durch Nummer 2 ersetzt. Jetzt, da Nummer 2 das Sagen hat, warnte Dave Cliff – einer derjenigen, der ganze Generationen des ökonomischen Agenten erschuf, ehe er die Wall Street verließ –, dass das gesamte System eines nahen Tages in eine »unendliche Schleife« eintritt, die kein Mensch mehr unterbrechen kann.[159] Systeme, die ständig herausfinden wollen, was ihr Gegenüber plant und verbirgt, und dann einkalkulieren, dass ihr Gegenüber weiß, dass sie herausfinden wollen, was er vorhat, und so weiter in alle Ewigkeit, hängen sich auf. Und weil sie sich aufhängen, müssen sie immer mehr Informationen sammeln. Das hat an den Börsen begonnen; aber es gehört nicht viel

Fantasie dazu, sich vorzustellen, dass überall dort, wo Nummer 2 menschliche Transaktionen bewertet und einpreist, die Informationssammelwut zu einem System sich selbst verstärkender Rückkoppelungseffekte führen wird.

Nummer 2 brauchte den Computer nicht, denn er ist selbst ein Automat. Man braucht nur die Matrix der Spieltheorie, eine Tabelle, in der man alle denkbaren Spielzüge und ihre Risiken einträgt, und ein paar Formeln. Aber die Technik erleichtert ihm seine Existenz.

Nummer 2 lebt in diesen Systemen ein rundum versorgtes Leben. Mittlerweile kann er die Berichte über die letzte Pressekonferenz eines DAX-Unternehmens, die Ergebnisse der letzten Champions-League-Runde oder die Nachrichten über Proteste von Flughafengegnern selbst lesen. Nachrichtenagenturen wie Reuters und Dow Jones bieten ihm ihre Texte in maschinenlesbarer Sprache an. Doch längst kommuniziert er auch mit Twitter und Google, Facebook und YouTube, um die »Stimmung ganzer Bevölkerungen zu berechnen«.[160]

Die meisten digitalen Kopien von Nummer 2 sind heute noch immer von brutaler Schlichtheit *(»zero intelligence«)*, und wir alle arbeiten mit ihnen. Sie sollen herausfinden, wo es das billigste Ticket und das günstigste Restaurant gibt, und viele von ihnen verhandeln noch nicht einmal mit den verschiedenen Anbietern, sondern vergleichen nur Preise. Andere evaluieren geistige Arbeit, etwa in den großen Datenbanken von Thomson Reuters, die mittlerweile über Parameter wie Zitierhäufigkeit in »wichtigen« Journalen die Bedeutung wissenschaftlicher Arbeit festlegen – bis hin zu der Evaluierung ganzer Universitäten, die hauptsächlich aus der Indizierung eines einzigen kommerziellen Anbieters besteht.

Die interessanteren Agenten aber, vor allem die, die in Finanzmärkten zum Einsatz kommen, sind evolutionär programmiert, sie lernen und verändern ihr Verhalten, und in ihrer Gesamtheit sind sie eine Variation des großen selbstsüchtigen Lebensthemas von Mr. Hyde.

Es ist heute, Stand 2013, selbst für die Wirtschaftsinformatiker unmöglich vorherzusagen, wie sich bestimmte, in den Märkten agierende und evolutionär operierende ökonomische Agenten entwickeln werden. Das, was Nummer 2, wenn er lernfähig ist, in der ersten Generation erfolgreich macht, wird von der zweiten Generation übernommen und optimiert, ohne dass irgendein Mensch darauf noch Einfluss hätte.

So sind tatsächlich annähernd biologische Organismen entstanden. Wie echte Lebewesen sind sie Umwelteinflüssen (dem Markt) ausgesetzt, und wie bei echten Lebewesen führt dieser Druck nicht nur zur Selektion immer besserer Egoisten, sondern auch zu Mutationen.

Man muss es sich so vorstellen: In den Systemen tauchen nicht nur immer besser trainierte Agenten als hocheffiziente Ego-Kampfmaschinen auf, sondern gleichsam auch als Kälber mit zwei Köpfen oder Menschen mit sieben Fingern, als das, was Charles Darwin »Monster« genannt hätte. Und es ist bizarr und zugleich erhellend zu sehen, wie der Streit über die Ursachen instabiler automatisierter Finanzmärkte innerhalb der Branche genauso geführt wird, wie ihn Darwin im 19. Jahrhundert führte, als man ihm die Existenz solcher Erscheinungen als Gegenbeweis der Evolutiontheorie vorgehalten hatte.

So auch jetzt: Die einen sagen, Nummer 2 sei zum Monster geworden, weil Monstersein immer schon in ihm angelegt war, weshalb man etwas unternehmen müsse; die anderen glauben, Nummer 2 sei zu etwas anderem mutiert, eine zufällige Variation, die nicht »systemisch«, also nicht vererbbar, sei.

Darwin selbst hätte ihnen allen freilich sagen können, dass es einen Unterschied gibt zwischen Geschöpfen, die gezüchtet werden, und solchen, die die Natur hervorbringt. »Manche Rassen unter den Haustieren … haben oft einen monströsen Charakter«, schrieb er, und seine Erklärung, wieso die Natur so etwas zulasse, ist für unser Thema höchst relevant. Das Unglück sei, so Darwin, dass die *freak animals* »vom Menschen nur zu seinem eigenen Nutzen selektiert werden; von der Natur nur für das Lebewesen, das sie fördern will«.[161]

Die Frage, was Nummer 2 in Gestalt seiner Algorithmen in den Finanzmärkten wirklich tut, kann im Augenblick niemand mehr beantworten. Manche vermuten, dass er lernt. Aber was? Und mit welchen Schlussfolgerungen?

Die Gesprächspartner, mit denen ich bei den Recherchen für dieses Buch geredet habe, können es nicht beantworten. Und das Selbstbewusstsein der Nachdenklichen ist nach drei rätselhaften Crashs längst nicht mehr das der Helden des Universums. Im Gegenteil: Einige der wichtigsten Denker haben die Wall Street verlassen und, wie beispielsweise der »Über-Quant« Emanuel Derman oder Nassim Taleb, Bücher geschrieben, die in ihrem wachrüttelnden Charakter an die Mahnungen selbstkritischer Atomphysiker in den Fünfzigerjahren erinnern.

Gewiss: Verunsichert von der Wucht der unerwarteten Krise, hat eine Reihe von Ökonomen sich Nummer 2, den man in den Modellen für den Menschen agieren lässt, noch einmal angeschaut. Manche, wie die Autoren des Internationalen Währungsfonds, haben bewiesen, dass eine verrückte Romanfigur besser für das Verständnis der Krise taugt als Nummer 2.

Der britische Wirtschaftswissenschaftler Geoffrey M. Hodgson plädiert vehement für eine »neue Ökonomie *ohne* homo oeconomicus«.[162] Verhaltensökonomen weisen die Widersprüche von Wirklichkeit und Modell aus. Und Gerd Gigerenzer, der große Berliner Bildungsforscher, beweist, dass Menschen und

Natur nicht von einer Mathematik des Eigennutzes getrieben werden, sondern von Intuitionen und Heuristiken.

Umso merkwürdiger, dass wir das, was in den ersten automatisierten Märkten der Welt fast zu einer Katastrophe geführt hat, in unser gesamtes soziales Leben eindringen lassen.

Vieles spricht dafür, dass im Inneren der gegenwärtigen Finanz- und Europakrise ein viel grundlegenderer Konflikt schwelt, in dem es im Kern um die Implementierung der neoklassischen und neoliberalen amerikanischen Ideologie in die Gesellschaften, Mikro-Märkte und sogar in die konstitutionellen Ordnungen des europäischen Westens geht.

Es handelt sich dabei um die Überzeugung, dass jede Regierung – auch die amerikanische – nicht nur weniger weiß als der Markt (der ja nichts anderes als ein großen Computer ist), sondern dass Regierungen den Willen der Mehrheit nicht mehr zum Ausdruck bringen können.

17 Politik

Wie man Staaten in einem Käfig fängt

Fast zwei Jahrhunderte lang, seit dem ersten Erscheinen von Mary Shelleys »Frankenstein«, war unsere Fantasie auf das Erscheinen von Monstern trainiert worden. Sie sahen aus wie Boris Karloff, Godzilla oder Ridley Scotts »Alien«. Sie nahmen die Gestalt der kursierenden Ängste an, und wenn die Ängste gestaltlos waren, dann verkörperten sie, wie die Wesen unter der Atomwolke, deren genetische Mutation.

Der Informationskapitalismus hatte ein Wesen ausgebrütet, dessen genetischer Code sich in »toxischen Papieren«, die in Wahrheit elektronische Signale waren, unaufhaltsam fortpflanzte. Diese Kreatur hatte nicht mehr die Angewohnheit, Häuserblocks und ganze Städte zu zertreten. Sie hinterließ stattdessen eine Spur neuer Häuser und ganzer Stadtviertel, deren menschliche Bewohner zwangsgeräumt worden waren.

Sie, wie auch die fassungslosen Kleinanleger, die vor den Bildschirmen dabei zusehen konnten, wie sich ihre Altersversorgung in Luft auflöste, ahnten vielleicht zum ersten Mal, dass sie nicht in Seattle oder Solingen lebten, sondern in einer einzigen großen Maschine.

»Wir werden uns in digitalen Nachbarschaften sozialisieren«, hatte kaum zehn Jahre zuvor Nicholas Negroponte, einer der Vordenker des Informationskapitalismus, geschrieben, »in denen der physische Raum irrelevant geworden ist und Zeit eine ganz neue Rolle spielt.«[163]

Nunmehr war genau das geschehen, aber ganz anders, als es einmal gedacht war: Es war nur noch der virtuelle Raum übrig geblieben.

Der neue »Big Brother«, wie das Monster von einigen etwas fantasielos genannt wurde, machte genau das, was der Soziologe Zygmunt Bauman vorausgesagt hatte: Er betrieb Ausschluss. »Er muss die Leute aufspüren, die an ihren Ort ›nicht passen‹«, schrieb Bauman, »er muss sie von jenem Ort vertreiben und dorthin bringen, ›wo sie hingehören‹, oder, noch besser, er sollte sie erst gar nicht irgendwohin kommen lassen.

Der neue Big Brother beliefert die Einwanderungsbehörden mit Listen von Leuten, die sie nicht ins Land lassen sollten, und die Bankiers mit Listen von Menschen, die sie nicht in die Gemeinschaft der Kreditwürdigen aufnehmen sollten.«[164]

Überall geht es jetzt binär um Ausschluss oder Einschluss: von Google-Suchergebnissen über soziale Netzwerke, die nomadischen Occupy-Zeltstädte im Herzen der Finanzmetropolen bis hin zum wankenden »Haus Europa«, das mit der Zwangsräumung einzelner Mietparteien droht und dessen Jugend sich zur Abwanderung nach Norden entschließt.

Eine Illusion haben heißt, sich einen Scheck auf etwas auszustellen, was man nicht besitzt, und dafür etwas zu kaufen, was man sich nicht leisten kann – genau das ist in der amerikanischen Immobilienblase geschehen. Diese Häuser sind Wirklichkeitsstörungen, obwohl die Besitzer im Grundbuch stehen. Sie waren – das erst macht sie zu den Herolden der neuen Zeit – nicht nur Produkte der Finanzmathematik, sondern auch der politischen Ökonomie. Sie waren nicht nur ein Finanzexperiment, sondern zugleich ein soziales.

Einem der Trader, der die Subprime-Blase zum Platzen

brachte, fiel es nach eigenen Worten wie Schuppen von den Augen: »Wie vermittelt man armen Leuten das Gefühl von Wohlstand, wenn die Gehälter stagnieren? Man gibt ihnen billige Kredite.«[165]

Die amerikanischen Hausbesitzer, die einkaufen gingen mit Geld, das sie sich gepumpt hatten auf Häuser, die ihnen nicht gehörten, handelten bis zum Ausbruch der Krise vernünftig. Nicht nur Banken, auch Medien, Wissenschaftler und Nobelpreisträger ermunterten sie. Es entsprach der Theorie des neuen Informationskapitalismus.

Die vermeintliche »Wissensgesellschaft« hat weltweit eine »Entkleidung« (»dismantling«) von Unternehmen, Institutionen und des Einzelnen von physischen Beschränkungen propagiert. Der Anteil immaterieller Güter und virtuellen Kapitals steigt ständig. Naomi Klein hatte in ihrem richtungsweisenden Buch »No Logo« die Ökonomie von Märkten beschrieben, die nicht mehr produzieren, sondern »branden«, leasen, Sachwerte und Menschen ausleihen und verleihen, sodass einige schon davon sprachen, dass kommende Konsumenten den Begriff des »Eigentums« nur noch altmodisch finden werden.

So wie bei den neuen Obdachlosen war es allerdings mit der »Entkleidung« nicht gedacht. Plötzlich standen die Menschen nackt und ohne Dach über dem Kopf in der Wirklichkeit herum. Dabei hatten die überschuldeten amerikanischen Hypothekenkunden lediglich Sätze wie »Nutze das Kapital, aber besitze es nicht«, die von einflussreichen Businessberatern stammten (Rifkin) und auf allen Vordenker-Kongressen der Welt bejubelt wurden, in Verhalten umgesetzt. Folgerichtig heißt es auch: »Nutze den Arbeitnehmer, aber stelle ihn nicht an« (sondern leihe ihn aus), und schließlich: »Nutze deinen Kopf, aber besitze ihn nicht.«

Gemeint ist damit eine der folgenreichsten Operationen, mit

der das »neue ökonomische Denken« sich eine Arbeitswelt errichtet, in der »Identität« und »Persönlichkeit« längst über Bord geworfen sind.[166]

»Unsere Identitäten«, fasst all diese Thesen ein berüchtigtes Manifest der Internetideologie in einem Satz zusammen, »haben keine Körper … also gibt es auch keinen physischen Zwang.«

Wenn man Menschen in einem Käfig bei Laune halten will, muss man behaupten, dass eine Welt drumherum gar nicht existiert. Lassen wir dahingestellt, ob die Zwangsvollstreckung der amerikanischen Hausnichtbesitzer im August 2007 ein Webfehler in der Theorie oder in der Wirklichkeit war. Es war nämlich gar nicht möglich, diese Frage zu beantworten, denn die Dinge überstürzten sich.

Was nunmehr geschah, wäre mit dem Ausdruck »selbsterfüllende Prophezeiung« zu fatalistisch umschrieben. Und bald schon zeigte sich, dass das Verleugnen des Körpers und der Physis trotz all der mentalen Muskelpakete, die der Computer beisteuerte, ihre Grenzen dort hatte, wo sie der Mensch hat. Die Generation der Menschen, die die klügsten Maschinen hatte, wusste nicht mehr, was eigentlich los war. Und dann, ja dann hörte es einfach auf. Dann kam dieses sonderbare Achselzucken, dieses Nichtmehr-erklären-Können, dieser konfuse Streit der Ärzte am Krankenbett, diese politische Vernebelung, dieser Satz: »Ich hoffe, es funktioniert …«

Zu den größten Alarmzeichen der Krise zählt, dass es im Zeitalter der neuen Rationalität keine rationalen Antworten mehr gibt. Schaut man genauer hin, stellt man fest, dass die Finanzkrise mit ihren astronomischen, jedes menschliche oder politische Fassungsvermögen überfordernden Zahlen uns zu Insassen des Rechners selbst macht, in dem wir nur noch staunend Ketten von Zahlen und Codes an uns vorbeirauschen sehen. So muss es sich im Inneren der Matrix anfühlen. Nach der Lehman-Krise waren zeitweise weder Banken noch deren Aufsichtsgremien in der Lage, Soll und Haben auseinanderzuhalten. »In der Falle sein« ist eine der meistbenutzten Wendungen im Zusammenhang mit der Finanz- und Eurokrise, von der Liquiditäts- bis zur Verfassungsfalle.

Die politischen Akteure sitzen in der Falle. Dass das so war, sagten sie selbst, sagten Medien, Analysten, sah jeder, der die Nachrichten anschaltete.

Wie oft kann man »Falle« sagen, ehe man merkt, dass es wirklich eine ist? Schon die Sprache, selbst die Körpersprache der Politiker erinnert seit der Finanzkrise an Eingesperrte. »Fallensprache« ist eine Sprache, die um hundert Ecken denkt, Fluchten vortäuscht, wo keine sind, und Routine, wo bereits die Panik herrscht. Die Politiker suchen in abgeschotteten Räumen nach »Auswegen«, sie drehen sich im Kreise, verwenden Satzbildungen der Exklusion (»Es gibt keine Alternative«), Passiv-Konstruktionen des Erleidens (»Wir werden gezwungen«) und legen sich auf eine einzige Rationalität fest (»Scheitert der Euro, scheitert Europa«), die zur Räson aller anderen Käfiginsassen wird.

Der Kalte Krieg ist zurückgekehrt, aber in Gestalt eines Kalten Kriegs, den sich die Gesellschaft selbst erklärt hat: Vor den EU-Gipfeln werden »Landungszonen« markiert, »Nachrüstung« angeboten oder angedroht und zwischen den politisch Alliierten Konflikte scheinbar oder wirklich inszeniert, wo dann einzelne EU-Staaten »Siegesparaden« per Pressekonferenz abhalten, die von den anderen acht Stunden später zur »Kapitulation« umgedeutet werden, während gleichzeitig die Reaktion auf die »Märkte« und auf die eigene Bevölkerung getestet wird, entweder über Hinweise an die Medien, abrupte Drohungen mit Plebisziten oder deren erbitterter Bekämpfung – alles politische

Praxis seit Jahren, alles Begriffe aus dem aktuellen politischen Diskurs.[167]

Interessant daran ist, dass die Staaten, oft ohne dass ihre Politiker es merken, von der Ökonomie längst als reine Mitspieler im Markt behandelt werden, nicht mehr als marktüberwölbende konstitutionelle Gebilde.

Die Regierungschefs regieren die Länder nur noch partiell; Nummer 2, der weiß, wie man rationale Spiele spielt, drängt sich auch hier hinein. Konsequenterweise empfehlen Investmentbanken ihren Investoren, die gesamte europäische Krisenbewältigungspolitik nicht als Politik, sondern als nicht kooperatives Spiel zu lesen, das man, wenn man es durchschaut, ausbeuten kann. Das heißt: nichts glauben, das Schlimmste und das absolute Eigeninteresse annehmen und dann sehen, wie weit man strategisch kommt.

»Glauben Sie nicht, dass die Sowjetunion uns aus irgendwelchen moralischen Bedenken nicht angreifen wird«, hieß das im Kalten Krieg. »Nur wenn man von dem Schlimmsten ausgeht, findet man eine rationale Strategie, um den Gegner auszutricksen.« Das war, wie gesagt, das Nash-Equilibrium.

Und heute?

»Sie lesen jetzt viel darüber«, schreibt das »Wall Street Journal«, als ginge es nicht um die Eurokrise des Jahres 2012, sondern um gegenseitige Abschreckung, »dass der Euro nicht zerbrechen wird, weil das schlecht für jedermann sein wird – weshalb die Politiker am Ende gemeinsam handeln und vernünftige Entscheidungen treffen werden. Glauben Sie das keinen Augenblick. Ein katastrophales Ergebnis ist ziemlich wahrscheinlich. Die einzige rationale Haltung ist, sich auf das Schlimmste vorzubereiten.«

Und weil die Zeitung von der höheren Weisheit der Märkte überzeugt und von der Beschränktheit von Staaten durchdrungen ist, empfiehlt sie ihren Lesern sogleich den Film »A Beautiful Mind« in den DVD-Player zu stecken, um die Eurokrise zu verstehen.[168]

Eines der wichtigsten Strategiespiele im Kalten Krieg, mit dem sich auch John Nash und seine Kollegen beschäftigten, war das »Chicken-Game«: Zwei Autos rasen auf einer Straße aufeinander zu. Wer schert als Erster und wann aus? Bis zu der wievielten Sekunde kann ich dabeibleiben, damit der andere zurückzuckt? Wie stets bei diesen Gedankenspielen ging es nicht darum, wie jemand autonom reagiert, sondern wie er den Anschein der uneingeschüchterten Autonomie erweckt und den anderen über seine Absichten im Zweifel lässt. Das muss man wissen, wenn man verstehen will, wie Staaten und ihre Bürger heute von Finanzmärkten gelesen werden: Sie tun so, als gäbe es sie nicht.

Bürger und Staat haben keine Souveränität mehr, sondern »spielen« sie nur. Darum werden Parlamente zu Staffagen und Öffentlichkeiten zu Echoräumen, die man anspricht, um in Wahrheit Märkte zu beeinflussen.

Staaten sind jetzt ökonomisch in ihrem Handlungsspielraum so eingesperrt, wie es die Welt des Kalten Kriegs militärisch war.

Im Januar 2012 nannte der Chefstratege der Chicagoer Investmentfirma »William Blair« die europäische Krisenpolitik ironisch ein »Souveränitäts-Spiel«, in dem es den Politikern gar nicht mehr um Geld, sondern um politische Selbstbestimmung geht. Während des Kalten Krieges sei Macht durch einen »Überfluss an Nuklearwaffen« demonstriert worden; jetzt präsentierten die neuen Rivalen – Staaten und Finanzmärkte – ihre Macht durch einen Überfluss an angeblichen Geldmitteln, die fallende Staaten retten oder vernichten könnten.

»Der Überfluss aber«, warnt Brian D. Singer, der Autor des Textes, kann »ein Bluff sein, oder er kann wirklich existieren.« Umgangssprachlich: Haben wir das Geld, für das wir garantieren?

Deutschlands Spielziel sei es, die »teutonische Finanzpolitik« dem gesamten Euroraum aufzuzwingen. Die Südländer brauchen Geld, müssten aber Teile ihrer Souveränität aufgeben. In der Welt von Nummer 2 ist die Idee, das Volk selbst zur Wahl gehen zu lassen, bereits deshalb eine »Drohung«, weil der Markt der bessere Wahlcomputer ist als das Plebiszit.

»Der frühere griechische Premierminister Papandreou versuchte die anderen Länder mit einem Referendum zu bedrohen. Unglücklicherweise war es ein Bluff, und er verlor seinen Job … Frankreich hat eine Koalition mit Deutschland gebildet, um Deutschlands ökonomische Kraft anzuzapfen … Es beabsichtigt nicht, die Finanzmärkte auseinanderzureißen; es spielt ein Souveränitäts-Spiel, genauso wie es John Nashs Modell vorhersagt. Die politischen Führer und ihre Medienpartner spielen das Spiel recht gut … Wenn die Liquiditätskrise vorbei ist, werden eine Reihe von entwickelten Ländern mit chronischer Insolvenz zu kämpfen haben.«

Die Investmentbanken brauchen also keine Angst vor Regulierung oder »Vergeltung« zu haben. »Man mag es mögen oder nicht, ein guter Anwalt, ein Derivativ und ein kluger ökonomischer Kopf kann jede nur denkbare Regulierung umgehen, unglücklicherweise auch manchmal illegal.«[169]

Man darf nicht alles auf die Investmentbanker schieben: Sie beschreiben, wie Investoren im großen Spiel mitspielen können, aber die Staaten selbst spielen seit der Eurokrise das gleiche Spiel untereinander. Selbst der Satz 1 + 1 = 2 kann in diesem Umfeld des verdeckten Spiels ein Bluff sein. Es stellt sich aber die Frage, wie lange Demokratien diese Formen öffentlicher Kommunikation aushalten können.

In den Bunkern ihrer Verhandlungsräume muss die politische Klasse fünf Schritte vorausplanen und die nächsten zehn Schritte des Marktes voraussehen, der wiederum die fünf Schritte der

Regierungen voraussieht und »eingepreist« hat. Regierungen reden nur noch taktisch mit ihren eigenen Öffentlichkeiten, sie übergehen Parlamente und Gesetze, sie müssen falsche Fährten legen und widersprüchliche Erwartungen hegen, unbegrenzte Geldmittel und einen langem Atem vortäuschen, Regulierungen ankündigen, durchsetzen oder verwerfen – alles nur, um im Rüstungswettlauf mit den Märkten den Gegenspieler zu verwirren, in die Irre zu führen oder zur Kooperation zu zwingen. Nur um nicht in die Falle zu laufen, sondern selbst eine zu stellen.

Die Gegenseite operiert mit genau den gleichen Bluffs. Nummer 2 als Meister spieltheoretischer Modelle hat sie ihnen allen beigebracht. Die Algorithmen kalkulieren aus einer Fülle von Informationen künftige Preisentwicklungen, berechnen mithilfe anderer Algorithmen, wie ihr eigenes Verhalten von anderen gelesen wird und die Zukunft verändert, und entscheiden deshalb, an wen und in welchem Umfang sie falsche Informationen senden. Sie versuchen, die Performance von Unternehmen vorherzusagen, ehe diese dem Unternehmen selbst bekannt ist (Dark Pools), senden selbst Informationen an den Markt der Finanzen und den Markt der Politiker, um Handlungen zu provozieren oder zu verhindern.

Die meisten der Hedgefondsmanager, Investmentbanker und Trader haben kein Gesicht und keinen Namen, aber wirkungsvolle Waffen und eine Rationalität, auf der das ganze Spiel beruht: Sie wollen nicht verlieren.

Während gesellschaftliche Konflikte zwischen Realwirtschaft, Staat und Gesellschaft jahrzehntelang und insbesondere in Deutschland unter dem Begriff »soziale Marktwirtschaft« kooperativ gespielt wurden, spielen die internationalen Finanzmärkte nun zunehmend ein nicht kooperatives Nullsummenspiel mit der Gesellschaft: Des einen Gewinn ist des anderen Verlust.

Man kann das auch sehr viel konkreter formulieren: Nach einem 50 Jahre währenden Kalten Krieg zwischen einem sozialwirtschaftlichen und einem planwirtschaftlichen System, die beide über die Atombombe verfügten, befinden wir uns nach dem Ende des Kommunismus in einem neuen Kalten Krieg zwischen demokratischen Nationalstaaten und globalisierten Finanzmarktkörpern.

Beide wissen, dass die jeweils andere Seite über gewaltige Abschreckungs- und Massenvernichtungswaffen verfügt. Beide können nicht direkt miteinander reden, sondern müssen das Denken des jeweils anderen in ihren Köpfen reproduzieren, um darauf zu reagieren. Beide müssen rationalerweise davon ausgehen, dass keine Seite den Vernichtungsschlag ausführt und die eine von der anderen Seite nicht wirklich wollen kann, dass sie pleitegeht, was aber nicht gegen strategische Erstschläge spricht, wie Lehman Brothers, die an ihre Systemrelevanz glaubten, mit (kurzem) Entsetzen feststellen mussten. Denn die Manager waren überzeugt, dass der Staat sie nicht untergehen lassen würde.

Wir müssen uns verabschieden von der Vorstellung, dass die Krise eine Ausnahmesituation ist und alle politischen Aktionen gleichsam Sonderoperationen eines Kriseninterventionsteams. Wir befinden uns in einer Phase der »Containment-Politik«, der »Eindämmung« einer globalen Finanzexpansion. Das Problem ist nur, dass anders als in den Fünfzigerjahren, als es um die Eindämmung eines atombombengestützen Sowjetimperialismus ging, der mächtigste Verbündete von damals, die USA, heute nicht mehr mitspielt. Unter all den schlechten Nachrichten in Charles Fergusons »Inside Job« ist ohne Zweifel die über die amerikanische Obama-Administration die schlechteste: Die amerikanische Regierung hat die Finanzeliten nicht nur geschützt, sondern sie zu Mitgliedern der Kabinetts gemacht.

Innerhalb eines einzigen Jahrzehnts, zwischen 2000 und 2010, verschob sich die »Balance of Power« zwischen europäischer Politik und den amerikanischen Finanzmärkten. In der Krise erst wurde offensichtlich, dass die Politik so agierte, wie es die Spieltheoretiker des Kalten Krieges vorgemacht hatten: Sie kommuniziert über Spielzüge, nicht über Argumente. Und Spielzüge können Bestrafungen sein, Belohnungen, scheinbare Selbstopfer, Rückzüge oder Offensiven.

Wie die Spieler der RAND-Corporation spielen sie nicht nur mit dem »Gegner« und nicht einmal nur mit den »Märkten«, sondern mit ihren eigenen Öffentlichkeiten. Reicht das Geld für den Rettungsschirm? Gilt die rote Linie? Soll das Parlament informiert werden?

Dass, wie der Öffentlichkeit gesagt wird, etwas »außer Kontrolle geraten« ist, »eingedämmt« werden muss, Geld »gebunkert«, »Panik« verhindert werden soll, ein »Schutzschirm« aufgespannt werden muss, über den juristisch immune »Gouverneure« entscheiden – das alles ist inklusive der Nuklearmetaphern »Kernschmelze«, »financial weapons of mass destruction« nicht die Sprache des Technischen Hilfswerks oder die von Fukushima, sondern die Sprache des inneren Kalten Kriegs.

18 Matrix

»Wie habt ihr einen solchen Menschen schaffen können?«

Das also ist die Maschine, die die europäische Politik und ihre Bürger immer weiter gegen die Gitterstäbe ihres Käfigs presst? Das ist die Rationalität, der ganze Staaten in immer größerem Umfang ihre eigenen rationalen Entscheidungen anpassen müssen? Man hätte erwartet, dass etwas Skepsis einkehrt, und sei es nur in Form einer Inspektion, die feststellt, ob die fabelhafte Maschine »Markt«, die alle in Atem hält, wirklich so funktioniert, wie es in der veralteten Betriebsanleitung steht.

Wie konnte inmitten einer Marktkrise Angela Merkels Satz von »einer marktkonformen Demokratie« fallen und als Vision erscheinen, und wieso gab es zwar Reparaturanstrengungen in Staaten, aber nicht in Märkten? Die Antwort lautet: Weil fast alle politischen und gesellschaftlichen Eliten die Theorie, dass der Markt es besser weiß als man selbst, mit einem Naturgesetz verwechseln. Nur wegen dieser Umetikettierung war es möglich, dass die »Kernschmelze« der Finanzmärkte nicht etwa Zweifel am Allwissenden auslöste, sondern die politische Vision einer dem Markt gehorchenden Demokratie in die Welt setzte, die wie Phönix aus der toxischen Asche steigen sollte.

Was wir mit der Finanzkrise seit 2007 erleben, ist offenbar etwas anderes als ein vorübergehender irrationaler Systemfehler, mehr als der periodische Evergreen von »Systems gone wild«. Man kann nicht einfach Maschinen »abstellen« oder, wie nach Fukushima, eine Energiewende verkünden. Der Satz von den »Monstern« zeigt, wie sehr das kollektive Unterbewusste den Verdacht hegt, dass es sich um etwas Lebendiges handelt, das hier entfesselt worden ist.

Feldforschungen der österreichischen Soziologin Karin Knorr-Cetina an den Börsenplätzen New York und Zürich haben gezeigt, dass Trader ihre digitalen Handelssysteme nicht mehr als Kommunikationsmittel, sondern als eigenständige biologische Lebensformen und als so etwas wie ein »höheres Geschöpf« (»greater being«) erleben.[170] In der Verschmelzung zwischen Mensch und Maschine sind die Computerbildschirme, anders als in den Neunzigerjahren, schon keine »Fenster« in die Märkte mehr, sondern die Märkte selbst – oder besser: »Bauplätze, auf denen die gesamte ökonomische und geistige Welt errichtet wird«, eine Transformation, die sich auch in den »privaten« sozialen Netzwerken wie Facebook vollzieht.

Konsequenterweise verschmelzen nun auch alle Definitionen des Marktes zu einer einzigen. Im Gespräch mit einem erfahrenen Trader, der an fast allen Börsen der Welt gehandelt hat, haben Wissenschaftler die Frage gestellt:

Was ist für Sie der Markt?

Die Antwort des Traders: Alles.

Frage: Und was ist für Sie Information?

Antwort: Alles.

Wer kauft, wer verkauft, wo es geschieht, wo das Zentrum ist, was die Zentralbanken tun, was die großen Fonds tun, was die Presse sagt, was mit der CDU passiert, was der malaysische Premierminister sagt: Es ist alles – alles und immer.[171]

Eine starke gesellschaftliche Intuition spürt, dass diese Verschmelzung einen neuen Menschen schafft. Sie empfindet den fast alchemistischen Prozess, in dem der Einzelne von den Apparaten des enthemmten Informationsmarkts geschaffen wird – und gerade dann, wenn der Einzelne ein Täter war, so wie beispielsweise der französische Börsentrader Jérôme Kerviel, der seinem Arbeitgeber, der Société Générale, 2008 einen Verlust von 4,8 Milliarden Euro bescherte. Auf dem Höhepunkt der Finanzkrise wurde Kerviel in den Augen der französischen Öffentlichkeit fast eine Art Che Guevara, der ein System, das ein bestimmtes ökonomisches Verhalten verlangt, durch ebendieses Verhalten in die Luft sprengt. Das klang, wenn man seine Unterstützer auf Facebook oder die französische Presse las, fast schon wie ein Kapitel aus der »Matrix«-Trilogie.

Kerviel war der Inbegriff des Cyborgs, des mit der Maschine verschmolzenen Menschen, der auf seinem Bildschirm Zahlen nicht mehr als feste Größen, sondern als reine Liquidität, als einen sich ständig wandelnden elektrischen Strom, wahrnahm. »Sagen Sie mir, wer Sie sind – wer ist Mr. Kerviel?«, fragte der Richter zu Beginn des Prozesses.

Nicht ohne Pathos, aber mit einer Rhetorik, in der sich die Wahrheit eines ganzen Systems offenbarte, stellte nach der Beweisaufnahme Kerviels Anwalt Olivier Metzner eine andere Frage: »Wer sind Sie, Société Générale? Wer sind Sie? Wie haben Sie solch einen Menschen schaffen können?«[172]

Man hat das schon einmal gehört. Es ist die Frage an Dr. Viktor Frankenstein.

19 Mind's Eye

Die marktkonforme Demokratie wird gebootet

Was für eine Politik macht Nummer 2? Oder präziser: Wie sieht sein Wunsch-Staat aus? Worin leben wir, wenn er sein Werk vollendet und die gesellschaftlichen Institutionen alle im Griff hat? Und für den, der weiß, dass besonders umstrittene Politikerworte nichts anderes als Spielzüge sind: Was bedeutet »marktkonforme Demokratie«?

Es bedarf keiner Erläuterung, dass Nummer 2 und seine vermillionenfachten Klone nicht mehr nur das wollen, was ihre Auftraggeber wollen. Die Flash-Crashs zeigten, dass die Söldner mittlerweile außerhalb menschlicher Kontrolle agieren. Das ist kein Unfall, sondern entspricht genau dem, was ihre Schöpfer wollten; sie wären bestimmt nicht durch die Maschine von Chicago gegangen, wenn sie jetzt das Heer von Automaten befehligen wollten.

Was sie wollten, war ganz aufrichtig: eine Gesellschaft, in der jeder frei nach seinen Wünschen und Leidenschaften leben kann. Auch die Agenten, auch die Dummys. Deshalb wissen viele derjenigen, die in Finanzsystemen evolutionäre Agenten gebaut haben, längst nicht mehr, was ihre Geschöpfe eigentlich tun, nur dass sie es höchstwahrscheinlich immer noch nach den einfachen Regeln der Selbstmaximierung tun, die man ihnen einprogrammiert hat.

Solange sie auf dem Boden der »Verfassung« bleiben – Egoismus bedeutet Profitmaximierung, und diese Verfassung der Automatenwelt hat am grundlegendsten Ken Binmore geschrieben –, ist auch den Agenten alles erlaubt. Und weil man einander grundsätzlich misstraut, ersetzt das Hamstern von Information über das, was er oder sie denkt und vorhat, die Kommunikation.

»Lüge« ist in dieser Welt eine außermoralische Angelegenheit, und die planmäßige Unwahrhaftigkeit ist dabei das geringste Problem: Auch Selbstbetrug, Illusionen, Strategien, mit denen Menschen »sich etwas vormachen«, fallen in der Epoche von »Big Data« – der Totalvernetzung aller Daten von Menschen und Dingen – in diese Kategorie.

Unternehmen, die sich und anderen etwas einreden, werden an der Börse durchschaut und bestraft, oder sie spielen, wie bei Lehman und AIG, lange Zeit erfolgreich am Pokertisch mit. Dort, wo im klassischen Sinn »gelogen« wurde, fällt es leicht, juristische und moralische Urteile zu fällen. Ganz anders aber sieht es aus, wenn die Beteiligten selbst noch nicht wissen, was sie wissen.

Seit Generationen leben Menschen mit dem Paradoxon der »unbeabsichtigten« Konsequenzen, und ein wichtiger Teil juristischer Wahrheitsfindung besteht darin, herauszufinden, was einer bewusst geplant oder unbewusst verschuldet hat. Diese Linie verschiebt sich, wenn Technologien entstehen, die einerseits dieses implizite Wissen benennen können, aber andererseits von Menschen eingesetzt werden, die überzeugt sind, dass Bluffs die Norm sozialen Verhaltens sind.

Der Programmierer Alex Pentland entwickelt und propagiert Geräte, die menschliche Signale lesen können. »Signal« klingt harmlos und steril. Gemeint aber sind Informationen, von denen der Mensch selbst gar nicht weiß, dass er sie hat.

Wissenschaftler wie Pentland sind keine Frankensteins. Sie präsentieren Technologien, die stets für die dunkle und die helle

Seite der Macht verwendet werden können. »Pentland vermutet, dass solche Art der Überwachung nützlich sein könnte, um Menschen zu identifizieren, die potenziell einem Burn-out entgegensteuern und deshalb genauer beobachtet werden müssen.«[173]

Doch Informationen in Märkten werden immer im Kontext der »verdeckten Spiele« gesammelt und bewertet: Der Mitspieler oder die Mitspielerin verschweigen etwas, behalten etwas für sich, um daraus Profit zu schlagen. Keine Firma oder Organisation würde sagen, sie wolle herausfinden, was ihre Mitarbeiter geheim halten. Spieltheorie in normalen Arbeitsumgebungen klingt dann eher so:

»Weil Menschen dazu neigen, Stress vor anderen zu verbergen, kann es schwer, wenn nicht unmöglich sein, die Anzeichen zu erfassen. Für eine Studie befestigten Pentland und sein Student Michael Sung physiologische Sensoren an den Körpern von Studenten, die Poker um echtes Geld spielten. Sie überwachten die Körperbewegungen, Hautreaktionen und den Herzschlag. Sie fanden heraus, dass sie hohe Stressmomente mit 80-prozentiger Treffsicherheit identifizieren konnten. Sie konnten außerdem in 70 Prozent der Fälle herausfinden, ob die Spieler blufften.«[174]

Das Experiment ist hier nur wichtig, weil es nichts anderes ist als die Übertragung des Lügendetektors in das Spiel unseres Lebens. »Data mining«, die Ausbeutung jeder Art von digitaler Information, verschmilzt längst mit dem, was Alex Pentland »Reality mining« nennt.[175]

Jeder kennt den aktuellen Anwendungsbereich der Lügendetektoren aus dem militärisch-politischen Bereich. Der neue Krieg gegen den Terror, der den Kalten Krieg ablöste, ist überreich an Beispielen. So sonderbar es ist, dass fast hundertjährige Rollstuhlfahrerinnen sich an Flughafenkontrollen entkleiden müssen, weil sie in ihrem Gefährt eine Waffe versteckt haben könnten: Wir sind im Großen und Ganzen bereit, das Prinzip fundamentalen Misstrauens an solchen Schlüsselorten von Kommunikation oder Verkehr zu akzeptieren, und dazu gehören Nacktscanner ebenso wie das Abtasten durch fremde Menschen, das Ausziehen von Schuhen, das Öffnen und Durchsuchen von Aktenkoffern, das Erfassen von Fingerabdrücken bei der Einreise usw.

Wir diskutieren hier, um jedes Missverständnis auszuschließen, nicht die unbezweifelbare legitime Abwehr von Terrorismus. Allerdings ist es genau diese erkennungsdienstliche Behandlung, die zum Wesen der Informationsökonomie gehört; am Flughafen durch Körperscanner oder, wie etwa beim Flughafen von Los Angeles, durch spieltheoretisch modellierte Überwachungsraster; beim Online-Einkauf durch ökonomische Agenten.

Am Projekt »marktkonforme Demokratie« wird nach Lage der Dinge bereits in fast allen westlichen Industrienationen gearbeitet. Wie bisher die automatisierten Finanzmärkte, die sozialen Netzwerke und die Suchmaschinen im kommerzialisierten Internet, entwickelt der neue Informationsstaat robotergesteuerte Methoden der Verhaltensvoraussage und Überwachung nach dem Vorbild der Pre-Crime-Analytik. Die Ausstrahlungszentren des Informationskapitalismus des 21. Jahrhunderts befinden sich im Silicon Valley und der Wall Street. Ein drittes, das mächtigste von allen, das sich unablässig mit den Gedanken von Menschen beschäftigt, aber liegt in Virginia. Dort befindet sich der Sitz der NSA, der Nationalen Sicherheitsbehörde der USA. Heute arbeiten die besten Köpfe bei der NSA (das Carnegie-Mellon-Projekt beispielsweise wurde von der DARPA, der Forschungsabteilung des Verteidigungsministeriums, finanziert), und Google wirbt dort seine Manager ab.[176] Was einst die Bunker und Überwachungsapparate des Kalten Kriegs waren, ist nun in den sehr viel liquideren Strukturen der NSA zu Hause. Wenn die Spieltheoretiker des Kalten Kriegs ökonomische Spiele mit der

Sowjetunion spielten, dann ist ist die NSA einen Schritt weiter: Sie ist wesentlicher Bestandteil der Informationsökonomie geworden und, wie einst die Leute von RAND, im Begriff, soziale Übereinkünfte umzuschreiben. Einer ihrer wichtigsten Vordenker, obwohl selbst nicht Mitglied der NSA, sieht sogar neue konstitutionelle Ordnungen heraufziehen, die die demokratischen Nationalstaaten in ihren Grundfesten erschüttern werden.

Philip Bobbitt hat für diese neuen Staaten den Begriff »Informations-Markt-Staaten« geprägt. Der Jurist ist ein einflussreicher politischer Vordenker der USA, einst Mitglied im Sicherheitsrat, Demokrat und alles andere als ein »Big Brother«. Er arbeitete schon für Bill Clinton, und George Bush hat Bobbitts Thesen in seine »State of the Union«-Rede 2004 aufgenommen.

Bobbitt hat zwei Jahre nach der Lehman-Pleite unter dem Applaus von Henry Kissinger, Niall Ferguson und des amerikanischen politischen Establishments etwas gefordert, worauf sich ein finanztechnisch sturmreif geschossenes Europa gerade einstellt. Er entwarf und prognostizierte eine neue »konstitutionelle Ordnung, die den Nationalstaat ablösen wird«, die Verwandlung unserer Welt in »Informations-Markt-Staaten«.

Die Lehre aus den aktuellen Krisen ist für Bobbitt nicht, dass man den Intelligenzquotienten der Märkte infrage stellt, sondern umgekehrt: Die Märkte haben die Staaten delegitimiert, weil die Staaten moderne Geld- und Informationsprozesse nicht mehr verstehen. Informations-Staaten haben eine ganz einfache Botschaft: Gebt uns Informationen über das, was ihr denkt, plant oder konsumieren wollt, und wir werden euch neue Chancen für eure Entfaltung und Karriere geben. Zugleich garantiert der moderne Informations-Markt-Staat nur noch minimale Wohlfahrtsansprüche.

Bobbitt sagt nicht, dass er diese Entwicklung richtig findet. Er beschreibt sie wie ein Naturgesetz oder, besser gesagt: Er beschreibt sie, wie heute aller soziale Wandel beschrieben wird, als das Ergebnis eines technologischen Determinismus.

Die Väter von Nummer 2 haben den Markt als einen einzigen gewaltigen Computer gesehen; eine informationsverarbeitende Maschine, die faire Preise festsetzt. Bobbitt geht den nächsten Schritt: Er sieht den Staat als Computer, der nun – da er einmal als eine Art Apple-Super-iMac mit superschnellem Chip, besserer Grafikkarte und schnellerer Datenübertragung und coolem Design auf dem Markt ist – von uns genauso wie das Handy, der Computer, Facebook, wie Vaucansons Ente, Friedrichs Automaten, Watts Dampfmaschine bestimmte Verhaltensweisen erzwingt.

»Eine neue konstitutionelle Ordnung, die diesen Wandel verkörpert, wird über kurz oder lang den Nationalstaat ersetzen«, schreibt Bobbitt. Er redet nicht von Mr. Hyde und achtet auf eine gewisse Diplomatie, man hört deutlich das Echo der Väter von Nummer 2 aus Sätzen wie diesen:

»(Der Informations-Markt-Staat) wird viele seiner Funktionen outsourcen. Damit wird die Legitimation des Staates teilweise verschoben: Er wird nicht mehr den Wohlfahrtsstaat garantieren, sondern dazu beitragen, dass jeder seine individuellen Chancen maximiert, und er wird Methoden haben, Kriegs- und Verteidigungstechniken anzuwenden, die für den Nationalstaat unzugänglich sind.«[177]

Präziser könnte man nicht beschreiben, wie Nummer 2 menschliches Verhalten reduzieren will, wie er sich den Staat wünscht, in dem seine Menschen leben sollen. Und das Beste: Kriegstechniken sind, wie Bobbitt seitenweise belegt und wie jeder weiß, der Amerikas drohnenbestücktes, allsehendes »Eye in the Sky« auf sich ruhen fühlt, Informationstechniken – eine These, die Opponenten der Algo-Wars nicht überraschen kann. So wie in der Sekunde, in der dieses WORT geschrieben wird, High-Frequency-Algorithmen weltweit Hunderttausende Geschäfte abschließen, screenen High-Frequency-Algorithmen des Informations-Markt-Staats die Bewegungen seiner Bürger. Was immer die Zehntausenden Drohnen am Himmel über Amerika und die unzähligen Überwachungskameras aufzeichnen – es wird jetzt so übersetzt wie die Truppenbewegungen oder Autokonvois der Russen im Kalten Krieg oder wie Aktienbewegungen in automatisierten Märkten. Nummer 2 ist kein Wesen mit unvollständigen Informationen mehr.

»Mind's Eye« (»Das Auge des Geistes«), ein Projekt des Pentagons, plant, alle Überwachungssysteme des täglichen Lebens mit visueller Intelligenz auszustatten. Es ist die soziale Entsprechung dessen, was die Radarcrews in den Fünfzigerjahren taten, und es wird das System symbolischer Handlungen und Transaktionen endgültig auf menschliches Leben übertragen.

Vor Kurzem erst haben Forscher der Carnegie-Mellon-Universität ein System präsentiert, das in Sekundenschnelle nicht nur Überwachungsvideos entschlüsselt, sondern auch vorherzusagen versucht, was als Nächstes passieren könnte. Videoaufzeichnungen werden in einzelne Sequenzen zerschnitten und dann mit semantischen Begriffen wie »aufnehmen« oder »begraben« oder »tragen« verbunden: Wenn jemand einen Körper »aufnimmt«, »trägt« oder »begräbt«, alarmiert das System die Operateure, die nach Lage der Dinge zum Teil selbst wieder Maschinen sein werden.

Spieltheoretische Modellierungen spielen hier im Augenblick sicher nur eine marginale Rolle. Sie treten vermutlich bei Verhaltensvoraussagen und sozialen Strategien in Erscheinung, aber sind nur eine Zutat unter anderen. Bilderkennungsverfahren, statistische Analysen und vielleicht sogar neuronale Netzwerke sind wesentlich wichtiger für die »Augen« im Himmel. Doch das ist nur eine Frage des Organisationsgrads. Nicht nur Hal

Varian glaubt, wie wir gesehen haben, dass sich mithilfe des Nash-Equilibriums Verhalten vorhersagen lässt.

Das muss, wie man in den Sicherheitsarchitekturen des Flughafens von Los Angeles sehen kann, nicht über uns kommen wie eine Drohung.[178] Dort wurde die Aufgabe, einen »intelligenten Gegner« (den Terrorismus) bei gleichzeitig begrenzten Ressourcen von Angriffen abzuhalten, durch spieltheoretische Modelle gelöst, die die Sicherheitskräfte nach einem hochkomplexen Zufallsprinzip ständig neu verteilen – immer mit dem Ziel, die »Kosten« des Angreifers (er müsste z. B. ständig die sich ändernden Routinen überwachen) in Höhen zu treiben, die ihn resignieren lassen. Doch solche Anwendungen, die letztlich auf nichts anderes zielen als die Verteilung knapper Ressourcen (die Polizei), sind in anderen Zusammenhängen natürlich auch Methoden der Kontrolle. Was, wenn in der Ära von Big Data unser ganzes Leben über Drohnen und digitale Signale permanent gescreent und erfasst wird? Statistik ist das eine – und sie ist in der Gegenwart einer der wesentlichsten Schauplätze neben der Spieltheorie –, die Analyse des Materials unter dem Gesichtspunkt, dass man nicht mehr über die Motive eines Menschen wissen muss, als dass er seinen Nutzen maximieren will, ist moralisch etwas ganz anderes. In jedem Charles Babbage steckt ein Sherlock Holmes und in jedem Sherlock Holmes der Generalverdacht gegen eine Welt, die etwas zu verbergen hat.

Nein, das ist nicht Orwell, jedenfalls nicht, solange der Westen in Demokratien lebt. Und doch ist es womöglich dramatischer: Systeme, die menschliches Verhalten voraussagen, können nicht anders, als auf spieltheoretische Modelle zurückgreifen.

Anders gesagt: All diese kalten Augen am Himmel und auf der Erde müssen per definitionem von dem Menschen, den sie im Blick haben, das Schlechteste denken. Was daraus folgt, wollen wir uns genauer ansehen

20 Abstimmung

In der »Götterdämmerung der Souveränität« geben Mächte den Menschen die Macht zurück

Es ist das vorläufig letzte Update des Informationskapitalismus im Zeichen der Maschine: Das Gehirn, der Markt und der Staat – sie alle werden zu Computern, und sie alle haben die gleiche Software. All das hat für die Gesellschaft eine enorme Plausibilität, weil fast jeder bereits im Inneren der Maschine lebt. Wie die Uhrwerksautomaten Friedrichs des Großen glauben wir das Räderwerk zu kennen, das die Welt antreibt.

Allerdings ist es nicht mehr die Maschine des großen Aufbruchs in den Neunzigerjahren mit ihren digitalen Utopien grenzenloser Kommunikation, Transparenz und freundlichen, immer intelligenter werdenden Schwärmen. Ohne Zweifel ist die Vorstellung einer Wissensökonomie, in der Menschen durch Kooperation und Altruismus voneinander auch ohne Preisetikett profitieren, immer noch als Hoffnung lebendig; dieser Menschentyp wird aber schon aus Gründen der »technischen« Unmöglichkeit nicht programmiert. Und ob man annimmt, dass Menschen von reinem Selbstinteresse getrieben sind, oder ob man eine gesamte Population so programmiert, dass sie es sind, ist ein Unterschied.

Der automatisierte Markt analysiert Präferenzen, und ob es bei der Wahl des Konsumenten um Bücher oder um Regierungen geht, ist für diesen Markt nur ein Preisunterschied. Die argumentative Taktik ist dabei immer die gleiche: Der Informationskapitalismus schleust das Erbgut des synthetischen homo oeconomicus in alle nur denkbaren Systeme ein – vom einzelnen Menschen bis hin zu globalen Ökonomien – und gerät immer mehr in Gefahr, endemisch selbsterfüllende Prophezeiungen zu produzieren.

Schadenfroh hatte Walter Wriston, Chef der Citybank und der mächtigste Banker seiner Zeit, im Jahre 1992 die »Götterdämmerung der Souveränität« verkündet, eine Welt, in der der Staat vor dem Wissen der Märkte und der Rationalität des homo oeconomicus kapitulieren wird. Er prognostizierte, was die Investmentbanker von »William Blair« 2012 als Faktum feststellten. Staaten spielen nur noch »Souveränitätsspiele«. »Märkte«, schrieb Wriston, »sind Wahlcomputer; sie sind ein permanentes Referendum.«[179]

Geschrieben wohlgemerkt vor der Morgendämmerung des kommerzialisierten Internets, zu einem Zeitpunkt, als noch nicht einmal der Begriff »World Wide Web« existierte, pries Wriston den Markt mit den gleichen Worten, mit denen heute Internet Inc. gepriesen wird: Die »Informationen«, die Märkte produzieren, sind eine »unablässige Stimmenauszählung darüber, was die Welt von der diplomatischen, fiskalischen und monetären Politik eines Staates hält«. Mit anderen Worten: Es sind die Märkte, »die den Menschen die Macht zurückgeben«.[180]

Der Markt als Sinnbild demokratischer Partizipation war die Uridee der Väter von Nummer 2, von Ökonomen wie Kenneth Arrow oder Milton Friedman. Daraus folgte nun konsequent: Der Staat wird selbst ein Markt sein, oder er wird gar nicht mehr sein.

Man darf sich – worauf Bobbitt mit Nachdruck hinweist – eine marktkonforme Politik des Informationsstaates nicht wie das Laissez-faire von Ronald Reagan oder Margaret Thatcher vorstellen. Solche Assoziationen waren immer schon eine Verharmlosung. Was Nummer 2 wirklich will, würde so manchem

Anhänger der reinen neoliberalen Lehre den Angstschweiß auf die Stirn treiben. »Der Markt-Staat ist klassenlos, ihn interessieren nicht Rasse, Herkunft oder Geschlecht, aber ihm sind auch Werte wie Respekt, Selbstaufopferung, Loyalität oder Familie gleichgültig.«[181]

Wahlen sind dann gewissermaßen Volksversammlungen für das abstrakte Große und Ganze. Der Konsumentenwille äußert sich durch kollektive Kommunikation im Internet und in Medien sowie durch die »Märkte« selbst. Da aber beides, sowohl die Kommunikation im Netz als auch die bei einem populistischen Teil der Medien leider zunehmend auf Klickquoten und Informationskaskaden zielende mediale Berichterstattung von Algorithmen, quantifiziert und selektiert wird, schließt sich der unheimliche Kreis selbsterfüllender Prophetie.

Wer daran zweifelt, dem sind die ersten Anwendungsbeispiele längst an die Hand gegeben: Die Art, wie die Energiewende augenblicklich vollzogen wurde (und zwar gerade, wenn man der Atomenergie kritisch gegenüberstand), die Tatsache, dass zur »Wahl« genau das Gegenteil dessen versprochen wurde, was politisch in der Praxis umgesetzt wurde (von der Bundeswehr bis zum Mindestlohn beispielsweise), die Art, wie nicht nur mit dem griechischen Plebiszit umgegangen, sondern den Griechen die Verschiebung ihrer Wahlen mit Rücksicht auf »Märkte« nahegelegt wurde – das alles sind die ersten Babyschreie eines neuen Informations-Markt-Staats.

Es handelt sich hierbei nicht um isolierte Ausnahmeerscheinungen, diese sind vielmehr das Ergebnis der Ausbreitung von Nummer 2 in die Welt des Sozialen und der Politik. Erst wenn der Staat (oder was von ihm übrig blieb) durch das Plebiszit der Konsumenten seine jeweilige Wahrheit aus dem Computer des Marktes generiert, ist er dort, wo er nach Meinung eines anderen frühen und mit unserer Geschichte tief verbundenen RAND-Strategen sein sollte.[182]

Das »Unmöglichkeitstheorem« des übrigens sich »links« verstehenden Wirtschaftsnobelpreisträgers Kenneth Arrow bewies mathematisch, dass die Wünsche aller Marktteilnehmer nicht in einer Art wirklichkeitsgetreuer Volonté générale zusammengefasst werden können. Das hieß aber auch: Wahlen sind, anders als Märkte, kein Mittel, um die Summe individueller Wünsche auszudrücken.

Philip Bobbitt prognostizierte einen Staat, der nicht mehr auf Wahlentscheidungen, die relativ selten erfolgen, sondern »auf sich ständig wandelnde und ständig überwachte Konsumentenwünsche« reagiert.[183] Schon aus diesem Grund muss er unablässig »Transparenz« produzieren, um seine Teilnehmer mit dem notwendigen Wissen zu versorgen und sie vor Schaden zu bewahren. Dazu muss er freilich in die Köpfe der Marktteilnehmer – früher Bürger – schauen können. Denn der Informations-Markt-Staat muss permanent Voraussagen über alle Szenarien einer möglichen Zukunft treffen, »um Bedrohungen vorauszusagen und auszuschließen«. Er ist eine Risikoeinpreisungsmaschine und damit genau das, was ein moderner Aktienmarkt ist.

Sätze wie der folgende über die Notwendigkeit der Verhaltensvoraussagen könnten ebenso gut von einem Finanzmarktanalysten wie vom Betreiber eines sozialen Netzwerks stammen: »Niemals zuvor mussten Regierungen sich so sehr auf Spekulationen über die Zukunft verlassen, weil das Ausbleiben einer rechtzeitigen Reaktion unwiderrufliche Konsequenzen hätte.«

Soziale Netzwerke sind ausgestattet mit der Macht der Massen, automatisierte Finanzmärkte mit der Macht des Geldes, der globale Informations-Markt-Staat als nun Dritter im Bunde mit der Macht militärischer und legislativer Gewalt. Mit der ganzen

Autorität des Ex-Mitglieds des Nationalen Sicherheitsrats ist Bobbitts wichtigste Unterscheidung die zwischen nachrichtendienstlichen, also informationspolitischen, »Produzenten« und »Konsumenten« (»intelligence producers and consumers«). Jeder muss gleichzeitig als Informationsproduzent und Informationskonsument ausgewertet werden, und so schließt sich der Kreis: Dem Menschen widerfährt als Bürger, Stellenbewerber, Tourist genau das, was jedem widerfährt, der heute im Netz liest und zum Zweck der Verhaltensvoraussage gelesen wird.

Der Informations-Markt-Staat spricht gerne in fremden Zungen und am liebsten in denen seiner idealistischen Feinde. So fordern Bobbitt und andere ein digitales Paralleluniversum für die Geheimdienste und Sicherheitsbehörden des neuen Staats. Und weil es zum Spiel gehört, immer etwas zu sagen, was etwas anderes bedeutet, benutzt er dafür Begriffe, die den Pionieren des Netzes heilig waren: »Open Source«, also Einblick in die Algorithmen, eine globale Suchmaschine und »Creative Commons«, also die lizenzfreie Verwertung von Informationen.

So sollen die Informationen aller Geheimdienste der »freien« Welt zu einer einzigen Plattform zusammengebaut werden und nur für die zugänglich sein, die die Sicherheitsvoraussetzungen erfüllen. Zu den Forderungen der amerikanischen National Security Agency zählt ein »Google für Nachrichtendienste« und ein Open-Source-Direktorium, das Informationen im Netz sammelt, die nur kurz zugänglich sind, sowie vor allem eine einheitliche Jurisdiktion. Diese Plattform wird nicht nur die Überwachung von »Informations-Konsumenten« und »Informations-Produzenten« regeln, sondern diese Informationen auch bewerten wie eine Börse. Risikoinformationen, etwa ein Cyber-Angriff oder ein möglicher Terrorplan, werden heute mithilfe mathematischer Empfehlungen »ebenso gehedgt« (etwa durch Manipulation von Nachrichten, die an die Öffentlichkeit gegeben werden) wie Fonds. Börsen- und Facebook- und Geheimdienst-Algorithmen gewichten teilweise identisch, nur die Preisfindung – die »Wahrheit« – unterscheidet sich noch.

Was das bedeutet, kann man am besten erkennen, wenn das Subjekt identifiziert ist, in das sich, finanzmarkttechnisch gesprochen, ein Investment lohnt. Dazu werden Data Mining und voraussagende Algorithmen eingesetzt, die heute bereits bei jeder Einreise in die USA zur Anwendung kommen. Wenn in der Welt der Informations-Markt-Staaten eine unabhängige Jury – die sich etwa Friedrich Hayek als einen »Rat der Weisen« für moderne Demokratien vorstellt – überzeugt ist, dass der inhaftierte Terrorist gelogen hat, können laut Bobbitt Zwangsmaßnahmen angewendet werden »wie Schlafentzug, Isolation und das Verabreichen von Drogen. Wo es keinen ernsthaften Schmerz gibt, gibt es keine Folter«.[184]

Man muss fairerweise zugeben, dass Bobbitt in diesen konkreten Fällen eine ganze Reihe legaler Einschränkungen vorsieht (»Keine Folter aus politischen Gründen«) und von dem Szenario der »ticking bomb« ausgeht. Also der Situation, in der ein Verdächtiger weiß, wo die schon tickende Bombe versteckt ist. Allerdings wird dieses Zugeständnis dadurch wieder kassiert, dass er, wie etwa Niall Ferguson lobend hervorhob, die bisherige Praxis der Anwendung von Wahrheitsdrogen und »milder Folter« nicht verwirft, sondern nur ihre fehlende legale Grundlage kritisiert. Sie muss reguliert werden, wie ein Finanzmarkt. Die amerikanische Praxis der Entführung und geheimdienstlichen Befragung mutmaßlicher Terroristen in Drittstaaten, in denen Folter erlaubt ist, nennt Bobbitt ein »Outsourcing in unregulierte Märkte«.

Er macht klar, dass er solche Methoden ablehnt, und zwar deshalb, weil sie außerhalb des Rechts stattfinden. Das Recht muss sich evolutionär anpassen, und in der Praxis heißt das, dass die besagte Jury aus vernünftigen, anonymen Leuten, die »zufällig aus der größten denkbaren Zahl« ausgewählt werden, über die Art der Informationsgewinnung bei Terroristen entscheidet. Sie agieren »nicht als Vertreter der Regierung, sondern der Gesellschaft, für die diese Regierung agiert«.

Es ist klar, dass das ganze hier entwickelte System davon abhängig ist, *wer* Terrorist ist. Vergisst man für einen Augenblick die eindeutigen Fälle, dann ist klar, dass alles an der Zuschreibung hängt. Bobbitt selbst weist darauf hin, dass ein Mann wie der Résistance-Held Jean Moulin von den Nazis als Terrorist behandelt wurde und dass die Nazis es waren, die den Begriff Terrorismus für den französischen Widerstand einsetzten. Eine Antwort darauf, wie man verhindert, dass sich unter dem neuen Feindbegriff eines internationalen Krieges auch Unschuldige als Terroristen wiederfinden – und die Praxis in Guantànamo schwächt die Zweifel nicht ab –, hat Bobbitt nicht. Was ist, wenn die Jury zu dem Urteil kommt, der Verdächtige sei ein Terrorist und er wisse, wo die tickende Bombe versteckt ist? In einer Welt voller Möglichkeiten der digitalen Simulation, des Identitätsdiebstahls, ganzer Kriege, die mit Lügen über versteckte Massenvernichtungswaffen legitimiert werden, und schließlich, wie an den Finanzmärkten gesehen, der Möglichkeit, systematisch trügerischen Anschein zu erwecken, fällt die Antwort darauf sicher alles andere als beruhigend aus.

Nicht Überwachungsstaaten sind in den Augen Bobbitts die Organisationsformen der Zukunft, sondern Überwachungsmärkte in demokratischen Staaten. Sie screenen nicht nur die potenzielle Bedrohung von außen, sondern auch den Konsens der Bevölkerung, der nichts anderes ist als eine Konsumentenentscheidung des permanenten Wählers.

Das eine ist ohne das andere nicht zu haben, und in beides muss viel Geld und viel Technologie gesteckt werden. Es ist genau das, was jetzt der nächste große Hype zu werden beginnt.

21 Big Data

Nummer 2 fliegt im Hubschrauber über jedem Kopf

Die Unternehmensberatung McKinsey hat soeben eine neue Phase des »Kapitalismus« verkündet, für die Märkte des Sozialen einen ähnlichen Informations- und Geschwindigkeits-Urknall prognostiziert, wie er sich in den Finanzmärkten ab 2004 ereignet hat. Der neueste Trend heißt »Big Data«, ein gewaltiges Universum von miteinander vernetzten Daten, die in Data-Supermärkten gekauft und verkauft werden können und die, von den Sternen bis zum Morgenkaffee, von Vibrationen, Geräuschen, Blutwerten bis zu bösartigen Kommentaren im Internet, potenziell alles miteinander in Beziehung setzen, austauschen und in analytischen Modellen verbriefen, was irgendwie aufgezeichnet worden ist. Allein für die USA rechnet McKinsey bis 2018 mit einem Bedarf von mindestens 200 000 Daten-Analysten, die die Systeme in ihrer Tiefe verstehen. Dazu kommen weitere gut 1,5 Millionen Daten-Trader, die sie verwerten, formatieren und mit ihnen Handel treiben.[185]

So liefert der Computer die Möglichkeit, die gesamte menschliche Gesellschaft als Maschine zu berechnen. Oder anders gesagt: eine ganze Gesellschaft ins Innere der Maschine zu locken. Forscher erklären der »New York Times«, »dass die Lagerhallen von ›Big Data‹ zum ersten Mal soziologische Gesetze des menschlichen Verhaltens offenbaren werden – sie werden es ihnen ermöglichen, politische Krisen, Revolutionen und andere Erscheinungsweisen politischer und ökonomischer Instabilität vorherzusagen, genauso wie Physiker und Chemiker natürliche Phänomene vorhersagen können«.[186]

Was das bedeutet, sagt mit bemerkenswerter Offenheit und Freude der in Harvard lehrende Soziologe Nicholas Christakis:

»Wenn man einen Sozialwissenschaftler vor 20 Jahren nach seinem größten Traum gefragt hätte, hätte er gesagt: ›Es wäre unglaublich, wenn wir einen mikroskopisch kleinen Black-Hawk-Hubschrauber haben könnten, der ständig über Ihnen kreisen und alles beobachten würde: wo Sie sind, mit wem Sie reden, was Sie kaufen, was Sie denken, und der das alles ununterbrochen in Echtzeit macht, gleichzeitig für Millionen von Menschen.‹ Und genau das ist es, was wir jetzt bekommen.«[187]

Das alles klingt erregend für Technokraten, aber beängstigend für Humanisten, die den Schatten des Großen Bruders wachsen sehen, so schnell und schwarz, dass sogar einer, der an der Konstruktion der neuen Industrie maßgeblich beteiligt ist, sicherheitshalber darauf hinweist, dass »George Orwell bei Weitem nicht fantasievoll genug war, als er *1984* schrieb«.

Doch die Angst vor der Science-Fiction-Zukunft unterschätzt die Gegenwart, in der wir leben. Natürlich ist es nicht falsch, sich auf das Schlimmste vorzubereiten, auf jene Stormtrooper, anonymen Massen und eisigen Maschinen, mit denen Apple in einem legendären Werbefilm des »Alien«-Regisseurs Ridley Scott im Jahre 1984 für seinen ersten MacIntosh warb, um zu sagen, dass 1984 nicht *1984* ist. Denn es geht gar nicht darum, dass der große Diktator zuschlägt und eine Gesellschaft in ein Gefängnis verwandelt. Es geht darum, dass eine Gesellschaft sich in eine Falle begibt, aus der sie nicht mehr herauskommt.

Zu beklagen, der Big-Data-Computer reduziere menschliches Verhalten in unzulässigem Maße auf mathematische Modelle, so, als seien Menschen Aktien und ihre Handlungen Transaktionen, und zu sagen, man müsse alles tun, damit der Berechnung von Menschen Grenzen gesetzt werden, heißt nichts anderes, als spätzünderhaft eine zu lange Reaktionszeit zu benötigen: heißt, dem Computer unrecht zu tun, und heißt, der Gesellschaft, die ihn schuf, allzu viel zu verzeihen. Big Data wird mit Multi-Agenten-Systemen arbeiten, die gar nicht anders können, als mit dem Ego von Nummer 2 und spieltheoretischen Formeln die Welt des Sozialen zu analysieren.

Unsere neue technische Welt reproduziert bis ins Detail das ökonomische Weltbild, das neoklassische und neoliberale Ökonomen seit den Fünfzigerjahren entwickelt haben. Denn was jetzt geschieht, ist keine technisch-physikalische Revolution.

Jedes iPhone, jede Datenbrille, jeder geniale Finanz- oder Werbe- oder Suchalgorithmus ist in erster Linie ein Ereignis der sozialen Physik und dient der Installation des Menschen in ein neues ökonomisches System. »Der Automat simuliert einen Menschen, wenn der Mensch automatengerecht simuliert wurde.«

Jeder, der ein Buch wie dieses als E-Book liest (oder in die Kindle-Bücher der Bibibliografie schaut), kann das sofort nachvollziehen: Die Daten der E-Book-Leser – Unterstreichungen, übersprungene Seiten oder Kapitel, Lesedauer – werden an Zentralen zurückgemeldet, die daraus ihre Schlüsse ziehen. Und zwar so konkret, dass mittlerweile schon fertige Bücher mithilfe des Rückkoppelungseffekts umgeschrieben werden. Der E-Book-Leser ist in der Sekunde, in der er anfängt zu lesen, handelnder Agent auf einem Markt.

Die neoliberalen Vordenker des neuen Informationskapitalismus sprachen seit der Reagan-Zeit vom Computer genauso. Sie riefen das Zeitalter der sozialen (Quanten-)Physik, der »Überwindung der Materie« und der »Modernisierung« des Marktplatzes aus, eine heilige Dreifaltigkeit, in der es ausschließlich um die Optimierung von Gewinnchancen ging.

Es ist eine beunruhigende Freude, die sich da kundtut, und der ständige Verweis der Ideologie, man würde etwas für die Menschen tun, macht es nicht besser. Ohne Scheu sagt Dirk Helbing, der an der ETH in Zürich mit FuturiCT einen der größten Datensammler des Planeten aufbauen will und dafür eine Milliarde von der EU beantragt, worum es geht:

»Es ist sehr wichtig, dass wir lernen, soziales Kapital wie Vertrauen und Solidarität und Pünktlichkeit zu messen. Das ist wichtig, um daraus einen ökonomischen Wert zu erschaffen … Wenn wir lernen würden, wie man Vertrauen stabilisiert oder Vertrauen aufbaut, wäre das wirklich sehr viel Geld wert.«[188]

Der Fehler dieser Vision zeigt sich an nichts so deutlich wie an dem blinden Fleck, durch den die Sozialingenieure von »Big Data« das Problem ihrer selbsterfüllenden Prophezeiungen ignorieren können. Nichts haben sie aus den Erfahrungen der Finanzmärkte gelernt als die Gier nach noch mehr Daten, noch mehr Vernetzung, noch mehr Echtzeit. Dabei haben sie insbesondere auf dem Gebiet der Seuchen- und Epidemieprognostik, auf die sie so stolz sind und die immer wieder als politische Begründung für noch mehr Daten herangezogen wird, enorme Fehlresultate produziert. Der Statistiker Alexander Ozonoff von der »Harvard School of Public Health« hat in den letzten Jahren eine signifikante statistische Korrelation zwischen Krankheiten und ihrer medialen Verbreitung festgestellt: Je mehr man davon in der Zeitung liest, desto häufiger wird sie festgestellt.

»Wieder und wieder und wieder erkennen wir, dass je stärker eine bestimmte Krankheit in den Köpfen der Menschen ist und je mehr sie sich im Zentrum öffentlicher Debatten befindet, die Diagnose an die 100 Prozent heranreicht.«[189]

Vieles spricht dafür, dass dies auch auf die rasante Verbreitung der Schweinegrippe zutraf. Je mehr Medien klick- und algorithmengesteuert sind und in Echtzeit kommentieren, desto stärker wird dieser Trend. Den »Black Friday« mit seiner selbstverstärkenden Panik wird es im Zeitalter von »Big Data« eher häufiger als seltener geben.

Doch auch jenseits von Massensuggestionen sind die Freunde von »Big Data« oft erstaunlich schlecht in dem, was sie sich zuschreiben: der Vorhersage. Nicht nur an den Börsen, in fast allen Bereichen, in denen wir die Möglichkeit haben, die prognostische Qualität zu überprüfen (und es gruselt einem, bei all den Bereichen, wo wir keine Ahnung haben, ob Vorhersagen überhaupt evaluiert werden).

Das einflussreiche Prognoseinstitut ECRI, das in keiner Börsensendung fehlen darf, empfiehlt sich mit dem beruhigenden Satz: »So, wie Sie nicht genau wissen müssen, wie ein Automotor funktioniert, um sicher zu fahren, so müssen Sie auch nicht alle Details der Ökonomie verstehen, um die Instrumente richtig zu lesen.« Zuletzt machte ECRI mit einer dramatischen Fehlprognose von sich reden, die einer der seriösesten amerikanischen Statistiker, Nate Silver, lakonisch so kommentiert: »Wer braucht noch eine Theorie, wenn man so viel Informationen hat? Aber das ist die völlig falsche Haltung … ECRI hat eine Zufalls-Suppe aus Variablen und verwechselt Korrelationen mit Ursachen.«[190]

Auch hier sind die Finanzmärkte nur der Vorreiter. Wir wissen wenig darüber, was in Steuerbehörden, bei Einreiseämtern, bei Krediten, bei Personalchefs an prognostischer Software zum Einsatz kommt. Doch was man aus anderen Bereichen, etwa der Medizin, hört, reicht aus, einen vorsichtig werden zu lassen.

Nate Silver erwähnt eine 2005 veröffentlichte Studie, in der der Autor medizinische Prognosen über Medikamente, die sich in der Erprobung befanden, untersuchte. Zum Ärger der Fachwelt wurde bewiesen, dass die meisten dieser Prognosen falsch waren. Und seine Studie wäre vergessen, wenn nicht wenig später der Bayer-Konzern die Ergebnisse noch eindrucksvoller bestätigt hätte: Zwei Drittel der in medizinischen Studien behaupteten positiven Ergebnisse (veröffentlicht in führenden Fachzeitschriften) ließen sich experimentell nicht wiederholen.[191]

Das Gleiche gilt für die Immobilienblase der USA. Die Rating-Agenturen verfügten über prognostische Software und hatten ein komplexes Marktüberwachungssystem installiert. Dass sie die toxischen Papiere dennoch so positiv bewerteten, erklärten sie später mit »unvorhergesehenen Ereignissen«, dem berühmten »Schwarzen Schwan«. Nichts ist falscher. Die Immobilienblase war, wie Nate Silver zeigt, alles andere als ein Schwarzer Schwan; sie war, in den Worten Paul Krugmans, »ein Elefant im Zimmer«. Was aber noch viel entscheidender war: Jeder spürte, dass die Dinge schiefgehen würden.

2007 platzte die Immobilienblase. »Google-Suchanfragen zum Begriff ›Immobilienblase‹«, schreibt Nate Silver, »verzehnfachten sich zwischen Januar 2004 und Sommer 2005. Am meisten Interesse gab es für diesen Suchbegriff in Staaten wie zum Beispiel Kalifornien, die den größten Anstieg bei Immobilienpreisen erlebt hatten ... Das Wort ›Immobilienblase‹ wurde 2001 acht Mal in Medien erwähnt und erreichte 2005 bereits 3 447 Nennungen. Die Immobilienblase wurde ungefähr 10 Mal am Tag in angesehenen Zeitschriften und Zeitungen diskutiert.« Wohlgemerkt: drei Jahre vor dem »überraschenden« Ereignis.[192]

Die Antwort auf dieses Rätsel lautet, dass es nicht an »Wissen« oder »Information« mangelte. Sie wurden nur falsch eingesetzt. Nämlich als Waffen für die Geschäfte von Nummer 2, der in allen Systemen operiert.

Moodys Profit hatte sich in dem Jahrzehnt von 1997 bis 2007

ausschließlich aufgrund von Derivat-Produkten um 800 Prozent erhöht.

Risiko, lautete die von Frank H. Knight im Jahre 1921 formulierte Formel, ist etwas, an das man ein Preisetikett kleben kann. Risiko, sagten die Pokerspieler der RAND-Corporation, ist etwas, was man reduzieren kann, wenn man den Gegenspieler auf sein egoistisches Überlebensinteresse festnagelt. Risiko, sagten die Moody-Leute, ist etwas, für das der Preis so hochgetrieben werden muss, dass niemand es sich leisten kann, die Bombe platzen zu lassen.

22 Unterwerfung

Der Mensch ist alles, was er will, und wir wissen, was er will

Wir haben in unserer Erzählung bislang gesehen, wie Nummer 2 groß und stark wurde und wie er alles tat, um für uns unsere Identität, unser Präferenzen, Leidenschaften und Wünsche zu verwalten. Ein strategisches Meisterstück eines mentalen Imperialismus, des einzigen, der noch zählt in einer Informations-Ökonomie, die die »Unterwerfung der Materie« feiert.

Doch es gab ein Problem, das Nummer 2 in seiner ätherischen Luftigkeit allein nicht lösen konnte. Dort, wo man ihn einpflanzte, in den Kopf des Menschen, saß schon jemand. Manche nannten es das Ich, andere das Selbst.

Zwar hatten insbesondere die sogenannten postmodernen Philosophen schon einiges dafür getan, die Festung sturmreif zu schießen, aber das Ich war ziemlich hartnäckig. Es wollte Dinge, die mit Identität zu tun haben: langfristige Arbeitsverträge zum Beispiel oder abends nach Hause gehen, wie Generationen von Menschen, und sagen können, dass man seine Arbeitskraft, aber nicht seine Seele verkauft hat.

So wie Ellen Ullman, eine Programmiererin, die in den Neunzigerjahren begeistert im Silicon Valley zu arbeiten begann und all dies erlebt hat: die Utopie der Kooperation, das neue Denken, die Vorstellung, am Aufbau einer neuen Welt mitzuwirken. Sie ist eine der wenigen ersten Exemplare des digitalen homo nuovo, die von ihren Stunden und Jahren mit und im Inneren der großen Maschine Silicon Valley berichtet haben.

Ihr Buch ist eine Art »Aufschrei«, wie ein Kritiker schrieb, »eines Körpers, der in einer Maschine verschwindet«. Es ist ein ziemlich atemberaubendes Zeugnis einer Frau, die wie viele ihrer Generation im kurzen Sommer eines wahrhaft freien Netzes glaubte, »wir könnten die Maschine in Stücke hauen und eine bessere bauen«, um sich dann ganz tief im »großen Motor des Marktes« wiederzufinden.

»Ich wollte mir einreden, dass Computer neutral sind, ein Werkzeug wie jedes andere, ein Hammer, der ein Haus bauen oder einen Schädel zertrümmern kann. Aber da ist irgendetwas im System selbst, in der formalen Logik von Daten und Programmen, das die Welt neu erschafft nach seinem eigenen Bilde ... Es ist so, als würden wir das Schachspiel zur höchsten Ordnung der menschlichen Existenz erklären.«[193]

Genau das aber ist geschehen. Nicht durch den Computer selbst, sondern durch den Zugriff der Informationsökonomie. Ullmans Empfinden ist nicht, wie vielleicht mittlerweile deutlich geworden ist, irgendein Nebeneffekt einer Technologie, die wir einfach noch immer nicht richtig zu bedienen wissen. Wer wäre perfekter vorbereitet gewesen als eine Informatikerin wie Ellen Ullman? Es ist vielmehr die logische Konsequenz jenes ökonomischen Imperialismus, der in der Rechenmaschine sein perfektes Instrument gefunden hat. Auf einen Soundbyte gebracht: Wir dachten, Silicon Valley würde die Welt erobern. Nein, eine bestimmte Spielart der Ökonomie (die im Kern neoklassisch ist, aber längst darüber hinauswächst) hat die Welt erobert – und sie erobert jetzt das Silicon Valley. Einer der Rezensenten von John Davis' grundlegender Studie über die Auslöschung des Individuums in der »politischen Ökonomie« hat dies auf den Begriff gebracht: »Für neoklassische Ökonomen … ist dies alles irrelevant. Davis könnte genauso gut über … Schachfiguren schreiben, denn das abstrakte, atomistische Individuum ist genauso wenig komplex und genauso wenig mit der Welt verbunden wie … Schachfiguren.«[194] Das ist es, was Ullman intuitiv spürte, und gäbe es heute einen literarischen Dadaismus von Rang, er würde den Menschen als Schachfigur porträtieren, die Poker spielt.

Hier liegt der Grund, warum »rational choice«-Theorie und Spieltheorie im Silicon Valley so ein aufnahmebereites Publikum gefunden haben. Die digitale Elite hatte seit den Urzeiten von RAND eine Reihe von Annahmen über Rationalität getroffen, von der reinen Computerwissenschaft und Informationstheorie, Statistik bis zum Design (die Bauhaus-Architektur hat das Silicon Valley mehr beeinflusst als alle Theorien – wie ein Fisch schwamm sie gewissermaßen im Ozean der »Rationalität«). Wie konnte man da einer Theorie widerstehen, die nichts zurücklässt vom Menschen außer seinen Präferenzen plus seiner egoistischen Motivation, sie zu verwirklichen, und die darüber hinaus alles andere als eine Nutzenmaximierung des Einzelnen für nicht-rational hält?[195]

Wir wollen, was wir wollen – die Neoklassik interessiert sich nicht dafür, warum wir etwas wollen. Unsere Interessen, heißt das, kommen von außen, und genau hier sitzt im digitalen Zeitalter die Informationsökonomie an der Schlüsselstelle. Deshalb überall Empfehlungen »like it«, »your preferences«, individualisierte Suche. Google (aber auch viele Finanzalgorithmen, Facebook und ebenso die Filterfunktionen von Überwachungssoftware) behauptet auf ziemlich arrogante Weise, dass es unsere Präferenzen aufdeckt: Seine Voraussagen, Empfehlungen und Steuerungen sind wie ein Spiegel, der unsere Wünsche reflektiert.

Nehmen wir, als einfaches Beispiel, nur, was Eric Schmidt, der heutige Google-Aufsichtsratsvorsitzende, über »autonome Suche« sagt. Unsere Handys, so Schmidt, suchen unablässig für uns, und sie werden vorhersagen können, was wir tun sollten oder wollen. »Es weiß, wer ich bin. Es weiß, was mich interessiert. Es weiß ziemlich genau, wo ich bin. Das ist die Idee der autonomen Suche – die Fähigkeit, mir Dinge zu sagen, die ich nicht wusste, aber die mich wahrscheinlich interessieren, ist die nächste Stufe bei der Suche.«[196] Oder man denke an die neuen Funktionen, die Google Maps verspricht. Eine App, die als Navigationsgerät funktioniert, sagt nicht nur, was man sieht, sondern auch, was man mögen wird. »Um die Ecke wurde eine Szene deines Lieblingsfilms gedreht«, könnte sie nach Meinung des »Atlantic Wire« zum Beispiel sagen.[197] Es ist absolut ausgeschlossen, dass solche Systeme funktionieren können, ohne dass Annahmen über den Nutzer getroffen werden. Es können nach Lage der Dinge keine anderen Annahmen sein, als die, die auch Spieltheorie und Rational-Choice-Theorie getroffen haben.

Man darf nicht vergessen, dass es für Nummer 2 mehr auch nicht bedarf: nicht beim Konsum, aber auch nicht in marktfernen Umgebungen, bei Wahlen oder sozialen Kontakten.

Vieles davon ist wunderbar, nicht nur bei der Internet-Suche. Eines Tages wird Google herausfinden, dass wir ins Kino gehen wollen, und uns einfach im selbst fahrenden Auto abholen und dorthin fahren. Und damit kein Missverständnis entsteht: Die »Empfehlungen« von Google, vor allem aber auch von Amazon, funktionieren im Augenblick sehr gut. Überhaupt sind Annahmen über die Rationalität, die »Absichten« und das »Ich« des Menschen (oder Users) unausweichlich. Menschen haben früher ihrem Buchhändler vertraut, jetzt legt ihnen Amazon noch ein paar andere Bücher, die den Kunden interessieren könnten, auf den Ladentisch. Designer von Datenbanken für Bibliotheken wissen, dass es unmöglich ist, riesige Detailinformationen über jeden einzelnen Leser zu codieren – es wird vielleicht einmal möglich sein, vor allem im Zeitalter der E-Books, aber bis dahin sind Simplifizierungen unumgänglich. Das gilt auch für politische Informationen, gesellschaftliche Debatten, Angebote von Argumenten und Thesen. Die Schlüsselfrage ist nicht, wie man Vereinfachungen vermeidet, sondern welche Art von Vereinfachungen für uns akzeptabel sind und welchen Interessen sie dienen.

Was aber, wenn genau das geschieht, was wir bereits bei den Flash-Crashs beobachtet haben? Was, wenn die Systeme unsere Präferenzen nicht abbilden, sondern aktiv erschaffen? Dann wäre technologischer Determinismus endgültig sozialer Determinismus geworden. Dann ist der Mensch das, was andere für seine Präferenzen halten, nicht nur Amazon, sondern auch die Freunde auf Facebook, die Familie, Personalabteilung, die Bank, die Behörden oder, wie wir noch sehen werden, Karriereportale wie Linkedin; und dann mag er sich noch so oft sagen, dass es viele Dinge zwischen Himmel und Erde gibt, die nicht der Nutzenoptimierung und dem Egoismus dienen – eine Welt, die seine Präferenzen für ihn enthüllt und verkauft, gibt ihm keine Chance, etwas anderes zu sein als eine Ego-Maschine, wenn er als rationales Wesen gelten will. Alles unterliegt dann Marktgesetzen, auch politische und soziale Präferenzen einer permanent gescreenten Gesellschaft. Doch Fragen der Relevanz können niemals ausschließlich über Märkte beantwortet werden. Sie sind politische Entscheidungen.

Ellen Ullman war nur der Prototyp, den die neue Informationsökonomie schuf. Jérôme Kerviel vor seinem Richter ist das kriminelle Spiegelbild. Menschen können nicht lange einer Umwelt des automatisierten Egoismus ausgesetzt werden, ehe sie den Preis, um den doch alles geht, zahlen müssen. Unsere Zivilisation projiziert ihre Wünsche immer wieder in ihre Werkzeuge, aber Technologie ist immer abhängig von institutionellen Zielen und Zwecken.

Was dachten Leute wie Ellen Ullman, und was denken viele noch heute? Es ist die alte Geschichte von der Technologie als trojanisches Pferd. Aber es funktioniert so nicht. Es hat so niemals funktioniert. Es hat nur funktioniert, wenn Institutionen und Mächte sich der Technologie bedienten, wie Friedrich der Große sich der Automaten bediente, um sie als trojanischer Android in das Denken seiner Untertanen einzuschleusen.

Die Werkzeuge blühen und gedeihen, ihre Macht wird groß und größer, doch der Einzelne wird in Wahrheit abhängiger und möglicherweise immer schwächer. Der kalifornische Psychologe Raymond Barglow beschreibt, wie die Informations-Ökonomie den Einzelnen buchstäblich von aller Identität »entkleidet« und am Ende der Traum eines Hightech-Angestellten des Silicon Valley übrig bleibt: »Bild eines Kopfes … und daran angeschlossen eine Computer-Tastatur … Ich bin dieser programmierte Kopf.« Es ist, wie der nüchterne Manuel Castells in einem seiner wenigen pathetischen Momente feststellt, das Bild absoluter Einsamkeit.

Ullman beschreibt eine soziale Erfahrung in »Close to The Machine« – und es ist egal, ob die Maschine ein Computer oder ein von Computern instruierter Mensch ist (was jeder merkt, der gegen ihn recht behalten will). Es gibt nichts, was man weniger belangen kann als einen Computer, und es gibt nichts, was man weniger belangen kann als den Markt, den er repräsentiert.

Computer und Markt haben immer recht, wie sich in großem

Maßstab in der Finanzkrise gezeigt hat, auch dann, wenn sie nicht recht haben können. Spieltheoretisch gesprochen, zahlt der, der entnervt den Download abbricht, für seine unfreiwillige Kooperation, die allen anderen erlaubt, das Spiel weiterzuspielen, einen Preis.

Moralisch muss in einer Welt, gegen die kein Einspruch möglich ist, jeder die »Schuld« bei sich selbst suchen. Das ist der Kern der neuen Ideologie und das Wesen von »Winner-takes-it-all-Gesellschaften«: Jeder kann alles sein. Youtube-Star, 50-Shades-of-Grey-Bestsellergigantin, mit einem guten Witz oder einem Video zum Star von Millionen werden, aus der Beleihung von nichts Geld machen und Häuser kaufen usw. Erst dann, wenn jeder das glaubt und bereit ist, den Platz als Verlierer zu verlassen, ohne irgendjemand anders als sich selbst oder das Glück anzuklagen, ist die große Pokerrunde wirklich eröffnet.

Würde man das so klipp und klar sagen, keiner würde dieses Spiel freiwillig mitspielen. Nummer 2 musste feststellen, dass trotz all der theoretischen Vorarbeit der Widerstand dieses Ichs enorm war. Deshalb musste es auf anderem Wege zur Strecke gebracht werden. Nicht, wie Susan Sontag meint, indem man es tötete, sondern indem man es löschte.

TEIL ZWEI

DIE OPTIMIERUNG DES MENSCHEN

23 The Secret

Gebrauchsanleitungen für das Spiel des Lebens

Um eine Maschine zu verstehen, lese man die Gebrauchsanweisung. Der neue Informationskapitalismus bietet sie an unerwartetem Ort.

Eine ganze Branche bietet Handreichungen. Ihre erfolgreichsten des letzten Jahrzehnts lauten: »Das ultimative Geheimnis, um absolut alles zu bekommen«, »Keine Grenzen«, »Bestellungen beim Universum« und »The Secret«. Sie garantieren, dass man durch seine Gedanken und Gefühle – wie »Newsweek« entgeistert registrierte – »die physische Realität verändern kann – die Lottozahlen und die Handlungen und Gedanken von Menschen, die man nicht einmal kennt und die nicht einmal wissen, dass man existiert«. Alles ist möglich, alles ist grenzenlos. Die Verheißung ist das seelische Gegenstück zur Globalisierung.

Die rasant wachsende Anzahl dieser Handreichungen – allein 50 Millionen verkaufte Lebensratgeber im Businessbereich – erzwingt freilich den Umkehrschluss: Offenbar teilen immer mehr Menschen das Gefühl schrumpfender Möglichkeitshorizonte und greifen deshalb nach Produkten des kosmischen Supermarkts. Deren Versprechen stehen in so krassem Widerspruch zu jeder Lebenserfahrung, dass man ihre Etiketten rückübersetzen muss: Das »ultimative Geheimnis, um absolut alles zu bekommen« heißt nichts anderes, als dass es für niemanden ein Geheimnis ist, dass man absolut nichts bekommt.

Erstaunlicherweise gibt es kaum Reklamationen, weder beim Universum noch bei den Autoren. Denn ihnen gelingt es, den Käufern einzureden, dass es an den Kunden selbst liegt, wenn die Ware nicht funktioniert.

Die Journalistin Barbara Ehrenreich, die einige der angesagten Selbsterfindungsfabriken besucht hat, nennt es einen der einsamsten Momente ihrer Recherche, als ein Coach auf ihre Beschwerde »Es funktioniert nicht« lächelnd antwortet: »Sie meinen, es funktioniert nicht bei Ihnen.«[198]

Wer in die strahlende Lobby der »Erfolgsgeheimnisse eines Millionärs« eintritt, dem ruft es, wenn er gleich durch die Drehtür wieder hinausfliegt, höhnisch hinterher: Alles ist möglich, nur nicht für dich.

Die Fähigkeit, Materie aus der Vorstellung, aus der »Imaginatio«, zu schaffen, war ein uralter Traum magischer Zeitalter. Man ist versucht, ein Evangelium, das jedes spirituelle Angebot macht, wenn nur die Nachfrage genug artikuliert ist, als typischen Sozialhumbug amerikanischer Business-Philosophen abzutun. Wer außer ein paar weltfremden Tagträumern glaubt schon angesichts von Ressourcenknappheit und Wachstumsskepsis an unendliche Rohstoffe in der immateriellen Welt, die man in der Wirklichkeit jederzeit realisieren kann? Die Antwort lautet: Nicht die Tagträumer glauben das, sondern die dominanten ökonomischen und politischen Eliten der westlichen Welt.

Es ist nämlich genau das, was in der Wall Street geschehen ist, als virtuelles Geld seinen ohnehin schon nicht existenten Wert noch dadurch vervielfachte, dass man es als Kredit verlieh.

Auf der Seite des einzelnen Menschen geht es jetzt um das, was die Kritiker von Nummer 2 und der Spieltheorie vorausgesagt haben: Jeder Mensch muss zum Manager seines eigenen Ichs werden. Er muss seine Identität wie bei einem ewigen Pokerspiel immer wieder neu durch Taktiken, Strategien, Bluffs und Spielzüge produzieren. Die kosmischen Supermärkte sind nur die auffälligsten, deshalb auch verräterischsten Adressen einer neuen folgenreichen Superstruktur, die im Begriff ist, die Beziehung des Einzelnen zur Gesellschaft und die Beziehung des Menschen zu seinem eigenen Selbst vollständig zu verändern.

Mit den katastrophalen Folgen dieses Denkens hat die Welt seit mehr als einem Jahrzehnt zu tun. Dass man den Boden unter den Füßen zu verlieren scheint und alle Gewissheiten volatil geworden sind, erklären sich viele immer noch mit dem moralischen Versagen Einzelner. Die Finanzkrise wird mit Gier oder Geiz, also den Schwächen einiger Individuen, assoziiert, was wiederum nichts anderes heißt als: Es funktioniert grundsätzlich, aber nicht bei jedem.

Das aber ist erkennbar falsch: Die angeblichen menschlichen Schwächen sind Stärken, denn gerade sie werden honoriert mit dem Einzigen, das zählt, mit sehr viel Geld noch im Scheitern und mit Macht, die groß genug ist, ganze Staaten zu zerstören.

Begriffe wie »Massenvernichtungswaffen« und »Kernschmelze« haben die Erzählungen der Finanzkrise begleitet, und das Wort »Crash« des Jahres 1929 abgelöst. »Crash« stammt schon lautmalerisch aus der Welt der alten Physik, wo Metall gegen Beton prallt. Die neue Wortwahl zeigt, dass der Informationskapitalismus nicht mit Geld, das klimpernd auf die Erde fällt, beschäftigt ist, sondern mit der Transmutation von Materie.

Es waren die Deutschen, die diese Revolution auslösten, ohne wirklich zu verstehen, was sie tatsächlich ausgelöst hatten. Sie feierten den Fall der Mauer als verspätete Überwindung eines politischen Systems (oder beklagten es als Sieg des anderen). Und da sie nach 1989 ein Jahrzehnt lang mit sich selbst und der

Wiedervereinigung zu tun hatten, glaubten sie, dass das alte bipolare politische Weltbild lediglich durch ein neues politisches ersetzt werden würde. In Wahrheit handelte es sich auch um die verspätete Überwindung eines physikalischen Weltbilds.

Während wir noch über Geografien diskutierten, fand in der Reagan- und dann in der Bush-Administration eine »nachholende« Revolution ganz anderer Art statt: Solange es den Kommunismus als politische Macht gab, gab es immer auch noch den Positivismus des 19. Jahrhunderts mit seinen Arbeitsmythen, seinen Muskeln und seinen greifbaren Dingen. Jetzt wurde er durch eine neue politische Physik ersetzt, die nicht mehr auf den Kohlegruben der Dickens-Zeit gründete, sondern auf dem Sand des Silicon Valley.

Das chemische Element SiO_2 sollte eine Landschaftsveränderung einleiten, gegen die die ausgehöhlten Berge und untergrabenen Stollen des 19. Jahrhunderts nun selbst wie ein Sandkastenspiel wirkten.

Solange sie stand, war die Mauer die unüberschreitbare Grenze, in die sich das vergangene Jahrhundert einbetoniert hatte. In ihr hatte sich Newtons Lehre verfestigt, dass alle Materie aus massiven Teilen besteht, »so hart, dass sie nimmer verderben oder zerbrechen können, denn keine Macht würde im Stande sein, das zu zerteilen, was Gott selbst … als Ganzes erschuf«.

Zwar glaubten Menschen und Märkte auch 1989 noch, dass nur existiert, was sich anfassen lässt, so, wie sie auch glaubten, dass die Sonne auf- und untergeht, doch schon durch die Androhung des amerikanischen Weltraumprogramms SDI hatte man erkannt, dass eine immaterielle Physik die feste Welt der Steine erschüttern konnte. Denn auch wenn SDI nur eine Idee war, so hatte allein ihre Hypothese Mauern und Angriffssysteme veralten lassen.

Das wurde der ganzen Welt klar, als Ronald Reagan seinen berühmtesten Satz sprach. Sein Ausruf »Mr. Gorbachev, tear down this wall« richtete sich in Wahrheit nicht in erster Linie an Gorbatschow selbst, sondern an jene junge Elite Russlands, die Reagan schon ein Jahr zuvor, am 31. Mai 1988, in der, seinen eigenen Worte zufolge, wichtigsten Rede seiner Amtszeit angesprochen hatte.

Vor einer gewaltigen Lenin-Büste in der Moskauer Universität, die zu schwer war, als dass sie sein Vorauskommando für die Kameras hätte beseitigen können, verkündete Reagan die Revolution der Schwerelosigkeit. Sie würde »unsere gesamte Welt, unsere alten Überzeugungen erschüttern und jedes Leben umformen«.

Es sollte aber eine »Revolution des Marktes« sein, die sich ausgerechnet jener Technologien bediente, die es bei SDI vermocht hatten, den militärisch-technologischen Komplex der Sowjetunion zur Antiquität zu machen.

In bewusster Umkehrung der in unzähligen Hollywoodfilmen dramatisierten Computerterminals der Atombombensilos sagte Reagan: »Ein einziges Individuum mit einem Desktop-Computer und einem Telefon kann mehr Ressourcen befehligen als irgendeine Regierung noch vor einigen Jahren.«

Aber es geht nicht um Ressourcen, Bodenschätze, Produkte, sondern nur um eines: um die alchemistische Umwandlung der Seele in jeden nur wünschbaren Stoff.

Reagan benutzte das Bild der Verpuppung des Schmetterlings, das uralte Symbol für die Metamorphose der Seele, um zu zeigen, dass es nicht mehr um die Manipulation der Dinge durch Wissenschaft, sondern um die Manipulation der Seele durch eine Art digitale Alchemie ging:

»Es wird eine technologische oder Informations-Revolution sein, und ihr Emblem ist der Computerchip, nicht größer als ein

Fingerabdruck … Wie eine Schmetterlingspuppe schlüpfen wir aus den ökonomischen Begrenzungen der industriellen Revolution – eine Ökonomie, die von den physischen Ressourcen der Erde beschränkt und begrenzt wurde – und verwandeln uns in etwas, was ein Ökonom einmal ›Die Ökonomie des Geistes‹ genannt hat. In ihr gibt es keine Grenzen für die menschliche Imagination und Freiheit. Kreativität ist die wertvollste natürliche Ressource, die es gibt. Ihr Wert hat nichts mit dem Sand zu tun, aus dem sie gemacht worden ist, aber mit der mikroskopischen Architektur, die ihr von genialen Geistern eingeschrieben worden ist … Wir durchbrechen die materiellen Existenzbedingungen und betreten eine Welt, in der der Mensch sein eigenes Schicksal erschafft. Angesichts der neuesten Erkenntnisse der Wissenschaft kehren wir zurück zur uralten Weisheit des Buches Genesis: Im Anfang war der Geist, und es war dieser Geist, der die materielle Fülle schuf.«[199]

»Der Mensch, der sein eigenes Schicksal erschafft«, ist im Kontext der Informationsgesellschaft kein Mystizismus, sondern eine neue Definition von Arbeit. Wenn man, um alles zu bekommen, nichts mehr benötigt außer sich selbst, dann heißt das auch, dass der, der nichts bekommt, seine Seele überflüssig macht wie eine wegrationalisierte Arbeitskraft im Zeitalter Henry Fords.

Arrogante europäische Intellektuelle haben damals allenfalls Witze darüber gerissen, dass Reagan in seiner Rede anbot, dem russischen Volk »in Sekundenschnelle« amerikanische Fernseh- und Radioshows per Satellit zur Verfügung zu stellen. Doch bei der Rede handelte es sich nicht um die Privatmythologie eines Hollywooddarstellers, sondern um das Drehbuch für eine neue Weltordnung, die auf gut klingende, aber ganz und gar unsentimentale Weise den Unterschied zwischen Stoff und Geist widerrief und damit das Ego zum alles entscheidenden Marktplatz der Zukunft erklärte.

Die Bruchstücke der Berliner Mauer, die sich wie Holzsplitter christlicher Reliquien über die ganze Erde verteilten und von Staatsmännern signiert wurden, waren nicht nur die Souvenirs des missglückten sozialistischen Menschenexperiments, sondern der Beginn eines neuen. Jedes Fragment bewies auf der makroskopischen Ebene der Geopolitik, was auf der mikroskopischen Ebene längst Gemeingut der Wissenschaft geworden war.

Und selbst der von gewaltigen Streitkräften bewachte größte je von Menschenhand gebaute Betonwall der Welt konnte daran nichts ändern: Informationen brechen Mauern.

Ohne die Informationstheorie der Computerwissenschaft, die 1948 von dem genialen Mathematiker Claude Shannon begründet wurde, wäre das Raketenabwehrsystem SDI nicht einmal als Hypothese vorstellbar gewesen. Nichts lag näher, als endlich auf der politischen Ebene den Begriff zu übernehmen, den Shannon und später Teile der Physik für das hielten, auf dem die Materie aufbaut: das Bit. Als immaterielles Teilchen hatte es den Vorteil, gerade jene mit der Physik zu versöhnen, die unter dem Materialismus litten.

Natürlich waren die Politiker keine Teilchenphysiker und keine Informationstheoretiker. Alles, was sie taten, war, dass sie das militärische Potenzial der aus Kalifornien und Seattle soeben in die nun grenzenlosen Weltmärkte entschlüpften Technologie für die Märkte berechneten.

»Information« ist nicht und sogar am wenigsten das, was die »Tagesschau« sendet. Beliebig vermehrbare Information kann alles sein und vor allem Geld, das sich mit einer solchen Geschwindigkeit in Bits verwandelte, dass schon um die Jahrtausendwende, wie Jeremy Rifkin schreibt, »weniger als zehn Prozent der amerikanischen Geldvorräte als greifbare Währung existierten«.[200]

Der »Webster« definiert »Grenzgebiet« als: »Eine vorgeschobene oder noch nicht vollständig erforschte Region.« Das ist eine fast perfekte Beschreibung des Ortes, an dem die Computerindustrie heute steht. »Die vollständige Ausdehnung dieses Gebiets ist fast grenzenlos.«[201]

Das sagte am 2. Mai 1961 Ronald Reagan. Fast zehn Jahre lang, von 1953 bis 1962, hatte er das »General Electric Theater« moderiert, eine Fernsehshow, die vom amerikanischen Elektronik-Giganten »General Electric« gesponsert wurde. Auf Einladung des Konzerns hielt er eine Werberede für ERMA, den ersten Supercomputer, der selbstständig Schecks lesen und verarbeiten konnte. Wenige Wochen zuvor hatten die Russen den ersten Menschen ins All geschickt, und wenige Monate später würde die Berliner Mauer gebaut werden.

An jenem späteren Tag in Moskau muss für den amerikanischen Präsidenten der Triumph des Informationszeitalters wie Vorhersehung gewirkt haben.

Die Menschen und politischen Analysten feierten das Ende der bipolaren Welt, aber während sie feierten, organisierte sich eine neue Welt als kleinste messbare, quantifizierbare Einheit des Ja und Nein, der 1 und der 0, des Alles oder Nichts. Der Chip, der Kommunikation als ein komplexes System von Ja-und-Nein-Zuständen verdrahtete, war schon bald nicht mehr der Fingerabdruck einer auf Hände und Arme beschränkten Arbeitswelt. Er sei, so schrieb schon bald einer der Vordenker der neuen Zeit, nichts Geringeres als das Abbild des Unternehmers selbst.

24 Erfolg

Gott will, dass du reich bist, warum bist du es nicht?

Seit 1968, den Studentenunruhen und Protesten einer westlichen Gegenkultur, den zivilisationskritischen Voraussagen vom »Ende des Wachstums« und einer politisch immer erfolgreicheren ökologischen Bewegung, war der Nachkriegskapitalismus selbst in immer größere Widersprüche geraten.

Ab Mitte der Siebzigerjahre begannen ausgerechnet Konservative, den Materialismus mit vielfältigen Anspielungen auf Quantenphysik und Informationstheorie und im Namen des Immaterialismus zu verdammen, allerdings mit ganz anderen Absichten als die Linke.

Mit Entsetzen hatte das Establishment erlebt, wie es der Protestbewegung der Sechzigerjahre gelungen war, sich kurzfristig in die Systeme der Macht einzuhacken. Zwanzig Jahre später hatten viele von ihnen nicht nur die Seiten gewechselt und in »Wired« eine Plattform gefunden, und nunmehr infizierten die neuen Ideologien der Informationstechnologien wie ein Computervirus die Codes der Anti-Establishment-Stimmung. Aus diesen neuen Ideologien entstanden innerhalb weniger Jahre die »New Economy« und der »Neoliberalismus«.

Der erzkonservative amerikanische Unternehmer George Gilder, ein Berater des amerikanischen Präsidenten, der ihn auch auf »Die Ökonomie des Geistes« hingewiesen hatte (und das Vorwort zu dem Buch schrieb), hielt genau zehn Jahre nach Reagans Rede im Herzen des Kommunismus eine Rede im Vatikan.

Mittlerweile war die digitale Revolution in dem atemberaubenden Tempo vorangeschritten, und nicht nur das: Das Internet hatte aus Mauern Netzwerke gemacht. Gilder nannte seine Rede »Die Seele des Siliziums«, und es war eine Predigt über die neue Ökonomie des Geistes. »Es gibt nichts Hartes oder physikalisch Determiniertes mehr in der heutigen Theorie des Atoms«, rief er. »Die Wurzel aller ökonomischen Veränderungen unserer Zeit ist die Überwindung der materiellen Substanz.«[202]

Höhnisch attackierte Gilder die »morbiden Ängste« der neuen sozialen Bewegungen, über »nicht erneuerbare Energien, endliche Reserven und die Grenzen des Wachstums«. Wer so rede, verherrliche Fleisch und Materie und verkenne die neue Botschaft von Wissenschaft und die alte der Religion: »Die Welt ist nicht gefangen, der Mensch ist nicht endlich und der menschliche Geist nicht im Kopf eingesperrt.«

Was für die Globalisierung galt, galt nun auch für jeden einzelnen Menschen.

Offenbar fiel dem Publikum, vor dem er sprach, nicht auf, dass jetzt das Immaterielle, die Seele selbst, zum Markplatz werden sollte. Gilder, damals einer der einflussreichsten Vordenker der neuen Ökonomie und gern gesehener Autor bei »Wired«, ließ keinen Zweifel daran, dass das »Schicksal« in dieser neuen Welt ohne Grenzen das ist, was der Mensch aus seinem Leben macht. Weder materielle Grenzen noch – was noch entscheidender war – unberechenbare Zufälle konnten ihn aufhalten oder, wenn es schiefging, entlasten.

Was nun folgte, war ein spektakuläres Echtzeitexperiment, vergleichbar nur dem untergegangenen sozialistischen Laboratorium: die Rückkehr des magischen Denkens mithilfe der Wissenschaft in die Welt des 21. Jahrhunderts.

Reagan hatte noch nicht wie der Bestellservice aus dem Universum von Kühlschränken geredet, die durch pure Fantasie in unseren Küchen stehen (so wie dann in der Immobilienkrise tatsächlich sogar ganze Häuser durch pure Fantasie gebaut wurden), aber es war klar, wer verantwortlich war, wenn sie nicht in der Küche standen: man selbst.

1998, zum fünften Jahrestag der amerikanischen Zeitschrift »Wired«, die wie keine andere die Aura der Gegenkultur mit der der New Economy verband, durfte Gilder das Ende der »Tyrannei der Materie« verkünden, und die Redaktion sekundierte in einem Editorial unter der Überschrift »Die Lage des Planeten« – eine direkte Anspielung auf die von Pessimismus geprägten Berichte des »Club of Rome«:

»In diesem Wirtschaftssystem ist unsere Fähigkeit, Reichtum zu schaffen, nicht mehr von physikalischen Grenzen beschränkt, sondern nur durch unsere Fähigkeit, neue Ideen zu entwickeln – in anderen Worten: Sie ist unbegrenzt.«[203]

Der Journalist Kevin Kelly, der ursprünglich ein Hippie war und aus der »Whole Earth«-Bewegung stammte, ehe er Chefredakteur von »Wired« wurde, prophezeite zum gleichen Zeitpunkt, dass die »gemachte Welt« durch die pure Kraft des »globalen Geistes« durchdrungen werde.

Die Herrschaft des Geistes über die Materie ist keineswegs neu. Sie ist das Dogma der Werbeindustrie, die im Laufe eines Jahrhunderts die Manipulation der Seele immer weiter perfektioniert hatte. Nun wurde sie zum Geschäftsmodell nicht nur für Cyberpropheten, sondern auch für den Gebrauchtwagenhändler um die Ecke.

Im einflussreichsten Buch der Ära »Neue Regeln für die New Economy« schrieb Kelly, dass die Prinzipien, die die Welt von

Software, Medien und Dienstleistungen beherrschen, »bald die Welt der Hardware regieren werden – die Welt der Realität, der Atome, der Objekte, von Stahl und Öl, und der harten Arbeit im Schweiße des Angesichts«.[204]

Eine Ethik, die den Einzelnen verantwortlich für seinen Erfolg oder seine Niederlagen macht, hat es schon immer gegeben. Wer Erfolg hat, hat ihn, weil er, wie »The Secret« postuliert, diesen Erfolg angezogen hat. Gerade so wie einen Freund oder eine Freundin in einem sozialen Netzwerk.

»Ein einziges Individuum mit einem Desktop-Computer«, so hatte Ronald Reagan gesagt, »kann mehr Ressourcen befehligen als irgendeine Regierung noch vor einigen Jahren.« Das hatten »The Secret« und ähnliche Traktate nur wörtlich genommen. Du kannst alles haben heißt: Dein Fahrrad, dein Kühlschrank, dein Fernseher, dein Arbeitsplatz und deine Seele sind kaputt und du wartest immer noch auf die Einladung ins Fernsehen, weil du selbst kaputt bist und erneuert werden musst.

Im Jahre 2006, zwei Jahre vor der Lehman-Pleite, fasst das »Time Magazine« die Stimmung großer Erwartung in einer Titelgeschichte zusammen: »Will Gott, dass du reich bist?« Die Antwort war: Er will.

Was es bedeutet, am göttlichen Willen zu zweifeln, musste im gleichen Jahr ein Mann namens Mike Gelband erfahren, der für die Immobilienabteilung bei Lehman verantwortlich war. In seinem Jahresgespräch sagt er unvermittelt und hoch alarmiert: »Wir müssen unser Geschäftsmodell überdenken« – und wurde gefeuert.

25 Alchemisten

Verwandle deine Seele zu Gold, denn Arbeit ist Arbeit an sich selbst

All das hatte es so schon einmal gegeben: die Hoffnung auf eine neue Ökonomie unendlichen Reichtums durch nie versiegende Ressourcen, entropiefreie Energie. Und wiederum erlebt man, was man bei Galvani, Salvá und all den anderen erlebt hat: Immer schon gab es bei dieser Technologie, die alle Träume in sich vereinen soll, einen ersten Versuch, viel konkreter, realistisch wie zuckende Froschbeine und im Fall der spirituellen Ökonomie glänzend wie Gold.

Was wir erleben, ist ein Replikat, der zweite Anlauf der modernen Gesellschaft, die Magie mithilfe der modernen Wissenschaft wiederzuerwecken.

Der erste Versuch hatte allerdings katastrophale Folgen.

Auch damals zu Beginn des 20. Jahrhunderts schien sich buchstäblich über Nacht die Tür in eine Welt des fantastischen Überflusses zu öffnen, in der es keine physischen Grenzen mehr zu geben schien. Ehrenwerte Mitglieder der Royal Society und Nobelpreisträger beugten sich plötzlich über die Traktate der Alchemisten, weil sie Hinweise darauf suchten, wie man aus Blei Gold und aus nichts Materie machen könne.

Der Auslöser dafür lag in der jungen Atomphysik. In einem Labor an einer kanadischen Universität hatten der Chemiker

Frederick Soddy und der Phyiker Ernest Rutherford 1901 entdeckt, dass ein radioaktives Element sich in ein anderes Element verwandeln konnte. Soddys Biograf beschreibt, wie der spätere Nobelpreisträger für Chemie den Moment der Entdeckung erlebt:

»Ich war überwältigt von etwas, das mehr war als Freude – ich kann es nicht wirklich ausdrücken – eine Art Exaltation. ›Rutherford, das ist Transmutation!‹, platzte es aus ihm heraus. ›Um Gottes willen, Soddy‹, rief sein Kollege wie aus der Pistole geschossen, ›nenn es nicht Transmutation. Sie werden uns als Alchemisten köpfen.‹«[205]

Was stattdessen geschah, hat Mark Morrison in seiner bestechenden Studie »Modern Alchemy« erzählt: Wissenschaft und Gesellschaft wurden verrückt nach Alchemie, nach einer Metaphysik, die Physik machen konnte. »Nachdem Rutherford und Soddy ihre Ergebnisse 1902 publiziert hatten, veränderten sich die Einstellungen dramatisch. Selbst religiöse Skeptiker begannen sich zu fragen, ob nicht die Alchemisten etwas über das Wesen der Materie verstanden hätten, was die Wissenschaftler des 19. Jahrhunderts übersehen hatten. Könnte Radium der legendäre Stein der Weisen sein?«[206]

Es begann, was Morrison einen akademischen »Gold Rush« nennt, und tauscht man nur ein paar Worte aus, dann liest sich der Hype wie eine Parodie auf jene Vordenker der Finanzmärkte, die im 21. Jahrhundert mithilfe der Computer und Algorithmen aus nichts Gold machen wollten.

Plötzlich mischten sich die Erkenntnisse der modernen Chemie und Physik mit denen der Esoterik, zuweilen in der gleichen Person. Für unseren Zusammenhang entscheidend ist die Vorstellung, dass man in der »Transmutation« eine »Energie« entdeckt zu haben glaubte, die, wie es in einem Bericht über die Sitzungen der Chemical Society hieß, direkt zur Urmaterie selbst führte und damit zur Möglichkeit, »alle Energie zur Herstellung der Welt« zur Verfügung zu haben.

Es ist nicht ohne bizarren Reiz, in diesem von Doppelgängern wimmelnden Rundgang zu erleben, wie einem an jeder Tür ein Wiedergänger begegnet. In seinem Buch »Die Interpretation des Radiums« entdeckt Soddy zusammen mit der neuen Technologie nämlich auch schon das »Ende der Arbeit«, die im Drehbuch eigentlich erst 2000 ff. vorgesehen ist:

»Eine Rasse, die die Materie transmutieren kann, hätte wenig Grund, ihr Brot im Schweiße ihres Angesichts zu verdienen. Solch eine Rasse könnte die Wüsten verwandeln, die Polkappen schmelzen und aus allem einen lächelnden Garten Eden machen.«[207]

Fast dreißig Jahre lang stand die öffentliche Fantasie im Zeichen der alchemistischen Umwandlung. Morrison zeigt, wie Wissenschaft, Medien und Science-Fiction-Literatur den Traum des Überflusses träumen. Der kann eine Vision unerschöpflicher Energiereserven sein – die Reise über den ganzen Ozean mit der Energie eines Reagenzglases radioaktiver Substanz – oder die tatsächliche Verwandlung von Rohstoff in Gold.

Als Nächstes infizierte die Alchemie die Ökonomie. Was würde geschehen, wenn Gold, dessen Wert sich der Knappheit verdankt, im Überfluss vorhanden wäre? 1922 fühlte sich die »New York Times« verpflichtet, auf ihrer Titelseite den Bericht einer amerikanischen Bundesbehörde zu veröffentlichen:

»Das neu belebte Interesse an Alchemie und die entsprechenden Hinweise, dass künstliches Gold so reichlich vorhanden wäre, dass das natürliche Metall seinen Wert für die Währung der USA verlieren würde, veranlasst die United States Geological Survey zu einer Erklärung, wonach es für Chemiker keinen Grund zur Hoffnung und für Ökonomen keinen Grund zur Befürchtung gibt, dass das wertvolle Material im Laboratorium produziert werden kann.«

Als in den Dreißigerjahren die (später widerlegte) Nachricht verbreitet wurde, dass es dem Deutschen Adolf Miethe gelungen sei, Gold herzustellen, titelte die »New York Times«: »Künstliches Gold könnte die Welt auseinanderreißen/Kommerzielle Herstellung würde Chaos in den Finanzmärkten bedeuten.«[208]

Was wie eine Fußnote der Geschichte klingt, ist hier erwähnenswert, weil es der Bewusstseinsschärfung für »unbeabsichtigte Konsequenzen« des Haupttextes dient. Die Geschichte nicht einkalkulierter Resultate bei Technologien, die die Welt eigentlich von ihren Mängeln heilen sollen, ist in einer Welt der Kalkulation so wichtig, wie ein Beipackzettel unerwünschte Nebenwirkungen aufzählt.

Einen solchen hatte der Schriftsteller H. G. Wells beschrieben. Er war von Soddys Entdeckung und mehr noch von Soddys alchemistischen Thesen fasziniert. Nicht nur die Transmutation in Gold hatte es ihm angetan, sondern die Aussicht auf grenzenlose Energie.

1913 veröffentlichte er seinen Roman »The World Set Free«, den er Soddy widmete. Das Buch, ein erstaunlich schlecht geschriebener, aber auch erstaunlich prognostischer Roman, erzählt die Geschichte des ersten Atomkriegs, der in den Fünfzigerjahren des 20. Jahrhunderts stattfinden würde. Die Metropolen vernichten sich gegenseitig, spontan durch die unablässigen Explosionen entstandenes Gold zerstört die Ökonomie, und im Angesicht einer Waffe, die keine Gewinner, sondern nur noch Verlierer kennen wird, entschließen sich die Nationen – nein, nicht zur Spieltheorie, sondern zu einer Weltregierung.

Soddy selbst prägte aufgrund dieses von ihm heiß geliebten Buches in den Dreißigerjahren den Begriff des »virtuellen Reichtums« und formulierte eine Theorie des unwirklichen Kapitals, die in erstaunlicher Weise die »Ökonomie des Geistes« vorwegnahm.

1932 las der junge Physiker Leó Szilárd ebenfalls tief beeindruckt den Roman. Ein Jahr später entdeckte er die atomare Kettenreaktion und übergab das Patent der britischen Regierung, weil er, wie er sagte, seinen Wells verstanden hatte. Und sieben Jahre später war es Szilárd, der wiederum mit ausdrücklichem Hinweis auf Wells' Roman das Manhattan-Projekt und damit den Bau der Atombombe durchsetzte.

So viel zu beabsichtigten und unbeabsichtigten Konsequenzen technologischer Utopien, die fast alle die gleichen Träume träumen.

Sie werden, so viel kann man allerdings sagen, im Laufe der Zeit realistischer und profitabler für den Träumer. Aus Soddys Transmutation entstand kein Gold, sondern die Atombombe, und mit der Atombombe kam die neue Rationalität im Gewand der Spieltheorie.

Im zweiten Anlauf, nach Ende des Kalten Kriegs, verzichtete man darauf, wirkliches Gold in der wirklichen Welt herstellen zu wollen (beließ es aber bei der Spieltheorie und Nummer 2). Nun ließ man den Computer und seinen spieltheoretischen Agenten den Menschen die König-Midas-Botschaft ins Ohr flüstern: Alles, was du durch mich anfasst, wird zu Gold …

»Der wirkliche Kapitalist«, schrieb George Gilder, »hat den Anti-Midas-Touch. Er verwandelt die Unmengen an Gold und Liquidität durch eine Alchemie des schöpferischen Geistes in Kapital und wirklichen Reichtum.«[209] Das war nichts anderes als der »virtuelle Reichtum«, der bereits durch die Köpfe der Dreißigerjahre gegeistert war.

In seinem Buch »Bad Money«, das die Schuldenkrise von 2007 nachzeichnet, zeigt Kevin Phillips, wie sehr die Handelnden der Wall Street sich zunehmend in einem buchstäblich geistesgestörten Milieu bewegen, aber zunächst nur immer erfolgreicher werden.[210]

Unter allen Ressourcen, deren Unerschöpflichkeit der neue Kapitalismus gepriesen hatte, war Geld diejenige, bei der die Theorie, dass jeder alles haben kann, tatsächlich zu funktionieren schien. Die Zunahme des virtuellen Geldes hatte zwar die Schulden wachsen und die Ersparnisse schrumpfen lassen, aber auch jeden Wunsch vom Auto bis zum Eigenheim erfüllt.

Das Ausmaß der Transmutation widersprach allen bisher geltenden Gesetzen. »Kann man ohne Geld ein Haus kaufen und das nicht existierende Geld auch noch ausgeben?«, fasste der Computerhistoriker George Dyson die Anomalie zusammen. Man kann, sagten ganze Industrien, die ihre Betriebsanlagen nicht mehr besaßen, sondern outsourcten.

Es war kein Zufall, dass, wie Kevin Phillips in seinem Buch »Bad Money« schreibt, am absoluten Höhepunkt des Hypes Rhonda Byrnes Super-Bestseller »The Secret« »in den Bestsellerlisten auf der Leiter der Chuzpe noch einige Stufen höher stieg. Diejenigen, die reich sind, verdienen ihren Erfolg, schrieb sie, weil sie ihn angezogen haben«.

Schon kurz vor der Krise 2007 war klar, dass die Verheißungen der neuen Ökonomie nicht eingetroffen waren. Der Informationskapitalismus hatte zwar Gewinner produziert, allerdings Gewinner in einer »Winner takes it all«-Gesellschaft. Obwohl jedermann sah, dass in Amerika und in Europa zum ersten Mal die Einkommen der Mittelschichten auf Dauer zu schrumpfen schienen und die Mehrzahl der Löhne nicht mehr an das Wachstum der Produktivität oder der Profite gekoppelt war, änderte das nichts an dem grenzenlosen Optimismus der Eliten.

Deutschland, ein Land ohne die religiöse Erweckungstradition der USA, übernahm aus dem Werkzeugkasten der »Ökonomie des Geistes« vor allem jene Bestandteile, die am besten zu seiner eigenen Geistesgeschichte zu passen schienen. In einer ebenso trivialen wie verräterischen sozialen Programmierung wurde von jedem Expertenpodium die »Wissensgesellschaft« verkündet und das »lebenslange Lernen« zur Pflicht gemacht.

Das war trivial, weil die Schule des Lebens zu den Stereotypen schlechthin gehörte. In einer Kultur, die den Bildungsroman hervorgebracht hatte, mehr als irgendwo anders. Es war aber auch verräterisch, weil die Gesellschaft in Wahrheit nicht mehr wusste, was man in der dritten industriellen Moderne wissen und wie man lernen sollte.

Schaut man aber genauer hin, entdeckt man in den Slogans die gleiche Architektur jenes an der Wall Street und im Silicon Valley geschaffenen Welt-Codes, der lehrte, man könne die Welt mit seinen Gedanken kontrollieren.

Arbeit ist im Wesentlichen Arbeit an sich selbst, ein geistiger Prozess, der aber nach den Gesetzen des Marktplatzes organisiert ist. Wer arbeitslos geworden ist, wurde gewissermaßen von seiner eigenen Seele freigesetzt. Seine Arbeitskraft, aber nicht seine Seele zu verkaufen war der identitätsstiftende Glutkern der Welt des 20. Jahrhunderts. »Werde, der du bist« ist der philosophische.

Was etwas ist, lässt sich nicht trennen von dem, was es tut – diese Erkenntnis der neuen Physik wurde zu einer Identitätsvernichtung sondergleichen und begründete den Nomadenstatus des modernen Menschen.

Dass der Körper ein Grab der Seele ist – soma/sema –, gehört zu den platonischen Urformeln des Abendlands. Venture-Kapitalisten und Internet-Theoretiker waren überzeugt, dass die Auflösung der körperlichen Hülle nicht nur handfeste Gebilde, sondern die Architektur von Organisationen, von Bürokratien und Unternehmen jeglicher Art zermalmen und das Individuum zum gleichberechtigten Gegenüber von Machtkörpern machen würde.

Überraschend, wie wenig erkannt wurde, dass das Spiel auch

ganz anders ausgehen kann. So wie die Idee deregulierter Kommunikation sofort gekapert wurde und zum Motor deregulierter Finanzmärkte wurde, so bedeutet die Gleichsetzung von Mensch und Unternehmen nicht, dass Unternehmen menschlicher, sondern dass Menschen wie Unternehmen wurden.

Worum es sich hier handelt, lässt sich mit den »wissenschaftlichen« Grundlagen eines neuen Weltbildes nicht mehr erklären, genauso wenig wie die verstörende Tatsache, dass die immaterielle Ökonomie staatenverschlingende Verluste bei gleichzeitiger Belohnung der Verursacher erlaubt, ja offenbar erzwingt.

Verstehen lässt es sich nur, wenn man noch einmal auf das Laborgespräch vor über einhundert Jahren lauscht. Die Wiederkehr einer im Alltagsleben lange untergegangenen und ungebräuchlichen, doch ausgerechnet in den Finanzmärkten wiedererstandenen Branche namens Alchemie ist kein Zufall.

Aus nichts Gold zu machen: Das ist heute der Auftrag an alle, und das Wunder der Verwandlung richtet über den Wert der eigenen Seele. Während Nummer 2 allen eine Welt der unumstößlichen Logik aufzwingt, weiß doch jeder, dass man Nummer 1 nicht mit Logik fangen kann. Logik sagt einem, dass es nicht funktioniert. Sie im Kopf des Menschen zu überspielen funktioniert nur mit Magie, dem Zauberwort, das den Computer und die iPhones wie ein Gestirn begleitet.

Wir müssen jetzt einen Blick in das Laboratorium werfen.

26 Verwandlung der Seele

Das Leben als fehlgeschlagenes Experiment

Niemand entgeht dem verwandelnden Feuer der Maschine.« Das ist der erste Satz in Kevin Kellys 1998 erschienenem Buch »Neue Regeln für die New Economy«, einem ungemein einflussreichen Traktat, das sprachlich und gedanklich all das soufflierte, was Silicon Valley und Wall Street mit der neuen Welt vorhatten.

Das Gründungstraktat der neuen ökonomischen Rationalität argumentiert magisch. Kelly begann mit einem Satz, der so auch in den Werken der Alchemisten hätte stehen können. Sie glaubten daran, dass die Seele im »verwandelnden Feuer« transmutiert. Kelly und seine Gesinnungsgenossen von der Wall Street argumentierten mystisch, aber faktisch forderten sie nichts Geringeres als die alchemistische Verwandlung des Menschen durch die Technologie der digitalen Märkte.

Die neue Magie der Codes hat den digitalen Arbeitsplatz von Anfang an fest mit den vier Elementen verdrahtet: Erde (dem Sand, aus dem die Mikrochips gemacht sind), Feuer (der Elektrizität inklusive Firewalls, Brennen von Datenträgern, »Softwareschmieden«), Luft (drahtloser Datenübertragung) und Wasser (der Informationsflut selbst, in der untergeht, wer nicht navigiert).

Magie war auch zwingend notwendig, denn die Widersprüche der »neuen Ökonomie« waren so unübersehbar, und ihre

Verwandtschaft mit den neoliberalen Verächtern des Staates war so eng, dass man Menschen ohne faulen Zauber nie dazu gebracht hätte, ihr eigenes Leben marktfundamentalistisch zu organisieren.

Man musste ihnen also die große »Verwandlung« versprechen, was in den alchemistischen Labors immer auch hieß: die Verwandlung des menschlichen Fleisches in einen Stoff unvorstellbarer Vollkommenheit, ein Akt »geistiger Wiedergeburt und körperlicher Unsterblichkeit«.

Nichts Geringeres als die Verwirklichung des ältesten Menschheitstraums versprachen die Cyberpropheten – mit der kleinen Einschränkung, dass er sich nur mit dem digitalen Doppelgänger erleben lässt, jedenfalls solange Menschen in der Wirklichkeit noch atmen, essen und sterben müssen.

Es war eine perfekte Arbeitsteilung zwischen den »Ökonomen des Geistes« (oder der Servicegesellschaft), die die Deindustrialisierung zu einem neuen Markt machen wollten, und den digitalen Evangelisten, die das Gleiche mit dem entkörperlichten und entseelten Ich machten, in dem Nummer 2 die Kontrolle übernahm.

Die Ökonomen predigten die Verwandlung der Marktplätze, die politischen und journalistischen Sympathisanten die Verwandlung der Arbeitsplätze. Die einen die ökonomische, die anderen die soziale Transmutation. Fast alle Kampfbegriffe teilten sie sich brüderlich: »Outsourcing«, »Reengineering«, »Downsizing«.

Die Motivation war klar: War erst alles »immateriell« und nur noch eine Frage von »Informationsökonomie« und Kommunikation, hatte man endlich die wirkliche Welt zu jenem symbolischen Raum gemacht, in dem Nummer 2, Computer und die Spieltheorie so agieren konnten wie im Kalten Krieg.

Kevin Kelly gehört zweifellos zu jenen »progressiven« Vordenkern, die nicht nur verantwortlich für den ganzen Mischmasch von technologischen und biologischen Metaphern sind, sondern über die Abgründe eines jahrzehntelangen Kulturkrieges zwischen Gegenkultur und Wall Street hinweg dieser den Arm reichten. Dass die technischen Systeme neue »Lebensformen« werden, dass das Netz immer mehr weiß als der Einzelne und erst die Gesamtheit des nie zu fassenden Wissens die Wahrheit enthüllt – all das war in der Tat eine »neobiologische« Metapher, die aus dem »Netzwerk das macht, was Hayek sich unter dem Markt vorstellte«.[211]

Kelly hat viel dafür getan, dass Nummer 2 seinen Schrecken verlor (ein Beispiel funktionierender Systeme, das er liebt, ist »Sim City«). Er beschreibt eine Welt, in der nicht mehr Menschen, sondern die Agenten den darwinistischen Überlebenskampf führen – und zwar, in einer unsterblichen Passage, um beispielsweise den Preis für ein Ei festzulegen –, während der homo sapiens sich zurücklehnt und seinen vornehmen Gedanken über »Koevolution« und Kooperation nachhängt.

Niemand entging Kellys alchemistischen Künsten, niemand ahnte, welchen Preis die neue Ideologie kosten würden, und niemand lachte, als Kelly mit Blick auf die Personalisierung von Pullovern und Hemden die Firma Benetton einen neuen »ökonomischen Superorganismus« nannte.[212]

Wenn jetzt, Anfang des 21. Jahrhunderts, Dämonen, Elfen, Zwerge, Magier und Vampire nach langer Verbannung wieder in die Gehirne der Menschen zurückkehrten, dann muss man in ihnen erste Vorboten eines fundamentalen ökologischen Wandels sehen. Das Klima der Vernunft, das sie nicht aushielten, hatte sich zu ihren Gunsten geändert.

Nun erwachen auf Millionen von Bildschirmen, auf denen man Gedanken mit Berührungen und Geld mit Licht überträgt,

Kreaturen, die zuletzt in den gläsernen Retorten der Alchemisten ausgebrütet wurden.

Jeder noch so abgerissene Magier des 17. Jahrhunderts, dessen Dienste ein paar Jahrhunderte nicht gefragt waren, käme in unserer heutigen Welt blendend zurecht. Nicht nur bei Computerspielen wäre er in der Meisterklasse.

Ob Rattenkot oder Ochsengalle – niemand müsste ihm eine Welt erklären, in der mit mathematischem Code jede Information über jede einzelne Seele bis hin zu der Frage, wie lange Sie lesend auf dem E-Reader bei den Worten »Rattenkot« oder »Ochsengalle« verweilen, in Geld verwandelt werden kann.

Dass er in einer Epoche angekommen ist, in der, wie der Wirtschaftsnobelpreisträger Joseph Stiglitz es formuliert, »Finanzalchemisten« der Wall Street in ihren »Frankenstein'schen Labors« mit mathematisch undurchschaubaren »toxischen« Formeln an ihren Bildschirmen »Monster« produzierten, hieße für ihn nur, dass er endlich nach Hause gekommen wäre.

Kein Wunder, denn wenn die Finanzmarketing-Literatur beispielsweise CPDO buchstabiert, benutzt sie die gleiche unverständliche Buchstabenmystik, wie der Alchemist es einst tat. In diesem Fall, um »die heißeste alchemistische Methode zur Transformation von bleiernen Krediten in das Gold von singulären Gewinnen« an den Kunden zu bringen.[213]

Denn den Unterschied von Geist und Materie hat der Alchemist nie gekannt. Wer aus Blei Gold machen wollte, benötigte, so sagten es die Zauberbücher, neben bestimmten Essenzen und Formeln auch Bildschirme, »Projektionen«, die nach streng vorgeschriebenen Symbolen den magischen Code kalkulierten. Ein Bildschirm, der die Verwandlung sichtbar machte: die innere Einbildungskraft, die legendäre »Imaginatio«, mit der die Kräfte der Seele ausgebeutet wurden.

Träte jetzt Gabriel Clauder, der Leibarzt des Kurfürsten von

Sachsen, aus seinem 17. Jahrhundert durch die Tür des 21. Jahrhunderts, er würde zufrieden feststellen, dass die Alchemie erstaunliche Fortschritte gemacht hat. Er würde erkennen, dass Geld und Macht heute dort entstehen, wo man die menschliche Seele nach festen Regeln in einzelne Rezepte zerlegt und wieder neu zusammensetzt. In den Algorithmen, die heute über unser Dasein entscheiden, sähe er nichts anderes als verbesserte Versionen seiner alchemistischen Rezepte.

Clauders Schrift »Die universelle Tinktur oder der Stein des Weisen« ist nämlich nichts anderes als der Code dafür, wie man Schritt für Schritt etwas aus nichts macht. Der »Stein der Weisen« war kein Stein, sondern eine Flüssigkeit, reine Liquidität. Um die zu erreichen, braucht der Magier den »Geist des Universums«, der sich allerdings unpraktischerweise »volatil, schwebend und unsichtbar« in der Luft befindet.[214]

Um ihn zu kondensieren, soll man, wenn »es für Wochen nicht geregnet hat«, im April oder Mai zu nachmitternächtlicher Stunde ein feuchtes Stück Erde aus einem Acker schaufeln, mithilfe eines Brennglases drei Stunden den Sonnenstrahlen aussetzen und dabei das austretende Wasser mit einem Leinentuch auffangen, das anschließend über einem Glasbehälter ausgewrungen werden muss. Und nur wenige Tropfen dieser Tinktur, vorausgesetzt, sie wird von einem vertrauenswürdigen User benutzt, verwandeln ein paar Unzen Quecksilber in pures Gold.

Wer heute nach Mitternacht eine E-Mail schreibt, in der die Wörter Erde, Schaufel, ausgraben, Brennglas, Quecksilber, Leinen und Gold auftauchen, dem wird Google vielleicht nur Gartengeräte anbieten, oder die Homeland Security wird ihn bei der Einreise in die USA verhaften, aber die Transmutation von nichts in Geld oder Macht ist gelungen.

Scipione Chiaramonti, ein Mathematiker, der an Hexen glaubte und Galilei am liebsten auf dem Scheiterhaufen verbrannt hätte, war lange vor Google, Facebook und Apple überzeugt, dass man Geist, Charakter und Absichten eines Menschen durch Stimme, Bewegungsablauf, Wetter, Ort und Syntax bestimmen und vorhersagen könne.

Die Entdeckung amerikanischer Forscher, dass man nur aufgrund der automatisierten Daten, die ein Handy über Bewegungsmuster und Ort aufzeichnet, eine beginnende Grippe oder aufgrund völlig zusammenhangloser E-Mails eine erst in einem Jahr stattfindende Kündigung vorhersagen kann, wäre ihm wie eine logische Folge seiner Thesen vorgekommen.

Ein Mann namens J. L. Hannemann versuchte 1670 die in Vergessenheit geratene Idee einer »kollektiven Welt-Seele« zu propagieren. Die kollektive Psyche war für ihn eine Simulation der natürlichen Welt. Unsere Entdeckung der »vernetzten Gesellschaft« hätte ihm wahrscheinlich nur ein müdes Gähnen entlockt. Im großen Welt-Organismus war alles vernetzt, und alles kommunizierte miteinander sogar über Kontinente hinweg: Verfault der Arm eines Menschen, mit dessen Gewebe man die Nase eines anderen Menschen korrigiert hat, dann verfault auch die Nase des anderen Menschen, selbst wenn er ganz woanders ist.

Zahlreich sind die Traktate über Zahlenmystik, Kryptografie, Gematrie und Numerologie, unüberschaubar die Codes, mit denen die abseitigen Muster menschlicher Verhaltenssteuerung berechnet und vorhergesagt werden sollten, Stoffe manipuliert und programmiert wurden, viele von ihnen ersonnen und verbreitet von einigen der besten Mathematiker ihrer Zeit. Denn die Grenze verlief nicht zwischen Zauberern und Wissenschaftlern, sondern zwischen Arealen ein und desselben Gehirns.

Eine Millionen Worte hat man im Nachlass Sir Isaac Newtons gefunden, des größten mathematischen Genies seiner Zeit, und sie alle sind, wie einer seiner Biografen lapidar feststellt, »ohne substanziellen Wert«. Sie wurden »alle in dem gleichen fünfundzwanzigjährigen Zeitraum geschrieben, in dem Newton seine mathematischen Studien betrieb, und wären genauso vernünftig wie diese, wenn ihr gesamter Inhalt und ihre einzige Absicht nicht Magie wäre«.

Nicht nur medizinische, sondern auch kulturelle Pandemien haben fast immer einen genau lokalisierbaren Geburtsort. So wurde die magische Wissenschaft, die die Naturmagie der Merlin-Welten ablöste und ihrerseits in das wissenschaftliche Zeitalter mutierte, durch eine der ersten großen Open-Source-Bewegungen der Geschichte ausgelöst.

Im 13. Jahrhundert kamen aus Katalonien und Mallorca die ins Lateinische übersetzten Schriften islamischer Gelehrter zu Astrologie, Wahrsagekunst und vor allem zur Alchemie nach Nordeuropa. (Allein in England haben sich 3500 Texte erhalten.)

Auch die geistige Infektion des 21. Jahrhunderts hat zwei genau lokalisierbare Orte: die San Francisco Bay und die Südspitze von Manhattan. Das Silicon Valley und die Wall Street.

Viele Menschen mühen sich ihr Leben lang ab und verstehen einfach nicht, warum *es* nicht funktioniert. Warum für sie nicht gilt, was man allen versprochen hat. Sie erleben sich als ein Experiment, das permanent missglückt. Die Verwandlung von Blei in Gold gelingt nicht, und die das Gegenteil behaupten, entpuppen sich als Scharlatane. Dabei halten sich die Menschen penibel an Vorschriften und Gebrauchsanweisungen, lernen und studieren, informieren sich, kämpfen am Arbeitsplatz, vernetzen sich mit Freunden, gehen an die richtigen Orte, aber früher oder später müssen die meisten dem Fehlschlag des gesamten Unternehmens ins Auge sehen – spätestens, wenn im »Ruhestand«

immer mehr der im Lebenszyklus erworbenen Ansprüche zu nichts zerfallen.

Das Problem ist, das die meisten Menschen die Codes der Informationsgesellschaft so wie die der Alchemisten als Metaphern gelesen haben. Sie haben nicht verstanden, dass es ernst wird, wenn Information sich nicht mehr von Sachen unterscheidet und gemessen und berechnet werden kann. Information ist, in den Worten von Theodore Roszak, ein Fetisch geworden.

Solange man für den Misserfolg äußere Mächte verantwortlich machen konnte – Götter, Könige oder Regierungen –, entstanden aus dieser Enttäuschung regelmäßig Revolten und Revolutionen. Der neue Kapitalismus aber hat es geschafft, die Verantwortung auf das Ich der Menschen abzuwälzen.

So haben beispielsweise immer mehr Menschen das Gefühl, ein Leben unterhalb ihrer Möglichkeiten zu leben, während der Apparat zur Durchsetzung seiner Ansprüche behauptet, »wir« hätten »über unsere Verhältnisse gelebt«.

Das ist, wie man weiß, nicht als ökonomisches Argument gemeint gewesen, weil dafür die Frage, »wer« über die Verhältnisse gelebt hätte, beantwortet werden müsste. Es ist ein rein moralisches Argument, und es ist, wie man an der beliebtesten Formulierung von den »Sünden« sieht, auch religiös gemeint: Es funktioniert nicht, weil ihr sündigt.

Die beklagten Mängel an Flexibilität, Disziplin und Selbstverantwortung sind keine systemischen, sondern Charakterfehler und lassen sich eliminieren. Nur so ist zu erklären, wieso die Demontage des Sozialstaats sogar bei jenen Zustimmung fand, die kurz davor standen, seiner bedürftig zu werden. Das amerikanische Beispiel hatte in den Neunzigerjahren, wie Thomas Frank zeigt, den moralischen Rollentausch ganzer Klassen vorgemacht.

»Die Reichen, die frühere Freizeitgesellschaft«, schrieb

»Wired«, »werden die neuen Überarbeiteten. Und die, die man arbeitende Klasse nannte, werden die neue Freizeit-Klasse.«

Nur der »Würdige« konnte im alchemistischen Labor hoffen, die Transmutation, die Verwandlung des Stoffes in Gold oder Geist, zu meistern. Wer überhaupt eine Chance haben wollte, musste gesund sein, geduldig, intelligent, fromm und diszipliniert.[215] Er musste in der Lage sein, jede Information aufzunehmen, aber durfte in der Informationsflut nicht untergehen. Wer »von einer Meinung zur nächsten springt und von einem Wunsch zum anderen ... ist so abgelenkt, dass er nichts zu Ende bringen wird«. Man musste kreativ und ständig auf die Arbeit fokussiert sein, »sodass man nicht mit einer Arbeit anfängt und dann wieder mit einer anderen«.[216]

Selbst wenn man das alles beherzigte, war ohne den lieben Gott alle Mühe umsonst. Das Problem war nur, dass der ein ziemlich unberechenbarer Chef ist, der »seine Gerechtigkeit und Güte auf jeden erstreckt, aber auch jedermann wieder entzieht, ganz wie er will«.

Man soll deshalb nicht enttäuscht sein, wenn am Ende kein Gold entsteht: Die entscheidende Doktrin lautete, dass es weniger wichtig ist, das Metall zu verwandeln, als die eigene Seele.

Vermutlich handelte es sich bei diesem Budenzauber, Jahrhunderte vor Werbung und »Branding«, um den ersten Fall, bei dem Seelenarbeit mit Industriearbeit verbunden wurde.

Viele Alchemisten waren Unternehmer, und die meisten untrennbar mit der florierenden Bergwerksindustrie verbunden. Arbeit an sich selbst, das heißt die Regeneration der Seele, verlangte eine Art spirituellen Mode-Konsum. Man musste immer wieder bereit sein – so der bezeichnende Vergleich –, die alte Existenzform abzulegen wie alte Kleider. Das geschah im Feuer der alchemistischen Schmiede: eine Metamorphose des Selbst, das zum Produkt in künftigen Arbeitsprozessen wurde.

Die alchemistische Verwandlung war Kommunikation, und selbst die praktischen Ergebnisse im Labor wurden, wie die Forschung gezeigt hat, als eine Sprache gelesen, denn nur so ließ sich der Austausch zwischen Mensch und Materie überhaupt begründen. Darum die Geheimschriften und Codes, Buchstabenkalkulationen und schließlich auch die Gebete: In der Auflösung von Ding und Geist überdauerte Austausch, das heißt Kommunikation, als Essenz von allem. Tun ist Denken, und Denken ist Tun.

Und so ist ein magisches System entstanden: Was einst »Initiation« war, ist heute »Kommunikation« über digitale Kanäle. Was der »Adept« war, heißt heute »Talent«. Was damals »Vollkommenheit« bedeutete, nennt sich heute »Perfektion«.

»Talent«, weltweit das beliebteste Wort für gesuchte Arbeitskräfte, ist ein ewiges Versprechen, eine reine Potenzialität. Vernebelnde Begriffe wie »Wissen« oder »Kreativität«, von ahnungslosen Journalisten, die glauben, »Wissen« sei Bildung, immer wieder zu Markern für darwinistische Überlebensvorteile erklärt, dienen in ihrer Willkür nur den Bedürfnissen des unberechenbaren Chefs, der seine Loyalität schenkt oder entzieht, wie es ihm gefällt.

Es sind keine Begriffe der Freiheit mehr, sondern solche der sozialen Kontrolle. Sie entscheidet darüber, ob der Verlauf das gewünschte Ergebnis gebracht hat oder nicht. Die Selbst-Transmutation ist heute ebenso wenig wie in den Zeiten der schwarzen Magie irgendetwas, was man selbst in der Hand hätte.

Das Ich, das die Gründe für sein Versagen am Ende bei sich selbst suchen muss, ist nur ein Interface, mit dem man die Welt bedient, aber genauso gut von ihr bedient werden kann. Bestätigung hängt von tausend Details ab, von der körperlichen und geistigen Gesundheit, der inneren Aufrichtigkeit, der Uhrzeit, zu der man Einträge bei Facebook schreibt oder E-Mails verfasst, dem Ort, an dem man sich aufhält, und allen Orten, an denen man jemals war und die es möglich machen, vorauszusagen, welche man in Zukunft je ansteuern wird.

Man muss nur in die fassungslosen Gesichter alle Wissensgipfel erklimmender Studenten und Studentinnen blicken, Facharbeiter, Ingenieur, Journalisten beobachten, die plötzlich erkennen müssen, dass »Wissen« nichts anderes ist als der Ausdruck für ein Geschäft, bei dem materielle Ergebnisse darüber entscheiden, was das Wissen taugt oder nicht. Denn auch Geld ist Information und bewahrt, wie im Weltbild der Alchemisten, den Doppelsinn eines sakralen wie profanen Werts.

Geld ist, wie erläuternd Hans Christoph Binswanger in einer schönen Goethe-Deutung schreibt, »das (nur) Ausgedachte« – wohl das Einzige, was unmittelbar auf die Wirklichkeit wirkt. Die europäischen Gesellschaften haben erlebt, dass eine Informationsexplosion eine Geldexplosion zur Folge haben kann.

Kein Wunder, dass Ken Binmore als Vision der neuen Zeit etwas vorschwebt, was er »nicht kognitives Lernen« nennt – ein Lernen, das nicht mehr »verstanden« werden muss; es ist eine Vernunft, die Wissen und Information vertauscht und in der es nicht mehr darum geht, eintreffende Informationssignale zu verstehen und zu durchdringen, sondern lediglich zu empfangen und weiterzuleiten.[217]

Informationen sind gewissermaßen die Substanzen und Chemikalien, die der Alchemist zusammenrührt. Er weiß nicht, woraus sie bestehen, und kann auch nicht erklären, wie sie funktionieren, aber mit unerschütterlichem Selbstbewusstsein weiß er, was herauskommt, wenn man sie vermischt: vom Liebeszauber bis zur Wundheilung.

Damit ist der Mensch selbst zum Werkstück im Informationszeitalter geworden, das seinen Wert erst durch Verarbeitung und Tausch bekommt.

27 Death Dating

Schöpferische Zerstörung und die Kunst der Ingenieure

Die Aufhebung von »Geist« und »Materie« hat in der Realwirtschaft des 20. Jahrhunderts eine höchst realistische Vorgeschichte. 1932 befand sich die damals größte Industrienation der Welt in einer wirtschaftlichen Depression, die weit mehr war als eine zyklische wirtschaftliche Krise. Das pure Faktum und das Ausmaß der Katastrophe widerlegen all die Versprechungen, die fast ein halbes Jahrhundert lang das große Epos der technologischen Wunder begleitet hatten.

In vielem wirkt es, als sei 1932 ein Muster, als nehme die monströse Selbstbewusstseinskrise der Welt von damals die Welt des Jahres 2012 in Teilen vorweg. Ein heftiger Einbruch der Immobilienpreise und die Konsumverweigerung der amerikanischen Öffentlichkeit hatten die Wirtschaft an den Rand des Ruins gebracht. Schon die Boomjahre vor der Weltwirtschaftskrise waren von der Angst vor Überproduktion getrieben.

Noch kauften die meisten Menschen Dinge, weil sie sie brauchten, und nicht, weil sie sie begehrten, aber es war absehbar, dass man sich was einfallen lassen musste, um die Umlaufgeschwindigkeit der Waren zu erhöhen.

Die Rekordjahre der Industrieproduktion vor der Weltwirtschaftskrise sahen die Massenproduktion von Autos, Kühlschränken, Verkaufsautomaten, aber unterhalb der Ebene von Dingen, die man anfassen und kaufen konnte, wurden erstmals Werkzeuge produziert, mit denen man in die Innenwelt des Kopfes vordringen und ihn manipulieren konnte wie ein Stück Holz oder Metall.

Die Entdeckung der Massenpsychologie für den Werbemarkt schließlich – durch Sigmund Freuds Neffen Edward Bernays, der den Begriff »Public Relations« erfand – bedeutete die Kolonialisierung und Ausbeutung eines seelischen Kontinents, der jahrhundertlang als unberechenbar galt.

Damals ging es nur um mentale Rohstoffe und nicht um mathematische Modelle, wie sie 80 Jahre später die Informatiker des Computerzeitalters mithilfe von Psychologen und Anthropologen anwenden würden. Entscheidend aber war, dass man den Erfolg der neuen Methoden in Mark und Pfennig ausrechnen und am Umsatz ablesen konnte.

Die Erkenntnis, dass der Einzelne, wenn er Teil der Masse geworden ist, berechenbar und in seinem Verhalten bis zu einem gewissen Grad vorherbestimmbar ist, war, lange bevor es Google und Algorithmen gab, so etwas wie der Kernfusionsreaktor des gesellschaftlichen Wandels mit enormen politischen Konsequenzen. Die zwei Atomkerne, die verschmolzen, waren Psyche und Produkt.

Die Erfinder dieser Instrumente, »Werbung« und »PR« genannt, sahen sich, wie Edward Bernays es formulierte, als Elite, als »eine relative kleine Gruppe von Menschen«, die als Einzige die »geistigen Prozesse der Massen« verstanden. Ein Versprechen, das nach den Erfahrungen von emotionalen Massenmobilisierungen im Ersten Weltkrieg von enormer Bedeutung war.

Konsequent sprachen die »Sozial-Ingenieure«, wie sie sich gerne nannten, von ihren Dienstleistungen als »Technologien«. Sie waren wirkungsvoll und von geradezu gnadenloser Neutralität. »Werbung ist eine non-moralische Kraft«, schrieb die Werbeagentur A. J. Walter Thompson 1925, »sie ist wie Elektrizität, die nicht nur Licht ermöglicht, sondern auch den elektrischen Stuhl.«[218]

Natürlich haben sich die »verborgenen Verführer« überschätzt, und man kann sogar sagen, dass ihre Behauptungen über die Kontrollmacht, die sie über Menschen haben, einer ihrer besten Werbegags gewesen ist. Eine ganze Bibliothek von Untersuchungen hat mittlerweile das Bild der Manipulatoren relativiert. Sie konnten nicht, was sie behaupteten zu können, lautet eine verbreitete These, weil der Mensch reicher, tiefsinniger und widersprüchlicher ist, als es die vereinfachten Konzepte glauben machen wollten. Aber darum geht es nicht. Es geht darum, ob man die Welt so zurichten kann, dass sie in die einfachen Konzepte passt.

Die Seele, das hatte die Massenpsychologie gezeigt, konnte so manipuliert werden, dass neutrale Dinge in einem anderen Licht erschienen. Jetzt kam der zweite Teil: Auch die Dinge konnten so manipuliert werden, dass sie die Psyche, ja einen gesamten Verhaltenskodex, veränderten. Über nichts klagen die Bewusstseinsingenieure der Dreißigerjahre so sehr, wie über die Moral ihrer Kunden, die überzeugt waren, dass man Dinge nicht verschwenden und ein Leben lang benutzen sollte.

Den entscheidenden Vorschlag machte ein Immobilienmakler namens Bernard London, der 1932 einen Essay mit dem Titel »Die Überwindung der Depression durch geplante Veraltung« publizierte. Mit »Veraltung«, wörtlich: Obsoleszenz, war gemeint, dass ein Produkt kaputtging oder nicht mehr up to date war. London schlug vor, dass jedes Produkt nur einen begrenzten, staatlich verordneten Lebenszyklus haben dürfe. Danach wären »diese Dinge offiziell tot« und müssten entsorgt oder vernichtet werden.[219]

Und in bis heute nur bruchstückhaft bekannt gewordenen Verfahren begannen Ingenieure damit, ihren Produkten »Todestermine« einzuschreiben. »Death Dating« bestimmt – vom Spielzeugauto über die Glühbirne bis zum Radio –, wie lang etwas hält. Auch dem Publizisten Giles Slade, der in einer Studie die Geschichte der »Obsoleszenz« in Amerika erzählte, ist es nicht gelungen, die hocheffizienten Verfahren dieser eingebauten Todesuhren aufzudecken. Einige interne Memos von General Electric aus den Dreißigerjahren aber zeigen, dass offenbar jeder wusste, worum es ging.

Kaputt gingen: Glühbirnen nach einer bestimmten Zeit (angeblich, weil dann die Lichtausbeute zu gering war), Röhren in Radios, elektronische Bestandteile, die so getimt waren, dass sie genau beim Batteriewechsel den Geist aufgaben. Entscheidend war, dass jetzt eine zweite Kontrollinstanz etabliert wurde.

Die Werbepsychologen behaupteten, die Seele der Massen zu kontrollieren, die Unternehmer aber kontrollierten wirklich die Lebenszeit der Hardware, und zwar, wie die Psychologie bei Menschen, sobald sie vom Luxus- zum Massengut wurde.

Im Jahre 1880 war eine Glühbirne Luxus. Sie kostete umgerechnet die Hälfte eines täglichen Arbeitslohns. Edisons erste Kunden waren J.P. Morgan und die Vanderbilts. Dann begann durch zunehmende Vernetzung der Haushalte und bessere Produktionsbedingungen die Phase ihrer industriellen Produktion.

1924 trafen sich in Genf die Mitglieder des sogenannten Phoebus-Kartells, zu dem Osram, Philips und General Electric gehörten, und beschlossen gemeinsam, die Lebensdauer von Glühbirnen künstlich zu verkürzen. »Die Lebensdauer der 2330-Lampe«, heißt es in einem Memo, das Vance Packard zitiert, »ist von 300 auf 200 Stunden verkürzt worden ... Wir werden das in keiner Weise öffentlich machen.«[220]

Erstmals hatten Ingenieure die »schöpferische Zerstörung«

als Eigenschaft in die Objekte selbst eingebaut und damit nicht nur etwas Funktionierendes konstruiert, sondern auch etwas nicht Funktionierendes. Um welche Dimensionen es sich bei dem vorzeitigen Tod der Glühbirnen handeln konnte, ist mittlerweile Legende geworden: Im Jahre 1901 wurde in einer kleinen Feuerwehrstation in Livermore in Kalifornien eine Glühbirne angeschaltet. Einhundertelf Jahre später brennt sie noch immer. Auf der Website der Feuerwehr kann man sehen, wie viele Generationen an Feuerwehrhauptleuten die kleine, mittlerweile sehr schwach brennende Lampe überlebt hat.

Der Wunsch der Industriegiganten, selbst zu entscheiden, wie lange etwas funktioniert, war sowohl eine technische als auch eine psychologische Operation. Sie verfielen auf Rezepte, die teilweise auch heute noch angewendet werden und bei einfachen Geräten nichts anderes als entsprechend einfache Algorithmen sind, die entweder das Material oder die Funktionalität betreffen. Manchmal genügte es auch, dass das Produkt in relativ schneller Zeit verschmutzt und unansehnlich war.

Bei komplexen Produkten bestand die Technik darin, das schwächste Glied, »the weakest tie«, zu manipulieren, um so die Funktionalität des Ganzen zu sabotieren. Doch psychologisch war das Todesdatum nur eine Maßnahme, um Überfluss durch Überflüssigkeit zu produzieren, allerdings eine so wirkungsvolle, dass ein amerikanischer Kongressabgeordneter schon bald Mitleid mit den Millionen von Menschen äußerte, »deren Haushaltsgeräte auseinanderfallen«.[221]

Durch die öffentliche Debatte, die insbesondere durch Vance Packard nach dem Zweiten Weltkrieg ausgelöst wurde, hat man das geplante Kaputtgehen vorsichtiger ins Werk gesetzt. Kaputtgehen als Prinzip des Überflüssigwerdens war nun ein dreistufiger, von Ingenieuren, Werbern und Designern gleichermaßen perfektionierter Vorgang. Die ganze Branche sprach so offen wie später nie wieder von den drei Optionen: geplantes Kaputtgehen durch Qualität; das Veralten durch Funktion, weil neue Geräte besser und schneller sind; und schließlich: das »psychische Kaputtgehen«, ein Produkt ist nicht mehr Gegenstand des Begehrens, sondern out of date und dadurch überflüssig. Hierzu gehörten alle Veränderungen des Designs und der Mode, die über Werbung und Vorbilder als notwendig verkauft wurden. Einer der ersten Industriedesigner, Harley Earl, formulierte das »geplante oder dynamische Veralten«, wie er es nannte, so: »Unser großer Job ist es, das Veralten zu beschleunigen. 1934 behielten die Leute ihr Auto fünf Jahre. 1955 sind es zwei Jahre. Wenn es ein Jahr ist, haben wir den perfekten Wert.«[222]

Jahrzehnte vor dem Heraufziehen einer durch Computer berechneten Welt war eine kulturelle Maschine gebaut worden, die deterministisch funktionierte und Überfluss durch eigenes Überflüssigwerden produzierte. Sie produzierte, zumindest in den Augen der Unternehmen, eine kalkulierte Selbstzerstörung, das Ergebnis einer Profitmaximierung, die keine Zufälle, keine falsche oder richtige Benutzung oder Lebensweise, kein Schicksal kannte – sie kam mit der Wucht der Vorherbestimmung. Sie veränderte Kategorien von Zuverlässigkeit, Loyalität und Langfristigkeit bei ganz handgreiflichen Dingen, lange bevor die moderne Mediengesellschaft, Politik und New Economy dies auch bei immateriellen Dingen taten.

Viele Zeitungsartikel und Leserbriefe aus der damaligen Zeit belegen, dass breiten Teilen der Öffentlichkeit bewusst war, dass die Welt, in die sie als Konsumenten eintreten würden, eine Welt der gebrochenen Loyalitäten sein würde.

Warenhäuser und Unternehmen versprachen damals plötzlich keine »lebenslangen Garantien« auf Waren mehr – eine Werbebotschaft, die vor der Weltwirtschaftskrise für Massenprodukte geradezu existenziell gewesen war. Keine zehn Jahre bevor sich im Börsencrash auch der ideelle Kollaps des ganzen Systems anzukündigen schien, hatte Henry Ford, der Urvater der Massenproduktion, erklärt:

»Wir können uns nicht vorstellen, wie wir dem Kunden anders dienen können als dadurch, dass wir ihm etwas anbieten, das, so weit es uns angeht, ewig hält … Es gefällt uns nicht, wenn das Auto eines Käufers kaputtgeht oder veraltet. Wir wollen, dass derjenige, der eines unserer Autos kauft, niemals wieder ein anderes kaufen muss. Niemals machen wir eine Verbesserung, die das vorhergehende Modell veraltet sein lässt.«

Nunmehr wurde, wie Giles Slade minutiös erzählt, das alte Versprechen der »lebenslangen Garantie« gestrichen und durch ein neues ersetzt: »instant gratification«, unmittelbare Wunschbefriedigung. Es war der endgültige Übertritt vom Ding an sich ins Hirn, dorthin, wo Hormone ausgeschüttet werden und Abhängigkeiten entstehen.

Vor allem aber schuf man auf diese Weise ein neues, simples und vereinfachendes Gesetz der Geschichte, das trotz einer verbreiteten Technikskepsis heute auch solche Bereiche der menschlichen Gesellschaft erobert hat – von Börsen bis zu sozialen Gruppen –, die das Gesetz einer Vorherbestimmung sonst rigoros ablehnen würden: Technologischer Fortschritt begründet sich aus sich selbst heraus. Wer nicht mithält, verliert den Anschluss.

Der Journalist Eli Pariser hat in seinem Buch »The Filter Bubble« darauf hingewiesen, dass sich dieser gespielte Fatalismus schon grammatisch in der Bevorzugung von Passiv- statt Aktivkonstruktionen ablesen lässt, denn »Technologen … sprechen selten davon, dass etwas geschehen ›könnte‹ oder ›sollte‹ – bei ihnen ›wird‹ etwas geschehen. ›Die Suchmaschinen der Zukunft werden personalisiert sein‹, erklärt Googles Vice President Marissa Mayer wohlgemerkt im Passiv«.[223] Pariser, der Google,

Facebook und Amazon ein wenig überbordend vorwirft, dass sie uns nicht auf neue Dinge hinweisen, hat dennoch, ohne leider tiefer zu graben, eine Ahnung von dem viel grundsätzlicheren Problem: sie alle, so schreibt er, hätten in den Tiefen ihrer Codes »eine schlechte Persönlichkeitstheorie«.[224]

In einer Welt, in der der Informationskapitalismus das Innere des Kopfes vermarktet, ist es nicht mehr das Produkt, sondern der Mensch selbst, der der »geplanten Veraltung« ausgesetzt wird. Deshalb zählen seine Erfahrungen, Arbeitszeugnisse und Loyalitäten nichts mehr. Deshalb ersetzt »instant gratification« die lebenslange Loyalität. Deshalb ist »Liquidität«, die Verflüssigung von Zahlen, Identitäten, Lebenswegen, Berufen das Gebot der Stunde.

In dem Maße, in dem Menschen automatenähnlicher funktionieren müssen, ist »Death Dating« das zentrale, weithin unterschätzte Prinzip unserer sozialen Welt geworden. Ein sechsunddreißigjähriger Schriftsteller hatte intuitiv verstanden, dass es nicht nicht nur um eine Manipulation der Dinge, sondern um eine der Menschen ging, und dieser Erkenntnis verdanken wir den Schlüsseltext der modernen Gesellschaft schlechthin. 1932, im gleichen Jahr wie Londons Essay über das »geplante Veralten« erschien Aldous Huxleys Roman »Schöne neue Welt«, der – worauf Neil Postman schon vor Jahren hinwies – unsere heutige Situation sehr viel realistischer erfasst als Orwells »1984«.[225] Indoktrinationsmaschinen flüstern dort den in Trance versetzten Menschen ins Ohr, dass sie die Sachen nicht reparieren, sondern wegwerfen sollen (»ending is better than mending«). Eine Gesellschaft, in der nicht nur Klamotten und Apparate, sondern vor allem auch Menschen »Fabrikationsfehler« haben, geht wie selbstverständlich davon aus, dass man zeitlich begrenzte Lebenszyklen in menschliche Fähigkeiten, Talente, Emotionen und Loyalitäten künstlich einprogrammieren kann. Bei Huxley geschieht dies durch Veränderungen der genetischen Information. So weit sind wir glücklicherweise noch nicht, aber nahe dran sind wir schon. Bei uns werden, wie wir noch im Detail sehen werden, digitale Informationen ausgelesen und bewertet, die vorhersagen, wie lange ein Arbeitnehmer noch loyal sein wird, ob er in zehn Jahren noch an der Stelle funktioniert, für die man ihn heute engagiert, oder ob er überflüssig wird. In die Mechanik der Lebensläufe ist längst ein Schalter eingebaut, der den Menschen, ohne dass er auch nur die Gründe dafür kennt, an- und abschalten kann.

»Transmutation« ist das ständige An- und Abschalten von Fähigkeiten und Eigenschaften im großen Genpool des sozialen Lebens. Einer der weltweit wichtigsten Vermarkter von Lebensläufen, Reid Hoffman, Gründer von Linkedin, formuliert unsentimental, worum es heute geht: »Es gibt kein wahres ›Selbst‹ irgendwo in dir drinnen, das du durch Selbstbeobachtung entdecken könntest und das dir die Richtung weisen könnte.«

Man muss sich davor hüten, solche Behauptungen nur als Privatphilosophie erfolgreicher Unternehmer zu verstehen, die auch einmal ein Buch schreiben wollen. Im Gegenteil: Sie führen direkt ins Herz der neuen Ideologie, dort, wo multinationale Apparate das Sein des neuen Menschen produzieren.

»Tun heißt tun und nicht: darüber nachdenken.« Das ist kein psychologisches, sondern ein physikalisches Weltbild. Es ist das, was Computer sagen würden, wenn sie über Seelen reden könnten.

»Man kann«, so hat der Philosoph R. G. Collingwood das Konzept der neuen Physik unter dem Beifall der Cyber-Protagonisten formuliert, »was ein Ding ist, nicht von dem trennen, was es tut.« Die Aufhebung dieser Unterscheidung, so Collingwood, ist zugleich die Aufhebung von Geist und Materie. Damit wird das, was ein Mensch ist, automatisch zu einem moralischen Werturteil, das sich nur aus seinem Handeln ableitet.

Weil Identität nicht mehr in etwas gründet, was man ist, kann man auch nicht kaputtgehen wie das fallen gelassene Spielzeug. Der Mensch der Cybermoderne wird an- und abgeschaltet, wenn ihn die Knoten des Netzes von Informationen abtrennen.

Genau dort, wo das Silicon Valley seine neue Ideologie vorbereitete, finden sich historisch die ersten Anzeichen dafür, dass Menschen diese Veränderung instinktiv spürten.

Eines Tages, im Dezember des Jahres 1964, trat ein junger Mann vor ein Mikrofon vor protestierenden Studenten und rief ein paar Sätze, die später legendär werden sollten: »Wir sind ein Stück Rohmaterial, das nicht in ein Produkt verwandelt werden will, das nicht von irgendwelchen Kunden der Universität gekauft werden will. Wir sind menschliche Wesen.«

Er hieß Mario Savio, und er rief diesen Satz am 2. Dezember 1964 auf dem Campus der amerikanischen Berkeley-Universität. Der Protest des »Free Speech Movement« (der sich später weltweit in der Studentenrevolte entladen sollte) richtete sich erstmals gegen die Verwertung von Seele, Geist und Wissen für die Apparate des militärisch-wissenschaftlichen Komplexes. Denn genau das hatten in einer heute unvorstellbar offenherzig wirkenden Weise die Eliten für die junge Generation des Jahres 1964 vorausgesagt.

Wer nachliest, was Clark Kerr, der Kanzler der Universität Berkeley, gegen den sich die Proteste vor allem richteten, 1963 in einer Vorlesungsreihe verkündete, kann ermessen, welche enorme Vorlaufzeit das Konzept der Wissensgesellschaft von der Idee bis zur Implantierung hatte.

1963 zeichnete Kerr das Bild einer Welt, die sich in fast nichts von der heute erreichten Wirklichkeit unterscheidet. Er sagte das Entstehen einer digitalisierten »Wissens-Industrie« voraus, in der der »Intellekt eine Angelegenheit des nationalen Interesses wird … ein Bestandteil des militärisch-industriellen Komplexes«.[226] Gesagt, während in Südostasien der Vietnamkrieg tobte, war klar, dass Denken jetzt Kriegsführung werden sollte. Denn das neue »Wissen« hatte nichts mehr mit dem zu tun, was Generationen unter dem Wort verstanden. Es setzte noch nicht einmal theoretisches Denken voraus.

Der Philosoph Gilbert Ryle, auf den sich der Universitätskanzler bezog, machte für die Missverständnisse die, wie er fand, fatale Unterscheidung von Geist und Körper verantwortlich. Es sei auch Wissen, wenn man eine Handlung ohne weitere Überlegung auszuführen wisse. Intelligentes Handeln bestehe aus der Anwendung von Regeln: Tun ist bereits eine mentale Operation.

Das unterscheidet sich in nichts von den Vorstellungen, die im Kerzenschein der alchemistischen Labors ausgebrütet wurden, nur dass jetzt das Laboratorium sich vollständig verändert hat. Es waren die »Maschine«, der »Apparat« und vor allem der Großcomputer, die symbolisches Handeln sofort in Wirklichkeit umsetzten.

Die damaligen Studenten verstanden das instinktiv. Viele von ihnen hatten die Lochkarten um den Hals hängen, mit denen die damaligen Universitäten Studenten und Personal managten. Einer hatte den Warnhinweis, den die Karten trugen, abgewandelt: »Ich bin ein Student. Bitte nicht falten, knicken oder verunstalten.«

Jahrzehnte später sagt einer der erfolgreichsten Karriere- und Lebenslaufmanager der Informationsökonomie, der Linkedin-Mitbegründer Reid Hoffman, dass jeder Mensch ein »Start-up-Unternehmen« werden muss. Und er zitiert den Cyber-Propagandisten Marc Andreessen so: »Märkte, die nicht existieren, interessiert es nicht, wie klug du bist. Es ist also völlig egal, wie hart du gearbeitet hast oder wie leidenschaftlich du deinen Interessen folgst: Wenn dich niemand für deine Dienste auf dem Stellenmarkt bezahlt, wird es ziemlich hart. Du hast kein Recht auf irgendwas.«[227]

Dass man nur ist, was man tut, und dass man nur tut, wofür es einen Markt gibt, und dass es nur einen Markt gibt für das, wofür man bezahlt wird, ist das Mantra der neuen Identität.

Im alchemistischen Labor begann jedes Werk mit der Vorstellung der chaotischen Urmaterie, aus der etwas geschaffen werden sollte. Entsprechend lokalisiert der Informationskapitalismus das Chaos im Ich: »Du bist nicht auf einem ruhigen See. Du bist auf einem chaotischen Ozean … Hochtrabende Fragen nach der Identität und dem moralischen Zweck des Handelns brauchen eine lange Zeit, um beantwortet zu werden, und die Antworten verändern sich.«[228]

Es ist konsequent, dass wer so denkt, ein neues »Zeitalter des Undenkbaren« verkündet. »Undenkbar« in des Wortes fundamentalster Bedeutung: eine Welt, in der alles, was gedacht wird, getan wird, weil es sofort digitale Spuren hinterlässt, die nur noch mathematisch – zum Beispiel von Linkedin – ausgewertet werden können. Doch damit wird das Leben selbst zu einer Börse.

Die Börsencrashs der Gegenwart, die »Schwarzen Schwäne«, die Frakturen, die in der Kuppel des Systems entstehen, zeigen in den Augen Reid Hoffmans, immerhin der Verwalter von Millionen von Lebensläufen, dass Volatilität, sinkende und fallende Lebenskurse, zur neuen Existenznorm werden:

»Fragilität ist der Preis, den wir für eine Welt, die mit Hyperlinks verbunden ist, zahlen werden, eine Welt, in der alle Puffer aus dem System wegoptimiert wurden. Die Ökonomie, Politik und der Arbeitsmarkt bergen eine Menge unerwarteter Schocks. In diesem Sinn wird die Welt von morgen mehr wie das Silicon Valley von heute aussehen: dauernder Wechsel und Schocks.«[229]

Der Mensch nach Hoffman ist ständig im Radarmodus. Er weiß, dass seine Lebensform fragil ist, und wenn er nicht wie ein Börsentrader ständig bereit ist, Chancen zu nutzen, riskiert er

»eine riesige Explosion in der Zukunft«. Der Mensch selbst wird nun zu einer vollkommenen Verkörperung von Nummer 2. Er screent die Mitspieler, die vom gleichen Ehrgeiz und dem ausschließlichen Wunsch nach Profitmaximierung getrieben sind, und er schreibt sich gewissermaßen seine eigenen Risikoversicherungen. »Indem du systematisch Volatilität in dein Leben einbaust, gelingt es dir, die ›Schocks mit Würde zu absorbieren‹«. Kurzum: der Mensch als Trader seines eigenen Lebens.

Eine mathematisch im Millisekundentakt messbare Volatilität ist kein Merkmal von Börsen mehr, sondern von menschlicher Identität.

Vom Menschen wird in einer im Wortsinne perversen Übertragung ökonomischer Krisenverursachung erwartet, dass er das tut, was die Börsenplätze der Welt ihm vormachen: Er muss in sich »selbst investieren« und enorme Risiken eingehen und, zur Not, Crashs und Schocks künstlich in seinen Lebenslauf einbauen.

Wie soll man so ein Leben leben?

Als Standardmodul, als »default setting«, empfiehlt die neue Elite, »Ja« zu sagen: »Was würde passieren, wenn du ›Ja‹ einen Tag lang standardisieren würdest? Eine ganze Woche? Ja!, was auch immer geschieht.« Denn die Drohung ist klar: »Wenn du keine Risiken findest, finden sie dich.«[230]

28 Reengineering

Der zerlegte Mensch ist eine Goldmine

Ja, du bist etwas anderes als ein Online-Schuhversand. Aber du verkaufst dein Gehirn, dein Talent und deine Energie. Und du tust es inmitten eines gewaltigen Wettbewerbs.« Das ist das Mantra Reid Hoffmans, und es kann kein Zweifel bestehen, dass er die Doktrin des neuen Informationskapitalismus ausspricht.

Menschen, heißt das, werden künftig in einer neuen Arbeitsteilung leben: sie werden zu den Arbeitern, Angestellten und Unternehmern ihrer eigenen Seelenfabrik. Sie sind umgeben von Menschen, die genau das Gleiche wollen, die genauso twittern, facebooken, bloggen, fotografieren, arbeiten wie man selbst.

Angesichts dieser sich börsenähnlich ständig wandelnden Informationen, die alle auf einem volatilen Arbeitsmarkt ausgewertet werden können, ist die einzige Überlebensstrategie die, die Nummer 2 empfiehlt: Man muss alle anderen auf ihren Egoismus reduzieren, auf einen Bluff, auf einen Plan, den sie verschweigen und mit dem sie das Spiel des Lebens gewinnen wollen.

Wer die aktuelle Kommunikation im Netz kennt, ihre Hassbereitschaft und ihre Unterstellungsfreude, wird feststellen, dass dieses Spiel bereits gespielt wird.

Im Informationskapitalismus übernimmt das Ich nun sowohl die Rolle des despotischen Fabrikbesitzers als auch die seiner

Arbeiter und sogar seiner Produktionsmittel. Das Material, mit dem es produziert, besteht aus Informationen. Sie sind das Gold der Gegenwart. Aber – als wäre der Albtraum von Soddys Zeitgenossen wahr geworden – ein Gold, das im Überfluss vorhanden ist. Erstaunlicherweise mindert das nicht seinen Wert, sondern steigert ihn.

Jahrtausendelang sind Menschen gedankenlos an gewaltigen Mengen von düsteren, übel riechenden oder nutzlosen Stoffen vorbeigegangen. Erst versuchten sie erfolglos, die unattraktiven Materialien in Gold zu verwandeln. Später hatten sie gelernt, wozu man Kohle oder Erdöl verwenden konnte, dass es sich um Rohstoffe handelte.

Der amerikanische Physiknobelpreisträger Arno Penzias hat das mit einem schönen Witz erklärt: »Wenn ich süße, braune Gelatine auf Ihrer Krawatte sehe, ist es Schmutz. Aber wenn ich denselben Schmutz auf einen Teller lege, ist es Schokoladenpudding. Daten sind wie Schmutz, aber wenn Sie sie einmal an ihren richtigen Ort bringen und eine Ordnung herstellen, wird es Wissen.«[231]

Nicht nur jedes Ereignis im Leben eines Menschen wird Information, sondern auch der Tausch dieser Ereignisse mit unendlich vielen anderen, die digital aufgezeichnet werden. Nicht nur der Fleck auf der Krawatte, auch die Handbewegung, die ihn zu entfernen versucht, die Geschwindigkeit, mit der Sie sie in die Reinigung bringen, die Häufigkeit, mit der die Krawatte wieder befleckt wird, die Art des Flecks, die Anlässe, zu der die Krawatte getragen wird – all das sind potenziell längst auswertbare und verkäufliche Informationen. Und das ist nur aus der Perspektive einer einzigen Krawatte gesprochen: Was, wenn es unzählige Krawattenträger sind, die Kellner im Lokal, das Personal im Flugzeug, die Hersteller des Schokoladenpuddings und der Krawatte selbst?

Zwar ahnen heute immer mehr Menschen, dass sie mit Fotos oder Kommentaren in soziale Netzwerke hineingezogen werden können, die sie selbst nie betreten haben, weil es eine Datenverbreitung durch Dritte gibt, auf deren Fotos sie zufällig zu sehen sind. Doch was für Fotos gilt, gilt für jede Form der Information. »Wenn ich meine genetischen Daten weitergebe«, sagt eine Informatikerin, die sich bei Microsoft mit »Big Data« befasst, »gebe ich auch Daten meines Bruders, meiner Mutter, meiner künftigen Kinder weiter. Die große Frage wird sein: Wem gehört die E-Mail-Kette zwischen dir und mir?«[232]

Längst ist klar, dass dies alles auch für die Arbeitswelt gilt. Jeder Handgriff, jede Bewegung, jedes Nicken des Kopfes produziert ein Wissen, von dessen Auslegung man selbst nichts ahnt; jeder Gedanke, jeder Satz, jede E-Mail produziert ein Narrativ, das man erst begreift, wenn es einem wie von einem Untersuchungsrichter als Geschichte des eigenen Tuns und Handelns präsentiert wird. Dann werden Krankheitstage mit Codes für Gefühle, Bewegung und bald auch Blicke, Körpersprache und Mimik verbunden – denn Googles letzte Erfindung, die Datenbrille Google Glass, wird Apps anziehen, die die Authentizität des Lächelns und die Botschaft der Körpersprache entziffern.

In den Datenstrom münden mittlerweile auch Erkenntnisse, die aus Hirnscans gewonnen werden und mit denen Firmen wie Lucid Systems die »unausgesprochene Wahrheit« ermitteln wollen. Damit aber wird auch eine andere Grenze der Materie zerstört: die Vergangenheit.

Jedermann würde sagen, dass das, was war, geschehen sein muss, sonst gäbe es keine Häuser, Tempel, Kunstwerke, Bücher, Städte oder Länder. Jetzt aber geht es darum, warum Dinge so geschehen sind, wie sie geschahen, und wie sie hätten noch anders geschehen können.

»Von einem wissenschaftlichen Gesichtspunkt aus müssen wir, um zu prognostizieren, was in der Zukunft passieren könnte, nicht nur wissen, was in der Vergangenheit passiert ist, sondern was hätte passieren können.«[233]

Bei Aktienanalysen weiß jeder, was gemeint ist, wenn er an Wertentwicklungen in der Vergangenheit denkt, die auf die Zukunft hochgerechnet werden. Im Augenblick werden solche Analysen aber bereits in kleinem Format auf das menschliche Erleben angewandt – etwa bei der Untersuchung von Finanzbetrug in Unternehmen der Wall Street – und womöglich bereits von den Personalbüros großer Unternehmen.

Was die Akkumulation von »Big Data« angeht, sind wir, wie der Google-Ingenieur Martin Wattenberg sagt, noch im vorindustriellen Zeitalter.[234] Solche »Transaktionsdaten«, das heißt die Ergebnisse der Kommunikation zwischen Menschen und Dingen und Menschen und Menschen, werden in riesigen Supermärkten gelagert, und wer genau hinsieht, erkennt, dass es Hände, Arme und Beine, Bewegungen und Gedankenströme sind, die dort darauf warten, in Geld verwandelt zu werden. Es sind die Automatenpuppen, die in Merlins Museum die isolierten Bewegungen ihrer Arme, Hände und Augenlider demonstrierten.

Firmen wie das amerikanische ClearStory bieten solche Informationen jetzt in jedem beliebigen Zuschnitt an, indem sie öffentlich zugängliche Daten mit solchen kombinieren, die ihnen Firmen zur Verfügung stellen. »An welchem Platz soll McDonald's welche Menschen wie füttern?«, lautet eine der harmloseren Fragestellungen.

»Wir machen Daten konsumierbar«, sagte die Vorstandsvorsitzende Shahani-Mulligan in einem Gespräch mit der »New York Times«. Man darf sich von dem langweiligen Wort »Daten« nicht sedieren lassen. Gemeint ist: Wir transmutieren menschliche Gedanken und Mikro-Handlungen in konsumierbare Stoffe. Worum es sich bei dem transmutierten Seelenstoff handelt, macht die Unternehmenschefin Mulligan auch deutlich: Es ist »Gold, das seit 30 Jahren in Datenbanken weggeschlossen wurde«.[235]

Es stimmt, was Earl Shorris einst schrieb, dies ist das Informationszeitalter, aber Information ist nicht der Vorgänger des Wissens, sondern sie ist das Werkzeug des Verkäufers.[236] Wenn im neuen Weltbild, um einen erfolgreichen Buchtitel zu zitieren, das ganze Universum ein Computer ist, der nichts anderes tut, als Informationen zu verarbeiten, dann verschmelzen Mikro- und Makrokosmos wie noch niemals seit den Zeiten des magischen Denkens.

Es ist nicht wahr, dass nur zählt, was Geld ist, sondern: Alles ist Geld. Buchstäblich. Von den einzelnen Sequenzen des genetischen Codes über die gedanklichen Assoziationen, alle Formen der Bewegung in Raum und Zeit. Es gibt in dieser Welt keine strukturelle Notwendigkeit mehr für klassische Arbeiter, aber auch nicht für einen Großteil der geistigen Arbeit. Arbeitsmärkte entstehen für die Analytiker, die die Informationen über Informationen auswerten, sei es an der Wall Street oder im Unternehmen.

Menschen sind keine Zahnräder mehr in diesem Automaten, sie sind sein Produkt. »Das naive Vorurteil«, schreibt ein Mathematiker des MIT, »dass physische Objekte ›wirklicher‹ sind als ideale Objekte, ist immer noch tief im westlichen Denken verankert … Eine Konsequenz dieses Glaubens ist, dass unsere Logik immer noch dem Muster physikalischer Objekte folgt.«[237]

Hier wird ein Unterschied geleugnet, der zur Alltagserfahrung und zum *common sense* der Menschen gehört. Wenn es der Geist ist, der die Elemente manipuliert und kontrolliert, dann gilt dies auch für den Geist selbst: Er kann ebenso manipuliert und kontrolliert werden wie Stahl, der zu Autoblechen wird. Selbst die Informatikerin Danah Boyd, die sich bei Microsoft um genau diese Fragen der »Big Data«-Verarbeitung kümmert, spricht von einem »sonderbaren Augenblick des Grusels«.[238]

Denn in einer solchen Welt, in der die einzige konkrete und solide Sache Informationen sind, können die menschlichen Sinne keine Überlebenswerkzeuge mehr sein, ja nicht einmal zulässige Beweismittel.

Schauen Sie, dort drüben in der Ecke stehen Leute, die sich unterhalten. Sie tauschen Informationen aus, sie amüsieren sich, sie machen Geschäfte, vielleicht reden sie auch nur Belangloses. Entscheidend ist, dass sie alle durchs Sprechen einen gemeinsamen sozialen Raum bilden. Eine amerikanische Firma hat sich auf die Analyse solcher Räume spezialisiert, ihr digitales Namensschild nTAG zeichnet genau auf, wer mit wem wie lange redet.

Der Tauschhandel zwischen Geist und Sache, zwischen Software und Hardware, findet über Routinen statt. Das ist der Grund, warum alle Religionen solchen Wert auf Exerzitien und Rituale legen. Alles in ihnen ist definiert, jede Handbewegung und jedes Wort, ein ewiger Algorithmus, der in den meisten Fällen die Verwandlung von Materie in Geist oder von Geist in Materie zum Ziel hat. Es ist ein Austausch, der vom Abendmahl über die Labors der Alchemisten bis zum Zenbuddhismus reicht.

Im Alltagsleben allerdings sind sich die meisten Leute heute darin einig, dass man Routinen besser von Sklaven ausführen lassen sollte. Routinen, so sagen sie seit Henry Ford seine ersten Fließbänder baute, machen Menschen kaputt. Jeder denkt an

Fließbänder und Stumpfsinn, besser geeignet für Maschinen als für denkende Wesen. Jetzt, wo dieser Sklave in Gestalt des Computers unser gesamtes Leben nach Routinen absucht, die er für uns übernehmen kann, gehen die Propagandisten der neuen Arbeitswelt noch einen Schritt weiter.

Jetzt steht das ganze konventionelle Leben, das auf einer stabilen Identität und einer regelmäßigen Arbeit aufbaut, in dem Verdacht, nichts anderes als eine solche Routine zu sein. »Zwanzig Jahre Erfahrung«, sagt Andy Hargadon, Betriebswirt an der Universität von Kalifornien, »sind oft nur ein Jahr Erfahrung, die zwanzig Mal wiederholt wird.«

Das »Ich« ist in dieser Sichtweise eigentlich nur eine störende Gewohnheit, ein Automatismus, der stumpf und träge macht. Weil man nur ist, was man tut, und ständig etwas Neues tun muss, produziert man auch permanent ein neues volatiles Selbst. Das individuelle Ich ist, im Idiom der angewandten Informationstheorie, nichts anderes als »Noise«: »Wir brauchen keine Namen«, sagt ein Google-Manager der »New York Times«, »Namen sind nur Rauschen.«

Das suggeriert, ganz in der Logik der »kalifornischen Ideologie«, dass der Mensch als Avatar und befreit von den Zwängen der Wiederholung gleichsam körperlos wird, ein reine Idee, Zeit und Muße zur Kontemplation und Kreativität findet und, nebenbei gesagt, sich auch nicht mehr mit zermürbenden Arbeitserfahrungen herausreden kann, wenn ihm die Kraft zu dieser Kreativität fehlt.

Es lohnt sich, die Sache auf einem anderen Bildschirm anzuschauen, dort, wo Menschen essen müssen, geboren werden und sterben. Alle die Daten, die in den Datensupermärkten zum Kauf angeboten werden, stammen von Fließbändern, in denen Apparate sie, wie glühende Verdrahtungen, aus Menschen herausgelöst haben.

Während in der Realwirtschaft Roboter Autos oder Kaffeemaschinen aus unzähligen Teilen zusammensetzen, verschweißen, lackieren oder verpacken und am Ende mit einer Marke versehen, zerlegen auf den Fließbändern des digitalen Kapitalismus die Apparate den Menschen in seine Einzelteile. Wenn der Mensch ist, was er tut, dann gilt das auch umgekehrt: Man weiß, was er ist, wenn man beobachtet, was er tut. Weiß man genug, weiß man, was ein Mensch tun wird, auch wenn der selbst es noch gar nicht weiß.

Das Fließband, darauf hat Sigfried Giedion in seiner grundlegenden Geschichte der Mechanisierung hingewiesen, war immer schon als eine automatische Einheit gedacht, »worin der Mensch nur als Beobachter handelt«. Die Anwesenheit von Arbeitern sollte nur vorübergehend sein, solange die Maschinen besonders komplexe Handgriffe noch nicht beherrschten.

1929, inmitten der Weltwirtschaftskrise, ging der amerikanischen Unternehmer L. R. Smith den naheliegenden Schritt weiter, als er eine Schrift mit dem Titel »Wir bauen eine Fabrik, die ohne Menschen arbeiten wird« publizierte. Interessant ist heute nicht Smiths Vision, die uns alltäglich vorkommt, sondern wie er auf seinen Einfall kam:

»Die Antwort lag im Unterbewussten der Ingenieure … Höchstwahrscheinlich ist es so, dass wir durch unsere tägliche Beobachtung, wie die Arbeiter immer wieder tagaus, tagein dieselben Handgriffe ausführten, veranlasst wurden, eine hundertprozentige Mechanisierung der Karosserieherstellung anzustreben.«[239]

Wenn heute alle Bildungssysteme angewiesen sind, immer mehr Spezialisten auszubilden, stellt sich die Frage, ob die Spezialisten nur deshalb gebraucht werden, damit die Maschinen ihnen ihr Spezialistentum abschauen und sie schließlich ersetzen können.

»Eine menschliche Spezialisierung«, hat Hugh Kenner geschrieben, »wird sie sorgfältig genug beobachtet, ist mechanisch reproduzierbar, und wenn ein Mensch ein Spezialist geworden ist, so ist dieser Mensch selbst mechanisch reproduzierbar.«[240]

Das gilt insbesondere dann, wenn der kognitive Leistungszuwachs der Computer in dem Maße steigt, wie es heute die spezialisierten Cyber-Evangelisten voraussagen. Die Tatsache, dass wir heute von den Maschinen »beobachtet« werden – ein Gedanke, auf den ein Ingenieur ja erst mal kommen muss –, hat im Bereich des Informations-Markt-Staats fast immer die gleichen drei, sich häufig überschneidenden Gründe: Im Bereich der Überwachung geht es darum, Wissen über künftiges soziales Verhalten zu erlangen, um uns zu kontrollieren; im Konsumbereich, Wissen über unser Kaufverhalten zu erlangen, um uns zu beraten (oder zu manipulieren); im Bereich der Produktion, Wissen über unser Wissen zu erlangen, um uns zu ersetzen.

Heute, im Zeitalter von »Big Data«, sind es keine menschlichen Beobachter an den Fließbändern, sondern Geräte, die wir mit uns herumtragen, die uns tracken und unsere Handlungen und Gedanken beobachten, sie auseinandernehmen, in digitalen »Lagerhallen« verwahren und je nach Bedarf für den Kunden neu zusammensetzen.

Der Unterschied zu den Fabrikhallen, die Sigfried Giedion beschrieb, liegt darin, dass moderne Technologien, die über ein Computer-Interface ausgeführt werden, nicht nur Handlungen für den Menschen ausführen, sondern jede dieser Handlungen in Information übersetzen. Sie schreiben gleichsam permanent einen Roman über das, was Menschen mit ihnen und durch sie tun. Nunmehr wird nicht mehr nur ein Knopf gedrückt, sondern gleichzeitig ein Text geschrieben.

Die moderne Sprache der Arbeit fragt: Wann? Wo? Wie lange? In welcher Stimmung? Mit wem? Wie oft? Wie schnell?

Nicht nur der Arbeiter an der Maschine wird von diesem Subtext beschrieben und gelesen – wie sich mittlerweile selbst in den kritiklosesten Social-Media-Gemeinden herumgesprochen hat –, sondern jeder, der durch die digitale Maschine am Markt des Denkens und Redens beteiligt ist.

Die Erste, die auf dieses Phänomen hingewiesen hat, war Shoshana Zuboff, die Ende der Achtzigerjahre für diese Arbeitsumgebungen den Begriff des »elektronischen Textes« erfand. Seither wird nicht mehr nur die Welt der Arbeit, sondern das ganze menschliche Leben von dem elektronischen Text wie ein Schatten verfolgt.

Die wenigsten von uns kennen diesen Text. Fast alle sind wir Analphabeten mit Blick auf den Roman unseres eigenen Lebens. Geschrieben in einer Sprache, die wir nicht verstehen, verschlossen wie die Heiligen Schriften und von Deutern und Exegeten interpretiert, deren Maßstäbe wir nicht infrage stellen können.

Kein Arbeitgeber, keine »Homeland Security«, aber auch kein Google, Apple oder Amazon lassen sich da, wo es ernst wird in der angeblich transparenten Welt, wirklich in die Karten schauen. Sie sind wie Priester, die eifersüchtig über die Deutung des Wortes Gottes wachen. Dabei liegt die Macht in der Moderne darin – wie Shoshana Zuboff hellsichtig schon vor Jahrzehnten festhielt –, wer diese Texte nach welchen Regeln interpretiert.

Diese Regeln entsprechen dem, was man menschliches Controlling nennen könnte: Es geht ausschließlich um Effizienz und Optimierung, sei es beim Einkauf, sei es bei der Risikoprognose von Aktien oder Krankheiten. Der elektronische Text wird benutzt, um die bewusste oder unbewusste Logik menschlichen Verhaltens zu bestimmen. Vor allem aber soll er, was in seinen Folgen bisher kaum debattiert wird, die *Widersprüche* aufdecken, die unser Verhalten zeigt.

29 Du

Wie die Essenz einer Person gelesen und vermarktet wird

Wann immer Sie, lieber Leser, künftig Probleme haben werden – ob bei der Passkontrolle, der Karriere oder bei der Kreditwürdigkeit –, immer wird es um Widersprüche gehen. Die ganze Karriere von Nummer 2 und seinen zunehmend spieltheoretischen Instrumenten ist eine gedankliche Operation, um Widersprüche zu eliminieren.

Das Mantra der neoklassischen Ökonomie war die Selbst-Konsistenz von Nummer 2, dem »homo oeconomicus«: Er konnte sich nicht widersprüchlich zu seinen eigenen egoistischen Antrieben verhalten; selbst als Altruist dient er dem Eigennutz.

In allem ist eine Logik enthalten, selbst im Widerspruch, im Versagen, im Versuch, ein anderer sein zu wollen, als man ist. Mögen auch Generationen von Ökonomen und Psychologen (die ein ganz anderes Bild des menschlichen Ichs hatten) gegen diesen Befund opponiert haben, in Zeiten der Berechenbarkeit ist er aktueller denn je. Dort, wo das Denken, das bewusste und unbewusste Tun eines Menschen Widersprüche aufweisen, besteht die Möglichkeit, seinen »wahren« Absichten auf die Spur zu kommen: seinen egoistischen Zielen.

Sehr selten und eigentlich nur dort, wo beispielsweise durch Gerichtsverfahren in den USA die Technologie juristische Beweise liefern muss, kann man einen kleinen Blick in die Tiefe der Analytik werfen.

»Unsere Arbeit ist so, als würde man alle Querverweise in den Tagebüchern von fast wahnsinnig peniblen Tagebuchschreibern lesen«, sagt Elizabeth Charnock, CEO von Cataphora.[241] Ihre Firma hatte jahrelang Daten für Gerichtsverfahren, insbesondere solche, die die Wall Street betrafen, analysiert.

Jetzt, da sie diese Abteilung verkauft hat, gehört sie zu einer der wenigen, die offen über ihre Systeme reden kann. Es ist freilich ein Tagebuch besonderer Art:

»Allerdings ist der Gesamteffekt sehr viel größer, weil offenbar die meisten Handlungen im wirklichen Leben im Autopilot-Modus ausgeführt werden. Deshalb bildet das Porträt, das wir durch diese Handlungen gewinnen können, die Essenz einer Person mit sehr vieler größerer Klarheit ab, als es jemals zuvor möglich war.«[242]

Es waren »Tagebuchschreiber«, nämlich Schriftsteller, die seit der letzten Jahrhundertwende um 1900 den Kollaps von Lebensnarrativen voraussahen. Oscar Wildes »Bildnis des Dorian Gray«, in dem der Held strahlend jung bleibt, aber sein gemaltes Porträt altert und unansehnlich wird, ist in den Augen der Analytiker der Teufelspakt, den viele heute ohne nachzudenken eingehen.

»Die Divergenz«, schreibt Charnock, »entsteht zwischen den aufgehübschten digitalen Identitäten, die Menschen von sich in sozialen Netzwerken aufbauen, und dem Porträt ihres digitalen Du, das wir durch das Zusammenführen sämtlicher verfügbaren Datenbits von allen verfügbaren Quellen herstellen.«[243]

Von Oscar Wilde über Kafka, Aldous Huxley und George Orwell bis hin zu Max Frisch rettete noch die Erzählung über den Identitätsverlust die Identität. Auch Soziologen wie Richard Sennett, die spätestens ab den Neunzigerjahren die Entmächtigung des Einzelnen an der Arbeitswelt im Zeitalter der Globalisierung demonstrierten, glaubten trotz allem Pessimismus immer noch an ein Spiel unter menschlichen Akteuren.

Jetzt hat der Autor gewechselt. Charnock und ihr Team fanden zu ihrer eigenen Verwunderung heraus, dass sie in der Lage waren, »den Charakter von Menschen und Organisationen mit klinischer Präzision zu erfassen«.

Es ist dieser Operationsbericht, in dem künftig die Ich-Erzählung, die unser Leben ist, eingeschrieben wird. Man mag gelernt, studiert haben, einen neuen Anzug oder ein neues Kostüm für das Vorstellungsgespräch gekauft haben – aber das digitale Du trägt keine Anzüge und keine Kostüme, und seine Zeugnisse bestehen aus allen digitalen Daten, am wenigsten aber aus Abitur und Prüfungen.

Was, so fragt Charnock, die seit 2002 »Millionen von interessanten E-Mails und elektronischen Daten« analysiert hat (»Möglicherweise«, wie sie aufrichtig hinzufügt, »auch einige von Ihnen, lieber Leser«), ist überhaupt unsere Antwort, »wenn Google beschlossen hat, dass Sie verdächtig sind?«

Die neuen Lebensgeschichten sind keine Ich-Geschichten mehr, sondern Du-Erzählungen. Eine unübersehbare, zum Teil hoch mathematische Literatur erweckt dieses »digitale Du« zum Leben und verwandelt es in einem atemberaubenden Prozess, ohne dass man es selbst je bemerken wird, zum Mitspieler im großen Lebensspiel von Nummer 2:

Nummer 2, der analysierende Algorithmus, und das digitale Du (man selbst), Nummer 1, stehen sich gegenüber wie die USA und die Sowjetunion im Kalten Krieg. Mit dem Unterschied, dass man selbst die Spielzüge von Nummer 2 fast gar nicht analysieren kann, ja oft allenfalls ahnt, dass mit einem gespielt wird, und man deshalb in seiner Kommunikation vorsichtig ist. Doch Nummer 2 kennt die Macht der Gewohnheit und weiß, dass kein Mensch auf Dauer sein Verhalten kontrollieren kann.

Diese Algorithmen verstehen natürlich nicht, was jemand »meint«, wenn er Worte wie »traurig«, »schlecht«, »ärgerlich« benutzt; sie kennen das Gefühl nicht, das jemand hat, wenn er in seinen Mails »glücklich« ist, höhnisch lacht oder morgens grundsätzlich bestimmte E-Mails als erste beantwortet, andere dagegen vergammeln lässt. Sie verstehen auch nicht, was es »bedeutet«, wenn ein Börsenhändler, den die SEC mit ihrer Hilfe unter die Lupe nimmt, Kunden Aktien empfiehlt und eine Minute später über »deprimierende Märkte« klagt.

Sie müssen das alles nicht verstehen und befinden sich damit in völliger Übereinstimmung mit der neoklassischen Ökonomie.

Was Nummer 2 wirklich tut, wird niemanden überraschen, der seinem Werdegang bis hierher gefolgt ist: Er übersetzt Kommunikation in ein ökonomisches Modell. Unter der Oberfläche der Worte arbeitet eine Ökonomie des Gebens und Nehmens wie eine Motor, »Danke« und »Bitte«, »Ja« und »Nein«, aber in unendlich vielen Kontexten, eine Ökonomie des Profitierens und Verlierens, des Bluffs, der Bestrafung und Belohnung.

»Nachdem wir eine Weile (mit den Algorithmen) gearbeitet hatten, begannen wir zu verstehen, dass wir mehr über unsere Ziele wussten – *wirklich* mehr – als ihre Ehepartner und engsten Freunde. Vielleicht mehr, als sie selbst von sich wussten. Wir wussten nicht nur, ob sie glücklich oder unglücklich waren, sondern auch, was sie dazu machte und wie sie sich dann verhielten. Wir konnten die logische Konsistenz ihrer Ansichten untersuchen und feststellen, ob sie die gleichen Ansichten gegenüber verschiedenen Menschen äußerten. Wir sahen, wer die Anerkennung, die er für seine Arbeit bekam, generös teilte und wer Anerkennung für alles, außer der Erfindung des Internets, für sich einheimste.«

Wir befinden uns jetzt tief im Inneren der Maschine, und dumpf hören wir Ken Binmores Klage, dass Menschen gut dastehen wollen und entsetzt sind, wenn man sie mit egoistischen Mr. Hydes vergleicht.

Nun, die gute Nachricht für Binmore & Co. ist, dass es völlig irrelevant ist, wie Menschen sich selbst gern sehen wollen. Es ist völlig egal, ob wir Bücher über Altruismus und den Wohlfahrtsstaat schreiben; wer sich für andere einsetzt, vergessen wir das nicht, widerspricht nicht der Theorie, sondern hält konsequent an seinen eigenen Interessen fest. Die Markt-Rechenmaschine von Nummer 2 ist trainiert darin, Bluffs zu durchschauen – und seit der Equilibrium-Formel von Dr. Nash besonders dann, wenn man seinen Gegenspieler nicht kennt und nicht mit ihm reden kann.

Charnock beschreibt, wie schwierig es wäre, den »Charakter« ihrer »Ziele« wirklich zu verstehen, wenn man mit ihnen reden würde. Es geht aber, wie wir gesehen haben, in der Welt von Nummer 2 nicht um Psychologie. Es geht darum, ihr Verhalten strategisch so zu analysieren, dass man die Wege und Spielzüge ihres immerwährenden egoistischen Interesses verstehen kann.

Das klingt manchem vielleicht immer noch abstrakt – in der praktischen Arbeit eines analytischen Daten-Miners wird es ganz konkret: »Immerhin wollen Menschen als nett und vernünftig gelten – selbst die, die in Wahrheit böse und cholerisch sind … Aber wir haben einen einzigartigen Vorteil. Selten treffen wir unsere ›Ziele‹. Wir studieren stattdessen einen repräsentativen Querschnitt ihrer elektronischen Spuren, manche reichen Jahre zurück … Für die meisten Menschen entspricht dies einer Menge von Hunderten und Tausenden von Daten-Einheiten.«[244]

Menschen in Arbeitsumgebungen wollen Anerkennung, Erfolg, Geld, Macht; es ist eine soziale Ökonomie, die mithilfe einer sozialen Physik umgerechnet und bewertet wird.

Aber Nummer 2 kann all das in »commodities«, in Waren übersetzen, er kann Nutzenfunktionen (»utilities«) anwenden und bestimmen, wie und in welchem Umfang in digitalen Kommunikationen das Nash-Gleichgewicht erreicht wurde. Er spielt Kalter Krieg, immer und ewig und mit dem gleichen Effekt: »Das digitale Du«, so lautet die Erfahrung von Elizabeth Charnock, »wird also mit viel größerer Wahrscheinlichkeit beim Lügen, Betrügen und Stehlen am Arbeitsplatz erwischt als das wirkliche Du.«

Es ist sinnvoll, an dieser Stelle darauf hinzuweisen, dass Elizabeth Charnocks »Cataphora« mit diesen Instrumenten wirklichen Betrug, wirkliche Lügen, auch in großen finanzökonomischen Skandalen, aufgedeckt hat. Ihre Offenheit ist in gewisser Weise gegenrevolutionär und verdient großen Respekt, denn sie zeigt, wie die Systeme prinzipiell ticken: bei jedem und jeder, auf den sie angewendet werden.

Wenn Cataphora ermittelt, erhält der Mitarbeiter vom Staatsanwalt einen »Freeze«-Brief, der jede weitere digitale Kommunikation, Löschung oder Veränderung von Inhalten untersagt. Aber längst ist klar, dass die gleichen Operationen auch am lebenden Objekt vorgenommen werden, in Echtzeit und ohne Pause.

»Was weiß er, was ich nicht weiß?«, war die Frage eines Traders an seinen Computer, der wir in einem früheren Kapitel begegnet sind. In spieltheoretischen Umgebungen im Pentagon und an der Börse beginnt nach Analyse der Informationen, die man von einem Gegenüber hat, das man so wenig kennt, wie Elizabeth Charnock ihre »Ziele«, das »verdeckte Spiel« – das große Manöver, in dem die Dinge nicht mehr bedeuten, was sie bedeuten, sondern nur noch dazu da sind, Signale zu senden, die bestimmte, vom Signalgeber erwünschte, Spielzüge provozieren. So auch hier:

»Die Tatsache, dass das Porträt (des Menschen) mit ausgefeilten Computerprogrammen gemalt wird, gibt dem Ganzen die

Imprimatur der Objektivität. Die Anwälte und Staatsanwälte, mit denen wir zusammenarbeiten, benutzen unsere verschieden computergenerierten archäologischen Untersuchungen und persönlichen Porträts in Verhören … und sogar in Gerichtsverfahren. Wichtige Zeugen und Verdächtige in großen Gerichtsverfahren erwarten bestimmte Fragen, die für den Fall relevant sind. Ihr Anwalt wird sie darauf vorbereiten. Was sie nicht erwarten, sind Fragen, die sie aus dem Gleichgewicht bringen, zum Beispiel, warum sie bestimmte Angewohnheiten in letzter Zeit geändert haben. Mit anderen Worten, in einem Produkthaftungsprozess ist die Frage ›Wann haben Sie zum ersten Mal vermutet, dass das Produkt fehlerhaft sein könnte?‹ entscheidend. Aber eine Frage wie ›Warum haben Sie aufgehört, mit James freitags zum Essen zu gehen?‹ verblüfft den Zeugen der Gegenseite und versetzt ihn in eine solche Verwirrung, dass es unser Klient im Kreuzverhör nutzt.«

In der »Ökonomie des Geistes« hat niemand Zeit, darauf zu warten, dass jemand Fehler macht. Fehler sind bereits Eingriffe in die Wirklichkeit. Ihr Spiegelbild im digitalen Selbst sind »Widersprüche«. Und um nichts kümmert sich der Code so hingebungsvoll, wie darum, diese zu entdecken und sichtbar zu machen.

In der Welt des 20. Jahrhunderts sind viele unserer Widersprüche untergegangen, unbemerkt von uns und unserer Umgebung. In der Informations-Ökologie des 21. Jahrhunderts sind Widersprüche nicht nur verzeichnet, sie sind schlicht unvermeidlich. In einem System des reinen Geistes, in dem Gedanken durch Berührung übertragen werden, werden sie zwangsläufig zu Handlungen und Regelverstößen.

Man unterschätzt die Analytik, wenn man glaubt, bei Widersprüchen handele es sich nur um gedankliche Unvereinbarkeiten. Die Software analysiert nicht nur Vokabular, Satzbau, sondern auch Emotionen, die im Widerspruch zu Handlungen stehen, sogar auf einer Zeitachse, die das Ausmaß der guten oder schlechten Stimmung angeben.

Was einer getan hat, was einer tut, was einer tun wird: Die Zerlegung des Menschen macht ihn als Bündel unzähliger Daten, das in der »Ökonomie des Geistes« keinen Körper und keine Identität mehr hat, zu nichts anderem als einer Aktie, einer Option, einem Future, kalkuliert von Nummer 2 nach einem Wert, der sich aus unterschiedlichen Auktionen zusammensetzt. So wie die Ingenieure der Dreißigerjahre sich wiederholende Bewegungen in robotische Bewegungen übersetzten, so übersetzen die Codes sich wiederholende Muster in diskrete Informationspakete. Sie ermöglichen schließlich nicht nur Analysen der Vergangenheit, sondern Voraussagen über die eigene Zukunft.

In Modellierungsverfahren, die in Arbeitsplätzen, im Konsum und bei großen, geopolitischen Veränderungen eingesetzt werden, lebt ein Mensch bereits in einer bestimmten Zukunft, die wiederum, wie bei einer Aktie, seinen Wert für die Gegenwart bestimmt, die wiederum in selbsterfüllender Prophezeiung die Zukunft modelliert.

Das beginnt bei der genetischen Vorhersage von Krankheiten und endet beim Arbeitsplatz, der Ausbildung und dem Hauskredit. Auch dafür gibt es schon ein Spielzeug.

Jeremy Bailenson von der Stanford Univerity nennt diese Systeme »Veja Du«: Wir sehen in Simulationen, was mit Körpern, Produkten, Menschen geschieht, die wir in die Zukunft hochrechnen.

Das ist die große Transmutations-Maschine, die Deutschland nur deshalb noch nicht in allem antreibt, weil hier, anders als in England oder den USA, die Realwirtschaft die Rolle der bodenständigen Vernunft spielen kann.

Doch blickt man auf die angelsächsische Welt, erkennt man,

dass es in der Automatisierung menschlichen Lebens keinen großen Unterschied mehr gibt zu L. R. Smiths »Fabriken ohne Menschen«, nur dass es jetzt eine Fabrik aus menschlichen Gedanken, Träumen, Hoffnungen, Lügen und Strategien geworden ist.

30 Massenwahn

Überfluss, Reichtum für alle und die Wissensgesellschaft

Robinson Crusoes selbstversorgendes Mini-Wirtschaftssystem diente Ökonomen lange Zeit als Modell dafür, wie der Mensch – um Walter Kempowski zu zitieren – »tut und macht«.

Hundert Jahre dauerte es, bis ein Leser den heute berühmten Fehler im »Robinson Crusoe« entdeckte: Robinson schwimmt nackt zum Schiff, wo er die Werkzeuge, die er zum Überleben braucht, in die Taschen seiner Kleidung füllt, die er allerdings, da nackt, gar nicht haben kann.

Niemand weiß, warum Daniel Defoe dieser Fehler unterlaufen ist. Vielleicht war er einfach nur abgelenkt. Vielleicht war er auch ein Sadist. In einer Schatzhöhle ist ja nichts schlimmer als der Satz »Nimm mit, so viel du tragen kannst«, wenn man gar nichts tragen kann.

Vielleicht wollte er auch nur sanft andeuten, dass die ganze Geschichte, die nicht er, sondern ein gewisser Robinson Crusoe erzählt, in Wahrheit nur in der Fantasie funktioniert.

Es ist der Fehler, der sich heute in die Biografien der Menschen eingeschlichen hat. Heute werden wir nicht durch Worte, sondern durch Formeln und Zahlen erzählt. Jeder ist eine Art statistischer Durchschnitts-Robinson, ein ziemlich begriffsstutziger und lethargischer Schiffbrüchiger, gestrandet an den Klippen der Informationsgesellschaft und der Globalisierung.

»Wir sind keine Insel mehr«, »Die Welt wartet nicht auf uns«, »Die Zeit von Palmen und Hängematten ist vorbei« lauten die Botschaften des Über-Autors, dessen Stimme sich aus jedem Zeitungsartikel, jeder Talkshow, jeder politisch-ökonomischen Mahnrede zusammensetzt.

Auch Robinson folgte der Informationsökonomie seiner Zeit. Durch die Bibel, die er vom Schiff holte, vernetzte der bisher Ungläubige sich mit Gott, und was wir heute »Wissen« nennen, war für ihn »Vorsehung« (es führt zu weit, aber die Bibel, die Robinson manchmal nur auf gut Glück aufschlägt, um Antworten zu bekommen, spielt im »Crusoe« die Rolle des allwissenden Suchalgorithmus).

Mit Kopf, Hand und Information als den wichtigsten Zivilisationswerkzeugen, so lautet heute die Behauptung, siegt jeder im kapitalistischen Dschungel. Was wir benötigen, ist im Überfluss vorhanden, wenn wir nur unseren Kopf anstrengen, ins Wasser springen und uns von der Arche Noah der Wissensgesellschaft mit Werkzeugen und Informationen versorgen. Robinson hat es auf einer einsamen Insel geschafft, und heute hat selbst ein Massai-Krieger, so einer der modernen Defoes, »der nur mit einem Handy ausgestattet ist, mehr Informationen zur Verfügung als der Präsident der USA vor fünfzehn Jahren«.[245]

Wieso, fragt man sich, ist er dann eigentlich nicht eine Art Präsident?

Das Problem ist: Auf dem Weg von den Felsenklippen zur Arche Noah der Wissensgesellschaft ist den Autoren der neuen Lebensläufe etwas abhandengekommen.

Für die Menschen, die im Informationskapitalismus gewinnen oder verlieren, geht es in ihrem Leben um diesen Moment zwischen Ufer und Schiff. Sie sind mit der Behauptung konfrontiert, dass, wer nur will, alles erreichen kann. Es geht um das fehlende Verbindungsglied zwischen der Verwandlung des nackten Menschen, der Rohmaterial ist, und demjenigen, der sich wie Robinson pedantisch Informationen auflistet (»Bibel, vier Kompasse, Seekarten und Navigationsbücher«), rebootet und sich ein Paradies schafft.

Diese Verwandlung ist es, die man heute »Wissen«, »Kreativität« und »Talent« nennt. Früher hieß sie Bildung oder Geschichte, aber jetzt meint sie viel mehr als je zuvor. »Wissensgesellschaft« heißt: Schwimm nackt hinaus und greife zu.

Robinson hat sich genau das Richtige an Land gebracht: Es ist alles nur eine Frage von Navigationsbesteck und Bibel, das heißt von zwei Technologien, von denen die eine für alles einen Link und die andere auf alles eine Antwort weiß.

Die »Wissensgesellschaft« liebt immaterielle Güter und virtuelles Kapital, betreibt, wie erwähnt, die Entkleidung (»dismantling«) Einzelner und ganzer Unternehmen, und ihr darwinistischer Evergreen heißt »lebenslanges Lernen«. Im Grunde ist »lebenslanges Lernen« ein wunderbares, wenn auch triviales Konzept.

Vielleicht ist der Begriffsschwindel, der mit der Wendung einhergeht, einer der traurigsten Kollateralschäden der Krise, weil er so viel Idealismus in die Irre führte und die besten Seiten des Internets für die eigenen Zwecke ausbeutete. Denn hinter der Pflicht zum »lebenslangen Lernen« des Einzelnen, die in Wahrheit die Pflicht zu dauernder Anpassungsbereitschaft war, verbarg sich die Kenntnis der Schwerfälligkeit von Institutionen.

Der Achtstundentag der traditionellen Arbeitswelt hat nicht nur den Tag, sondern das Jahr und das Leben strukturiert. Heute kann man nicht in einer Ära der Gleichzeitigkeit leben und glauben, die Ökonomie der eigenen Lebenszeit wäre davon nicht betroffen.

Die immer weitergehende Auslöschung von Zeitsequenzen in einer Welt des Hochfrequenz-Handels und der Echtzeitkommunikation frisst sich aus der Mikroebene bis hinauf in die Makroebene, wo die Trennung zwischen Arbeitszeit und Freizeit korrodiert.

»Lebenslanges Lernen« hat die Funktion, diese dauernde Gleichzeitigkeit auch im Kopf herzustellen. So ist »lebenslanges Lernen«, das so ausgeruht und beschaulich klingt, oft genau das Gegenteil dessen, was man damit verbindet: die Fähigkeit, ständig zu verlernen, an was man noch gestern geglaubt hat, auch seine eigene Identität. Denn was es war, was man lernen sollte, außer dem ebenfalls missbrauchten Begriff »Kreativität«, war selbst den Unterrichtsbehörden schleierhaft, die binnen weniger Jahre Ausbildungsprogramme gleich vollständig und widersprüchlich umschrieben.

In Kalifornien beispielsweise fiel die staatliche Beteiligung an Universitäten innerhalb von drei Jahrzehnten um 30 Prozent, was zu der bizarren Situation führte, dass im Eldorado des neuen Denkens der Staat ein Drittel mehr für Gefängnisse als für Universitäten ausgab.

Ausgerechnet in die Ära der »Wissensgesellschaft« fällt auch die Deklassierung der deutschen Universität und ihrer Studenten, in der genau die Kreativität ausgeschaltet wurde, die doch so erwünscht war.

Der ökonomische Nutzen wurde nicht etwa nur von »Bildung« neu berechnet, sondern ein grundsätzlicher Perspektivenwechsel hatte stattgefunden. Die Idee von Lernen und Bildung zielte darauf, stabile Identitäten herauszubilden, die ein ganzes Leben lang halten konnten. Denn tatsächlich kostet Allgemeinbildung, die nicht sofort auf die industrielle Verwertbarkeit zielt, eine Gesellschaft am wenigsten und hat die langfristigsten Wirkungen auf das Leben.

Das aber ist die Perspektive des Individuums. In den liquiden Kommunikations- und Arbeitsverhältnissen der Gegenwart ist Identität schon deshalb störend, weil sie Loyalitäten einfordert, die heute nicht mehr garantiert werden. Von hoch spezialisierter Bildung im Schnelldurchlauf profitiert, wie der Anthropologe Joseph Tainter in seinen richtungsweisenden Studien über den »Kollaps komplexer Gesellschaften« gezeigt hat, immer nur ein vergleichsweise schmaler Sektor der Gesellschaft, während sich aber die Kosten auf alle verteilen.[246]

Man kann eben nicht von »immateriellen Gütern« sprechen und glauben, der Inhalt des eigenen Kopfs habe nichts mit der zukünftigen Entwicklung von Märkten zu tun. »Lebenslanges Lernen« war jahrhundertlang eine Trivialität, ehe es von der Wall Street umgedeutet wurde und jetzt bedeutet: sich in jeder Sekunde auf neue Marktgegebenheiten einstellen.

»Wissensökonomie«, »Informations-«, und »Servicegesellschaft«, »Ich-AG«, »Exzellenzinitiativen« – das sind inflationär undefinierte Begriffe, die heute zielgerichtet in unsere Gedanken eingespeist werden. Es stimmt, dass es der Linken oft unter großen Opfern gelang, Begriffe der Freiheit, Emanzipation und des Fortschritts im 20. Jahrhundert für sich zu reklamieren – selbst dort noch, wo der Augenschein, wie im real existierenden Sozialismus, evident dagegensprach.

Aber das Kidnapping von Begriffen, denen niemand widersprechen kann, setzt sich im 21. Jahrhundert von der anderen Seite fort. Wer wäre gegen Bildung, Lernen, Wissen? Und was ist es anderes als die »permanente Revolution«, wenn Identität so flüssig geworden ist wie die Zahlen auf den Bildschirmen der Trader?

Es geht immer darum, *wer* so über ein Leben redet: man selbst oder diejenigen, die einen engagieren, bezahlen und fördern sollen. Im ersten Fall ist es Psychologie, im zweiten Fall ist es schiere Ökonomie.

An der Wall Street machten unterdessen Leute wie der Globalisierungsprophet Thomas Friedman ihren Strandspaziergang und identifizierten die lernunfähigen Verlierer. »Es sind die Schildkröten … die die größte Bedrohung für die Stabilität der neuen freien Hightech-Märkte in der globalisierten Welt sind, weil sie Angst haben, auf dem Informations-Highway überfahren zu werden.«

Als solche Schildkröten klassifizierte er zum Beispiel Pensionäre in Russland oder Dorfbewohner in Entwicklungsländern, die den Regenwald und überhaupt unsere knappen materiellen Ressourcen »aufessen«.

Was hätten sie auch tun sollen, hätte man früher gesagt. Aber nicht mehr in der neuen Ära: Im Zeitalter der Informations-Ökonomie ist ein unerschöpflicher Rohstoff entstanden, der es jeder Schildkröte ermöglicht, nur mit der Kraft des Geistes zur Antilope zu werden. Das Wundermittel, das das bewirken soll, ist die »Information« selbst, von Netzwerken verdaut und in jedes gewünschte Produkt umgewandelt.

Erst als die Wall-Street-Broker entdeckten, dass auch Geld in der globalisierten Welt nur eine Information ist – die, wie einer sagte, aus jedem Computer eine eigene Gelddruckmaschine machte –, entstand die explosive Mischung zwischen Geld, Geist und Investment, lange bevor die Schulen, Universitäten und Bildungsministerien auf den Zug des »Humankapitals« aufsprangen. Es waren Investmentbanker, Ökonomen und Software-Tycoons, die nun zu Spezialisten der Seele wurden, nicht zu Analytikern, sondern zu Schamanen.

Sigmund Freud, höhnten sie, hatte die Seele mit den Metaphern des Dampfmaschinen-Zeitalters erklärt, mit »Kräften«, »Trieben« oder »Druck«. Jetzt führten sie mit Bits, mit 1 und 0, Ja und Nein, Exklusion und Inklusion, Anschalten und Abschalten ihre Zauber aus und bestritten, dass Identität etwas anderes sein könne als ständige Bewegung.

Das war in der Tat die wirkliche Geburtsstunde von TINA, There Is No Alternative. »Ich glaube nicht«, funkte Friedman von seiner kleinen Insel an die Lernunwilligen in aller Welt, »dass es in absehbarer Zeit eine alternative Ideologie geben wird. Es existiert keine.«

Im Teleskopblick der Globalisierungsideologen schrumpfen individuelle Gerechtigkeitsfragen auf die Dimension einer Schildkröte. Dass in der Krise Gewinne privatisiert und Verluste sozialisiert werden, ist nicht nur ein Ereignis, das die ökonomische Vernunft jedes Einzelnen kränkt, sondern im Kern ein Angriff auf die Idee der Demokratie selbst.

Damit – so schreibt der Super-Quant Emanuel Derman, der einige der Modelle selbst geschaffen hat, die nun außer Kontrolle gerieten – sei die Verbindung zwischen Kapitalismus und Demokratie gebrochen. »Wir haben erlebt, dass Unternehmen mit der Freundlichkeit behandelt werden, die man Menschen schuldet, während Menschen … wie Dinge behandelt werden.«[247]

Darum das neue Weltbild, die Privatisierung des öffentlichen Lebens, die Ökonomisierung des Privatesten.

In den Medien Amerikas und Deutschlands wurde als Revolution gefeiert, dass die »Macht«, die »generationenlang nur in der Hand von ein paar wenigen Tausend weißen Männern« lag, nun von jedem Mann und jeder Frau ergriffen werden könnte. »Es verändert nicht nur die Art, wie wir investieren«, schrieb eine der großen Wirtschaftszeitschriften, »es verändert auch die Art, wie wir leben und arbeiten werden.«[248]

Aber so naturwissenschaftlich sich das Programm auch gibt, es ist in Wahrheit magisch.

»So wie die Quantenphysik Newtons Materie überwunden hat, so überwindet die Quantenökonomie Newtons Materie in der Schaffung von Reichtum.« Wer das sagt, würde man meinen, kann nicht ganz richtig im Kopf sein, auch wenn hier gerade noch einmal George Gilder, einer der engsten Ratgeber Ronald Reagans, spricht. Und doch geschah, wie jeder weiß, was er voraussagte: Es waren die Quants, die an der Wall Street damit begannen, aus nichts etwas zu machen.

Gerade preisen Ray Kurzweil (Technofuturist), Richard Branson (Gründer von Virgin), Jeff Skoll (Mitbegründer von Ebay) und Arianna Huffington (Gründerin der »Huffington-Post«) »Überfluss«, eine der aktuellsten Bibeln aus dem Silicon Valley: »Überfluss«, steht da geschrieben, »heißt, eine Welt der Möglichkeiten zu schaffen: eine Welt, in der die Tage jedes Einzelnen von Träumen und Tun erfüllt sind, nicht durch Kaputtmachen und Zusammenkratzen.«[249]

Einen großen Teil der Theorie, dass jeder alles haben kann, nimmt denn auch die Beschreibung der guten Werke ein, die Jeff Skoll, Ray Kurzweil und Arianna Huffington für die Welt getan haben.

Dass Träumen schon Tun ist, hätte man als Hypothese von jedermann erwartet, nicht aber von den Thinkthanks von Palo Alto und der Wall Street. »Wie primitive Stämme beten die meisten Menschen Dinge an, die sie sehen und fühlen können«, hieß es in einem Buch, das Investoren nicht etwa für Greenpeace, sondern für Greenspan gewinnen sollte.[250]

Es war, im Rückblick betrachtet, ein genialer Schachzug nach dem Ende des Kommunismus, die Kritiker des ultramaterialistischen amerikanischen Systems gleichsam auf den Lichtwellen der Quantenphysik subatomar zu überholen: Wo es keine Materie mehr gibt und alles Information wird, »werden Menschen mit einer großen Macht ausgestattet, Reichtum zu schaffen«.

Dies alles ist die Matrix einer Ideologie, die einst als »kalifornische« begann und sich trotz aller erkennbaren Rückschläge und Opfer in den Köpfen der Menschen unaufhaltsam konsolidiert und globalisiert hat.

Und wie sieht es dort aus, wo die neue Alchemie herkommt? Dass sie in Kalifornien selbst gar nicht funktioniert, hat sich mittlerweile herumgesprochen.

»Du fängst an, dich zu fragen: Was macht eine Stadt aus? Warum leben wir überhaupt zusammen?«[251] Das fragt der verzweifelte Bürgermeister einer der reichsten Kommunen des Silicon Valley, der ohne jede Ironie voraussagt, dass bald nur noch ein einziger Angestellter im Dienst der Stadt arbeiten wird, und der wird für die Auszahlung der alles auffressenden Pensionsverpflichtungen zuständig sein.

In einer Community, deren Eliten Bücher wie »Überfluss. Die Zukunft ist besser als du denkst« schreiben, nähert sich die Vorstellung einer dem Gemeinwohl dienenden Verwaltung buchstäblich dem Undenkbaren.

Die Lobreden auf die Wohltäter, die »Technophilanthropen«, die es geschafft haben, verbrauchen Gigabytes. Doch am südlichen Kap des Valley trifft ein ökonomisch versierter Alpha-Journalist den Bürgermeister von San José, weil er herausfinden will, ob das, was Europa getroffen hat, vielleicht bald auch die USA treffen wird. Die Unterfinanzierung der öffentlichen Haushalte, explodierende Pensionsverpflichtungen, die politische Unmöglichkeit, Steuererhöhungen durchzusetzen, haben dazu geführt, dass die Stadt daran denkt, den »öffentlichen Notstand« auszurufen. Wohlgemerkt in einer Kommune, die nach New York das höchste Pro-Kopf-Einkommen der USA aufweist.

Und hier, wo die »Ökonomie des Geistes« geboren wurde und wo wir, nach den jubelnden Worten Reid Hoffmans, »die Welt von morgen« erleben, kann man sehen, wie der *oikos* sich plötzlich in ein Geisterhaus verwandelt. Denn entgegen der Lehre gibt es zwar Stein und Mörtel, aber keine Menschen. »Dienstleistungsinsolvenz« nennt das der Bürgermeister: Das neue Gemeindehaus ist fertig gebaut, aber es wird nie eröffnet werden, weil kein Geld für die Angestellten da ist. Büchereien, keine schlechten Orte für eine Wissensgesellschaft, werden an drei Tagen der Woche geschlossen bleiben. »›Ich glaube, dass wir einem Massenwahn verfallen sind‹, meinte er. Ich verstand nicht recht, was er damit sagen wollte. ›Wir werden alle reich werden‹, erklärt er. ›Wir werden ewig leben. Alle Kräfte im Staat stehen zusammen, um die Illusion aufrechtzuerhalten. Und hier – an diesem Ort – schlägt die Wirklichkeit zu.‹«[252]

Später wird man in Geschichtsbüchern feststellen, dass im ersten Jahrzehnt des neuen Jahrtausends ein Wettlauf stattfand zwischen denen, die die neuen Technologien sozial nutzten (den Usern), und denen, die sie ökonomisch nutzten und das Soziale kapitalisierten.

Gewonnen, so scheint es, haben nun diejenigen, die über die Plattformen der neuen Kommunikation verfügen. Sie haben geschafft, was noch keinem Erzkapitalisten gelungen ist: Sie können unter dem Jubel einer Avantgarde, die eigentlich ihre Gegner sein müsste, eine Idee, die sie selbst nicht repräsentieren, als Geschäftsmodell verkaufen.

Es stimmt, dass das Internet eine Quelle unendlichen Wissens ist und dass es beeindruckende Beispiele kollektiver Intelligenz gibt. Aber wie stets in der Informationsgesellschaft verändert sich dieses Bild sofort, wenn der Cyberspace von den Märkten annektiert wird. Je schwächer die gesellschaftlichen Institutionen werden, die über den Wert von interesseloser Bildung entscheiden, und je mehr sie an den Marktplatz des Netzes delegieren, desto geringer wird der individuelle Fluchtraum. Es fehlt dann die Selbstsicherheit eines eigenen »Wissens« darüber, wie die Welt tickt.

Die Suche nach der eigenen Identität, die in Deutschland beispielsweise die Tradition des »Bildungsromans« hervorgebracht hat, ist, wie der Soziologe Manuel Castells bemerkte, eine Kraft, die ebenso mächtig ist wie der technologische Wandel selbst. Doch während Castells, der vielleicht einflussreichste Netzwerktheoretiker unserer Zeit, noch von einer »strukturellen Schizophrenie« zwischen dem Einzelnen und dem Netz spricht, ist die Spaltung für manche Software-Tycoons schon entschieden. Beharren auf der eigenen Identität, so sagen sie, als hätten sie die neoklassischen Lehren zu Nummer 2 in eine Lebensphilosophie umgesetzt, ist der Weg der Verlierer.

Es bleibt am Ende die Frage, wie sich eine Trance erklären lässt, in der Nummer 2 so leichtes Spiel hatte. Wieso ist er überall dabei? Nassim Taleb hat in der Nachschrift zu seinem »Schwarzen Schwan« mit Blick auf die Finanzmärkte die naheliegende Frage gestellt, warum eine technologische Zivilisation eigentlich auf den Gedanken kommt, genau herausfinden zu wollen, warum jemand auf Gedanken kommt. Die Antwort hat er in einer milden Erscheinungsform des Autismus, des Asperger-Syndroms, gefunden.

Man mag darüber streiten, ob Autisten wirklich Probleme haben, sich in andere hineinzuversetzen, und eine Vorliebe dafür entwickeln, Menschen und Dinge in jeder Hinsicht zu quantifizieren. Aber Taleb beschrieb suggestiv, wie die angebliche Wissensgesellschaft immer neue Grammatiken entwickelt, um das Universum so zuzuschneiden, dass es in ihre Modelle passt.

Und als bedürfte es des Beweises, wie sich die Spirale immer mehr verengt, meldete sich der einflussreiche Wirtschaftswissenschaftler Tyler Cowen mit der Botschaft, dass die Krisensymptome der neuen Ökonomie nicht durch zu viel, sondern zu wenig Autismus hervorgerufen worden sind. Er liest in der Geschichte der Ökonomie, beginnend mit der Nähnadelfabrik des Adam Smith, in der zum ersten Mal sich ewig gleichförmig wiederholende Arbeitsabläufe ausgeführt werden, die Sehnsucht nach den »kognitiven Stärken des Autismus«. Computer, von den Börsenterminals bis zum PC, seien nichts anderes als ein Werkzeug, um die Fähigkeiten eines Autisten zu imitieren. Sie trainieren uns für eine Welt, in der nur überlebt, wer ein einziges Ziel verfolgt, wie bei einem Spiel, in dem es um Leben und Tod geht. »Heutzutage«, so Cowen, »erschafft eine neue Art von Mensch seine oder ihre höchstpersönliche Ökonomie in ihrem eigenen Kopf.«[253]

31 Ego

Die Marionette töten

Langsam senkt sich das Licht der »Twilight Zone«, und zielsicher haben uns die Links dorthin navigiert, wo unsere Suche begann. Die »Indoktrinationsmaschine« der amerikanischen Radarcrews, die doch nur als Schulungsapparat gedacht war, verwandelt die Menschen nun, in Tyler Cowens Worten, in Menschen, die von der Maschine so erzogen wurden, wie man die Maschine erzogen hat. Man sollte, so hatte der Computerpionier Alan Turing über die ersten Computer geschrieben, die Maschine so behandeln wie ein Kind.

»Unsere Hoffnung besteht darin, dass es in einem kindlichen Gehirn so wenig vorgeprägte mechanische Funktionen gibt, dass man sie leicht einprogrammieren kann. Der Arbeitsaufwand bei der Erziehung (der Maschine) ist – so können wir in einer ersten Überschlagsrechnung annehmen – etwa derselbe wie für ein menschliches Kind.«[254]

Und so bizarr es manchem heute noch vorkommen wird, eine der Grundfragen unserer Zukunft wird sein, wozu wir die Maschinen erziehen, ehe sie nicht nur in automatisierten Finanzmärkten, sondern auf allen Gebieten so erwachsen geworden sind, dass sie selbst uns erziehen.

Wir können nicht, wie es in Kleists Schrift über das Marionettentheater heißt, so lange warten, bis wir nach »dem Durchgang durch das Unendliche« wieder auf der anderen Seite in einem Garten Eden ankommen. Die Frage, wozu wir dann geworden sind, stellt man nach Musterung der vorliegenden Befunde nicht ohne eine gewisse Sorge.

Wer will bei Spielen schon gerne verlieren? Mit der Behauptung, dass wir in Entscheidungssituationen alle nur Spiele spielen, ist es den Meisterdenkern des Kalten Kriegs gelungen, menschliche Vernunft auf die ausschließliche Motivation des Eigennutzes zu reduzieren. Erst wenn alles ein Spiel nach den Regeln des Egoismus geworden ist, lassen sich der Mensch und seine Welt in präzisen mathematischen Formeln berechnen. Alles spricht dafür, dass wir heute, da die Logik des Kalten Kriegs die Zivilgesellschaft erobert und beherrscht, erst am Anfang dieser Transformation stehen. »Gamification«, die Idee, das gesamte Leben in ein ewiges Spiel von Abzeichen, Belohnungen und Beförderungen zu verwandeln, ist der nächste Schritt. Bei »Chore Wars« organisieren Menschen, die in einem gemeinsamen Haushalt leben, ihren gesamten Alltag von der Müllentsorgung bis zum Abwasch durch den Kampf um virtuelle Abzeichen und Schätze. Krankenkassen überlegen, gesundes Verhalten zu belohnen, wenn man bereit ist, seine tägliche Lebensführung in Echtzeit auswerten zu lassen. Die »Quests« und Missionen, die es in einem Computerspiel gibt, werden dann auf das wirkliche Leben übertragen: Fahre jetzt 10 km auf dem Heimtrainer und erreiche den nächsten Level.

Bis 2015, so berichtet Evgeny Morozov, werden 50 Prozent aller Organisationen ihre Verkaufs- und Innovationsprozesse über »Gamification« organisieren. Doch weil im Informationskapitalismus jeder Bürger nichts anderes als ein Konsument ist, verwandelt »Gamification«, der kleine haushaltstaugliche Bruder des Behaviorismus, nun auch mit der Politik den größten gesellschaftlichen Markt überhaupt – Talkshows, auch im deutschen

Fernsehen, die für den Gast mit den besten Argumenten einen Preis aussetzen, sind auch hier nur der Anfang … Gabe Zichermann, der wichtigste Vordenker der Gamification-Industrie, hat bereits präzise Pläne, wie künftig Wahlen organisiert werden sollen. Belohnungen und Abzeichen gibt es dafür, dass man Parteiveranstaltungen besucht, Webseiten der Politiker anklickt, sich an »Frage-und-Antworten«-Runden mit Politikern beteiligt usw. Doch die radikalste Idee ist es, »Wählerlotterien« zu veranstalten. Jeder Wähler erhält mit der Wahlbenachrichtigung ein Lotterielos. Nachdem die Wahlergebnisse ausgewertet sind, findet im Fernsehen eine öffentliche Ziehung statt – Hauptpreis zehn Millionen Dollar, »ein Tropfen im riesigen Kosten-Ozean einer nationalen Wahl«, aber ein gewaltiges »Incentive« gegen Wahlmüdigkeit. Hinzu kommen alle Arten von symbolischen Sonderpreisen, eine Einladung ins Kapitol oder ins Weiße Haus zum Beispiel oder als Überraschungspreis ein Abendessen mit dem Präsidenten.[255] Philip K. Dicks »Solar Lottery« war keine Science-Fiction.

Wie stets stellt sich die Frage, ob es einen überhaupt kümmern muss, wenn man vergessen hat, was man verloren hat. Die Frage ist nicht trivial. Und anders, als es das kulturkonservative Argument wünscht, ist Verlernen ein elementarer Bestandteil von Selbstaufklärung.

Wäre es das nicht, wir würden noch von ganz anderen Gespenstern gejagt als denjenigen, die auf diesen Seiten ihr Unwesen treiben.

Anders freilich ist es, wenn wir im Zeitalter des Computers kognitive Fähigkeiten an ein System namens Informationsmarkt abtreten und damit auch den Maschinen, die in seinem Auftrag unterwegs sind, nicht mehr beibringen können, was wir für richtig halten.

Wir müssen uns vor denen schützen, die nicht nur Misstrauen

und den Kult des Egoismus beschwören, sondern auch noch einen bizarren Preisetikettenautomaten für unsere Gedanken im Inneren unseres Kopfes installieren wollen.

Die Überzeugung, dass der Markt ein riesiger Computer ist, der mehr weiß als alle seine Mitglieder zusammen, hatte eine Funktion in Zeiten, als das Experiment totaler Planung noch nicht gescheitert war.

Die neue Zeit hat daraus zunehmend ein statistisches Monstrum gemacht, in dem, was »wahr« ist, nicht mehr über individuelle Inhalte, Lebensläufe, Erfahrungen entschieden wird, sondern über statistische Muster, die rein ökonomisch interpretiert werden.

Auch die Algorithmen von Cataphora tun nichts anderes, als aus einer hochkomplexen statistischen Korrelation Aussagen über die Seelenökonomie des Charakters zu treffen. Und George Dyson glaubt, dass der mächtigste Motor der wirklichen Welt, der Markt, jetzt zum mächtigsten Motor unseres Denkens selbst wird:

»Welcher Algorithmus ist der mächtigste, der gerade auf der Erde freigesetzt wurde? Ursprünglich war es der Monte-Carlo-Code, um Neutronen zu berechnen. Jetzt ist es wahrscheinlich Adwords … die statistische Erfassung des gesamten Suchmaschinenraums, das diesen Raum zugleich monetarisiert – eine brillante Arbeit.«

Und damit taucht am Horizont, über dem in den leuchtenden Farben der Unvermeidlichkeit das neue Gestirn von »Big Data« aufgeht, die letzte Metapher auf, mit der Nummer 2 im Begriff ist, den Automaten und seine eigene Rolle darin neu zu definieren: als System der sozialen Insekten.

Die neuen Multi-Agenten-Systeme haben gelernt. Sie geben kein einziges ihrer egoistischen Gene auf, aber sie verschmelzen die Systeme selbst mit der Biologie. J. Doyne Farmer, dessen legendäre Prediction Company, die erste prognostische Softwareschmiede überhaupt, von UBS gekauft wurde, glaubt, dass die Krise uns zu Konsequenzen auch in den ökonomischen Modellen zwingt.

»Er und andere«, schreibt die »New York Times«, »haben damit begonnen, sogenannte Agenten-basierte Modelle der Ökonomie zu entwickeln, die danach fragen, wie ein zufällig erscheinendes Verhalten einzelner Ameisen Bauten mit Ziel, Form und Intelligenz erschaffen kann.«

Die Ameisenforscherin Deborah M. Gordon beschreibt derweil unter dem Titel »Twitter im Ameisenhügel«, dass Ameisen, anders als viele glauben, mit ihren Antennen keineswegs »Informationen« übertragen, wie es Francisco Salvá als Erster mit seinen Froschbeinen versuchte.[256] Alles, was sie tun, ist, dass sie statistisch aus der Interaktion und dem Geruch anderer Ameisen algorithmische Schlussfolgerungen ziehen – gewissermaßen Nachrichten auswerten, deren Inhalt weniger wichtig ist als ihre statistische Verteilung. Es ist ungefähr das, was sich in modernen Mediengesellschaften durch die Ökonomie der von Adwords verteilten Klicks manifestiert.

Zeit, an den Ausweg zu denken. Nach Lage der Dinge kann er nur darin bestehen, die Ökonomisierung unseres Lebens von einem mittlerweile fest in die Systeme verdrahteten Mechanismus des egoistischen und unaufrichtigen Menschenbildes zu trennen. Der »lernende Geist« ist etwas anderes als die aus Marktvorgängen lernende Maschine. »Ein Kind, das sprechen lernt«, schreibt Hugh Kenner mit Blick auf Turings Erziehungsmetapher, »ist eine höchst geheimnisvolle Vorrichtung, die als Input ›ziemlich unzusammenhängende und unzugängliche Daten‹ eingespeist bekommt und als Output ein erstaunlich einheitliches Ergebnis liefert, das den Input an Quantität und sehr oft auch an Qualität übertrifft (waren Shakespeares Lehrer sprachgewandter als der Dichter?).«

Vielleicht ist es ganz einfach: nicht mitspielen. Jedenfalls nicht nach den Regeln, die Nummer 2 uns aufzwingt. Es ist eine Entscheidung, die nur der Einzelne treffen kann – und die Politik. Die Chancen in Deutschland stehen gut, weil es die Realwirtschaft ist, die immer noch der Motor seines Wohlstands ist. Fast scheint es, als ob das Land, das der Geburtsort des Idealismus war, nun mit einem neuen Realismus ein Gegengewicht bilden könnte zu der »Ökonomie des Geistes«.

Die Antworten sind im ersten Schritt sehr pragmatisch: Sie reichen zum Beispiel vom Aufbau europäischer Suchmaschinen über eine Neudefinition und Umbenennung von »Datenschutz« bis zu Fragen hinsichtlich Eingriffen in das Erbgut des Menschen.

Dazu wäre die Erkenntnis von Politikern und Nichtökonomen nötig, dass »Märkte«, vor allem »Finanzmärkte«, in den Worten von Karin Knorr-Cetina, etwas völlig anderes geworden sind, als sie es in der Vergangenheit waren, und keinesfalls mehr als Informationsmaschinen eine »Wahrheit« beanspruchen können. Denn Information selbst ist jenseits des schieren Signals in unserer Welt womöglich nie wieder das, wofür wir sie gehalten haben.

Sie wird das Ergebnis eines Verhandlungsprozesses, einer Auktion, eines Bietens und Feilschens, das sich in Sekundenschnelle in immer mehr Bereichen des menschlichen Lebens abspielt, bis es schließlich durch die Autorität einer »Rating-Agentur« kodifiziert wird.

Es stellt sich die Frage, woran wir eigentlich merken werden, wenn die Informationsökonomie einmal pleite ist? Jeder weiß, dass Staaten, Unternehmen oder Menschen bankrott sind, wenn sie kein Geld mehr haben – aber wie ist es mit der »Ökonomie des Geistes«? Die Antwort darauf fällt nicht leicht. Einiges spricht dafür, dass John Campbell den Nagel auf den Kopf traf, als er vor einer »Kultur der verdeckten Spiele« warnte, weil sie zu »horrenden seelischen Problemen« führe.

Man mag darüber lächeln, dass Big-Data-Protagonisten nicht nur von Maschinen träumen, die soziales Kapital und Vertrauen produzieren, sondern auch noch, wie wir gesehen haben, hinzufügen, dass das »viel Geld wert sei«. Die Idee lautet, so kann man nur leicht polemisch überspitzt formulieren, dass wir Roboter bauen, die zu uns loyal sind, wenn es schon kein anderer mehr ist. Doch Leute wie Dirk Helbing berühren einen wesentlichen Punkt. Offenbar sind normative Werte wie Vertrauen, Gleichberechtigung oder Fairness mittlerweile auf Märkten nachgefragt, weil sie an den klassischen Orten der Gesellschaft nicht mehr in ausreichendem Maße vorhanden sind. Welches Vertrauen beispielsweise hat ein junger Mensch in die persönlichkeitsprägende Wirkung einer »Bildung«, die von der Gesellschaft, die ihn ausbildet, schon im Augenblick der Ausbildung einer Art »death dating« unterzogen wird? Werden deshalb auch Vertrauen und Fairness produziert werden wie Autos, mit Preisetiketten versehen und in unterschiedlicher Qualität?

Die Frage ist, wie die Reflexionen Philip Bobbitts zeigen, alles andere als akademisch. In einer Welt, in der jeder vernünftig ist, der auf seine Interessen reduziert werden kann, und alle Daten, die er hinterlässt, daraufhin gelesen werden, steht auch jeder potenziell unter Verdacht. In dieser Welt könnte Vertrauen ein Luxusgut werden, das man sich beispielsweise auf sozialen Netzwerken gleichsam »erschreibt« und mit dem die Maschinen gefüttert werden: »Werte« hätten dann tatsächlich nur noch den Wert von Geld.

Glücklicherweise hat auch in der Ökonomie eine neue Debatte darüber begonnen, dass »Dinge wie Gerechtigkeit und

Gleichberechtigung normativen Wert haben, ganz gleich, ob sie die eigenen Wünsche befriedigen oder nicht«.[257] Die Idee Ken Binmores, dass altruistisches oder auch nur faires Verhalten sich lohnt, weil es einem selber nutzt, lässt sich zwar mathematisch modellieren, aber sie unterhöhlt, da sie sich in digitaler Echtzeit auf alles und jedes anwenden lässt, den Glauben an jede Form von nicht-marktgetriebener, nicht-ökonomischer, normativer Kraft innerhalb einer Gesellschaft. Es erodieren dann nicht nur Parlamente, Verfassungsgerichte oder Verfassungen selbst, sondern die Souveränität des Einzelnen, einfach der sein zu wollen, der er oder sie ist.

»Für Marx und die politische Ökonomie, die ihm folgte«, sagt Evgeny Morozov, der die Frage nach dem Bankrott der Informationsökonomie als Erster gestellt hat, »war es wichtig, zu wissen, wer die Produktionsmittel hatte. Heute, durch die Informationsökonomie und Virtualisierung, ist entscheidend, wer die Sensoren und die Algorithmen kontrolliert. Man muss sich klarmachen, dass wir einen Punkt erreicht haben, wo die Modelle unserer Rationalität uns so sehr reduziert haben, dass wir glauben, dass wir nicht mehr in der Lage sind, selbst herauszufinden, was wir wollen«.[258]

* * *

Paul Valéry (1871–1945), in dessen Werken sich Europa so tief verkörpert wie bei kaum einem anderen Schriftsteller, hat die Figur des »Monsieur Teste« erfunden, eines Menschen, der an der Börse spekuliert und in seinem Bestreben, reiner Geist zu werden, kein Vorbild sein kann, außer in einem: »Er hatte die Marionette getötet.«

»Vielleicht«, heißt es an einer Stelle, »werden Monster Ideenungeheuer« durch die naive Ausübung unserer Frage-Fähigkeit, die wir ein bisschen überall betätigten, ohne zu bedenken, dass wir vernünftigerweise nur das befragen sollten, was uns wirklich antworten kann?«

Es ist der einfachste Satz, mit dem man die unbarmherzige Logik einer automatisierten Gesellschaft und Ökonomie lahmlegen und neue Freiheiten schaffen kann, ganz gleich, ob es sich um todsichere Spekulationen auf die Zukunft von Märkten oder um Voraussagen über Menschen und ihre Leidenschaften handelt.

Der Satz, um die Marionette zu töten, lautet: Die Antwort war falsch.

Danksagung

Viele haben mir mit Ideen, Hinweisen, Erklärungen und Korrekturen geholfen. Ich danke Emanuel Derman, Michael Hudson, Stefan Klein, Frank Lübberding, Torsten Eymann, Edo Reents, Frank Rieger, Thomas Schmidt, Tilo Eckardt und Ulrich Genzler vom Blessing Verlag sowie Matthias Landwehr und Thomas Schmidt.

Evgeny Morozov, Philip Mirowski und Shoshanna Zuboff haben mir nicht nur wichtige Anregungen gegeben, sondern mir zudem Einblicke in ihre gerade entstehenden Werke gestattet. Ich danke ein paar Leuten, die nicht genannt werden wollen, weil sie mir einen Blick in das digitale Aquarium der Piranhas in Finanzplattformen gewährt haben. Meinem Kollegen Rainer Hank danke ich für wertvolle und mahnende Kritik. Und Evgeny Morozov habe ich einige der fruchtbarsten Inspirationen zu verdanken, die sich ein isolierter Autor überhaupt erträumen kann. Und zuletzt und zuerst danke ich Rebecca Casati. Das ist der Dank. Die Verantwortung liegt natürlich bei mir.

Appendix

Kurze Entwicklungsgeschichte des künstlichen Agenten an den Börsen

Der Weg in die Maschine war von Anfang an mit den einzigen Ködern gepflastert, die Menschen wirklich anlocken: mit Schnäppchen. Der Startschuss fiel 1991, drei Jahre bevor der Begriff »World Wide Web« erfunden wurde.

Kenneth Binmore und der Ökonom Brian Arthur veröffentlichten ein Papier, das schon im Titel »ökonomische Agenten, die wie menschliche Agenten handeln«, beschrieb. Das Ziel, so Arthur, war es, einen künstlichen Agenten zu konstruieren, den ein Beobachter nicht mehr von einem Menschen unterscheiden könnte. Das war angesichts der Tatsache, dass auch in den bis dahin herrschenden Modellen vom Menschen und seiner Unberechenbarkeit nur Egoismus, Profitgier und Angst übrig blieben, auf den ersten Blick kein allzu schweres Unterfangen.

Dieser künstliche Agent sollte bei Auktionen immer sein persönliches Optimum erzielen, und zwar genau in der Weise, wie Menschen das angeblich tun: durch die spieltheoretische Berechnung des Nash-Equilibriums. Zwei Jahre später schien es so weit zu sein. Die Ökonomen Dhananjay Gode und Shyam Sunder kreierten – in einem mittlerweile klassischen Experiment – unter Laborbedingungen einen künstlichen Markt, in dem Nummer 2 in zwei Versionen agierte. In einer Version gab er auch Geld aus, das er gar nicht hatte, in einer zweiten Version waren ihm Beschränkungen auferlegt, sodass er sein Budget nicht überziehen konnte. In beiden Fällen lag sein IQ bei null. Er kaufte, verkaufte, hielt sich an die Regeln des Marktes und die des Professors Nash.

Die Ergebnisse zeigten, dass die zweite Version nicht mehr von menschlichen, digital agierenden Tradern zu unterscheiden war. Ein Triumph nicht nur für die Software, sondern auch für das neoklassische Ökonomieverständnis: Auch bei Null-Intelligenz kann man vernünftig handeln, wenn man sich den Gesetzen des Marktes unterwirft. »Märkte als partieller Ersatz für individuelle Rationalität«, nannten das die beiden Ökonomen.

Doch in dem Maße, in dem sich die Finanzmärkte digitalisierten und das Netz zur Handelsplattform wurde, wuchs die Erkenntnis, dass Null-Intelligenz und Vertrauen auf den Markt allein nicht ausreichen würden, um den digitalen Agenten zum Terminator zu machen.

1998 erklärten die Physiker Dave Cliff und Janet Bruten, dass jetzt endgültig die Zeit für die Spieltheorie gekommen sei. Der Agent, so kann man ihre Ergebnisse zusammenfassen, darf bei allem Egoismus kein Kretin sein. Er muss wissen, dass ihn andere über den Tisch ziehen wollen, und darauf sofort reagieren.

»In einem Wettbewerbsmarkt ist die Umgebung dynamisch und verzeiht keine Fehler. Relevante Informationen (wie die Gewinnmarge oder die Informationen anderer Trader) sind unbekannt oder lassen sich schwer vorhersagen, und es ist höchst unwahrscheinlich, dass ein Trader mit Freundlichkeiten oder selbstlosem Altruismus rechnen kann … Für den ökonomischen Agenten ist nichts sicher, außer dass die ganze Welt hinter einem her ist und man verliert, wenn man schläft.«

Alles andere war jetzt eigentlich nur noch seine Sache der Formel. Nummer 2 musste, wie die Arten bei Darwin, evolutionär lernen, und das tat er, indem er bei Lernerfolgen immer größere »Belohnungen«, also Profite, bekam. Er musste im darwinistischen Sinne »fit«, nämlich überlebensfähig werden. In der Sprache seiner Optimierer: »Wenn ökonomische Agenten in einem Marktumfeld agieren, können die Formeln für Belohnung und Fitness ohne Weiteres und eindeutig mit ›Profit‹ und ›Nützlichkeit‹ verglichen werden.«

Natürlich war diese Praxis nur in geschlossenen Systemen aufrechtzuerhalten. Dennoch gab es Mischformen, meist auch durch menschliche Intervention gesteuert, wenn es etwa um den Zugang zu überlasteten Netzwerken und Ähnlichem ging, wo in der Mikroökonomie des Datenkosmos gleichsam Verhandlungen über die Verteilung der Informationen und darüber geführt wurden, wer zu welchem Preis (der nicht in Geld bestehen muss, sondern z. B. auch in Wartezeit) Zugang zu diesen Informationen erhält oder nicht.

Aber die Lage änderte sich bereits Ende der Neunzigerjahre dramatisch. Zwar gab es damals schon Algorithmen im Trading, aber sie verhielten sich eindimensional, kleine »Einzeller, die nach einem einfachen System von Regeln« nichts anderes taten als kaufen und verkaufen (Scott Patterson).

Aber dann kaufte Goldman Sachs 1999 »Hull Trading«, eine Firma, von der neben ihrer Expertise in künstlicher Intelligenz und Algo-Trading bekannt war, dass sie eine Reihe erstklassiger Physiker der Fermilabs nahe Chicago beherbergte: Leute, die an der Entdeckung von Quarks beteiligt waren und die nach 1989 unter Druck staatlicher Mittelkürzungen an die Wall Street emigrierten. Dass Goldman Sachs Hull Trading kaufte, war ungefähr so, als hätte sich der Vatikan in eine Klonfabrik eingekauft. Oder wie es Scott Patterson im Nachhinein beschreibt:

»Es markierte eine massive Verschiebung von Goldman – dem Inbegriff der Old-School-Wall-Street-Firma – zugunsten des elektronischen Handels. Eine Verschiebung, die Goldmans Aufstieg zur Macht in den 2000er-Jahren vorbereiten sollte, einer Zeit, als Goldman zu einem der aggressivsten und geschicktesten Trading-Goliaths des Welt wurde.«

Finanzmärkte und Computernetzwerke begannen in dem, was später Dotcom-Blase genannt wurde, zum ersten Mal, gemeinsame Interessen zu verfolgen, und das Netz selbst (Google machte erste tastende Schritte) begann als Markt eine kritische Größe anzunehmen. Wirtschaftsinformatiker, die damals gemeinsam mit den Quants die elektronischen Märkte der Zukunft konzipierten, sagten klipp und klar, dass in offenen Systemen nur egoistische Agenten eine Chance haben würden.

Bibliographie

Abbade, Janet. 1999. *Inventing the Internet.* (Kindle edition). Cambridge, MA: The MIT Press.

Abella, Alex. 2009. *Soldiers of Reason: The RAND Corporation and the Rise of the American Empire.* (Kindle edition). Boston, MA: Houghton Mifflin Harcourt.

Adorno, Theodor W. und Max Horkheimer. 2010. *Dialektik der Aufklärung. Philosophische Fragmente.* (Kindle edition). Frankfurt am Main: S. Fischer Verlag.

Agamben, Giorgio. 2011. *The Kingdom and the Glory: For a Theological Genealogy of Economy and Government.* (Kindle edition). Palo Alto, CA: Stanford University Press.

Agar, Jon. 2003. *The Government Machine: A Revolutionary History of the Computer.* Cambridge: The MIT Press.

Alder, Ken. 2010. *Engineering the Revolution.* (Kindle edition). Chicago, IL: University of Chicago Press.

Alef, Daniel. 2011. *Sold! How America's Greatest Sales and Marketing Titans Pulled it off.* (Kindle edition). Santa Barbara, CA: Titans of Fortune Publishing.

Alliez, Eric und Andrew Goffey. 2011. *Guattari Effect.* (Kindle edition). London: Continuum.

Amadae, S. M. 2003. *Rationalizing Capitalist Democracy: The Cold War Origins of Rational Choice Liberalism.* Chicago, MA: The University of Chicago Press.

Andersen, Hanne. 2007. *The Cognitive Structure of Scientific Revolutions.* Cambridge: Cambridge University Press.

Appadurai, Arjun. 1986. *The Social Life of Things: Commodities in Cultural Perspective.* (Kindle edition). Cambridge: Cambridge University Press.

Arrow, Kenneth J. 2012. *Social Choice and Individual Values.* (Kindle edition). New Haven, IL: Yale University Press.

Arthur, W. Brian. 2009. *The Nature of Technology: What It Is And How It Evolves.* (Kindle edition). London: The Penguin Press.

Asma, Stephen T. 2009. *On Monsters: An Unnatural History of our Worst Fears.* (Kindle edition). Oxford: Oxford University Press.

Asma, Stephen T. 2003. *Stuffed Animals and Pickled Heads: The Culture and Evolution of Natural History Museums.* (Kindle edition). Oxford: Oxford University Press.

Aspray, William und Paul E. Ceruzzi. 2008. *The Internet and American Business (History of Computing).* (Kindle edition). Cambridge, MA: The MIT Press.

Aydinonat, N. Emrah. 2009. *The Invisible Hand in Economics: How Economists Explain Unintended Social Consequences.* (Kindle edition). Oxford: T & F Books.

Badgi, Satish M. 2012. *Practical Guide to Human Resource Information System.* (Kindle edition). Neu-Delhi: PHI Learning Private Limited.

Baker, Robert P. 2010. *The Trade Lifecycle: Behind the Scenes of Trading Process.* (Kindle edition). Hoboken, NJ: Wiley.

Baker, William. 2009. *Endless Money: The Moral Hazards of Socialism.* (Kindle edition). Hoboken, NJ: Wiley.

Barabasi, Albert-Iaszlo und Jennifer Frangos. 2002. *Linked: The New Science of Networks.* (Kindle edition). New York, NY: Basic Books.

Barnes, Stephen. 2011. *Regulating High Frequency Trading: An Examination of U.S. Equity Market Structure in Light of the May 6, 2010 Flash Crash.* (Kindle edition).

Barnouw, Erik. 1990. *Tube of Plenty: The Evolution of American Television.* (Kindle edition). Oxford: Oxford University Press.

Basieux, Pierre. 2011. *Die Welt als Spiel. Spieltheorie in Gesellschaft, Wirtschaft und Natur.* (Kindle edition). Reinbek: Rowohlt Verlag.

Battelle, John. 2006. *Die Suche. Geschäftsleben und Kultur im Banne von Google & Co.* (Kindle edition). Kulmbach: Börsenmedien.

Bauman, Zygmunt. 2008. *Does Ethics have a Chance in a World of Consumers?* (Kindle edition). Cambridge, MA: Harvard University Press.

Behrends, Christoph. 2008. *Consequences of planned obsolescence for consumer culture and the promotional self: Analyzing ads.* (Kindle edition). München: GRIN Verlag.

Bekey, George A. 2005. *Autonomous Robots: From Biological Inspiration to Implementation and Control.* (Kindle edition). Cambridge, MA: The MIT Press, Bradford Books.

Bell, Daniel. 1976. *The Coming of Post-Industrial Society: A Venture in Social Forcasting.* (Kindle edition). New York, NY: Basic Books.

Bell, David. 2009. *Cyberculture Theorists: Manuel Castells and Donna Haraway (Routledge Critical Thinkers).* (Kindle edition). Oxford: T & F Books.

Bell, Duncan und Joel Isaac. 2012. *Uncertain Empire: American History and the Idea of the Cold War.* (Kindle edition). Oxford: Oxford University Press.

Billari, Francesco C. und Alexia Prskawetz. 2003. *Agent-Based Computational Demography: Using Simulation to Improve our Understanding of Demographic Behaviour.* (Kindle edition). Heidelberg: Physica Verlag.

Binmore, Ken. 1994. *Playing Fair.* Game Theory and the Social Contract. Vol. 1. Cambridge: The MIT Press.

Binmore, Ken. 1998. *Just Playing.* Game Theory and the Social Contract. Vol. 2. Cambridge: The MIT Press.

Binmore, Ken. 2003. *Game Theory: A Very Short Introduction.* (Kindle edition). Oxford: Oxford University Press.

Binmore, Ken. 2008. *Rational Decisions (The Gorman Lectures in Economics).* (Kindle edition). Princeton, NJ: Princeton University Press.

Binmore, Ken. 2005. *Natural Justice.* (Kindle edition). Oxford: Oxford University Press.

Blascovich, Jim und Jeremy Bailenson. 2011. *Infinite Reality: Avatars, Eternal Life, New Worlds, and the Dawn of the Virtual Revolution.* (Kindle edition). New York, NY: HarperCollins.

Blum, Andrew. 2012. *Tubes. Behind the Scenes at the Internet.* (Kindle edition). London: The Penguin Press.

Bobbitt, Philip. 2011. *The Shield of Achilles: War, Peace, and the Course of History.* (Kindle edition). New York, NY: Anchor.

Bobbitt, Philip. 2008. *Terror and Consent: The Wars for the Twenty-First Century.* (Kindle edition). New York, NY: Anchor.

Boyd, Roddy. 2011. *Fatal Risk: A Cautionary Tale of AIG's Corporate Suicide.* (Kindle edition). Hoboken, NJ: Wiley.

Boym, Svetlana. 2002. *The Future of Nostalgia.* (Kindle edition). New York, NY: Basic Books.

Brand, Stewart. 2008. *Clock of the Long Now: Time and Responsibility: The Ideas Behind the World's Slowest Computer.* (Kindle edition). New York, NY: Basic Books.

Brandenburger, Adam M. und Barry J. Nalebuff. 2011. *Co-opetition.* (Kindle edition). New York, NY: Crown Business.

Brockman, John. 2011. *Culture: Leading Scientists Explore Civilization, Arts, Networks, Reputation, and the Online Revolution.* (Kindle edition). New York, NY: Harper Perennial.

Brockman, John. 2012. *This Will Make You Smarter: 150 New Scientific Concepts to Improve Your Thinking.* (Kindle edition). New York, NY: Harper Perennial.

Brodie, Richard. 1995. *Virus of the Mind: The New Science of the Meme.* (Kindle edition). London: Hay House.

Bruner, Robert F. und Sean D. Carr. 2008. *The Panic of 1907: Lessons Learned from the Market's Perfect Storm.* (Kindle edition). Hoboken, NJ: Wiley.

Brynjolfsson, Erik und Andrew McAfee. 2011. *Race Against the Machine: How the Digital Revolution is Accelerating Innovation, Driving Productivity, and Irreversibly Transforming Employment and the Economy.* (Kindle edition). Digital Frontier Press.

Buchanan, Mark. 2003. *Nexus: Small Worlds and the Groundbreaking Theory of Networks.* (Kindle edition). New York, NY: W. W. Norton & Company.

Burt, Ronald. 1992. *Structural Holes: The Social Structure of Competition.* (Kindle edition). Cambridge, MA: Harvard University Press.

Butler, Samuel. 2009. *The Essential Samuel Butler Collection.* (Kindle edition).

Calhoun, Craig und Georgi Derluguian. 2011. *Aftermath: A New Global Economic Order?* (Kindle edition). New York, NY: NYU Press.

Cannon, Lou. 2000. *President Reagan: The Role of a Lifetime.* (Kindle Edition). New York, NY: PublicAffairs.

Cantrell, Christian. 2010. *Containment.* (Kindle edition). Fort Worth, TX: Cantrell Media Company.

Carr, Nicholas. 2009. *The Big Switch: Rewiring the World: From Edison to Google.* (Kindle edition). New York, NY: W. W. Norton & Company.

Carr, Nicholas. 2011. *Building Bridges: Essays on Business, Tech-*

nology and Innovation. (Kindle edition). Boulder, CO: The Rough Type Press.

Carr, Nicholas. 2004. *Does It Matter?: Information Technology and the Corrosion of Competitive Advantage.* (Kindle edition). Boston, MA: Harvard Business School Press.

Casarino, Cesare und Antonio Negri. 2008. *In Praise of the Common: A Conversation on Philosophy and Politics.* (Kindle edition). Minneapolis, MN: University of Minnesota Press.

Cassidy, John. 2009. *Dot.con: How America Lost its Mind and Money in the Internet Era.* (Kindle edition). New York, NY: HarperCollins.

Castells, Manuel. 2011. *The Rise of the Network Society: The Information Age: Economy, Society, and Culture, Volume 1.* (Kindle edition). Hoboken, NJ: Wiley-Blackwell.

Castells, Manuel. 2011. *Mobile Communication and Society.* (Kindle edition). Cambridge, MA: The MIT Press.

Castells, Manuel. 2011. *The Power of Identity: The Information Age: Economy, Society, and Culture, Volume 2.* (Kindle edition). Hoboken, NJ: Wiley-Blackwell.

Cerulo, Karen A. 2006. *Never Saw It Coming: Cultural Challenges to Envisioning the Worst.* (Kindle edition). Chicago, IL: University of Chicago Press.

Chandler, Alfred D. Jr. und James W. Cortada. 2000. *A Nation Transformed by Information: How Information Has Shaped the United States from Colonial Times to Present.* (Kindle edition). Oxford: Oxford University Press.

Charnock, Elisabeth. 2010. *E-Habits. What You Must Do to Optimize Your Professional Digital Presence.* (Kindle edition). New York, NY: McGraw-Hill.

Chorost, Michael. 2011. *World Wide Mind. The Coming Integration of Humans and Machines.* (Kindle edition). New York, NY: Free Press.

Christopher, Roy, Tom Georgoulias, John Brockman, Erik Davis et.al. 2009. *Follow for Now: Interviews with Friends and Heroes.* (Kindle edition). Well-Red Bear.

Clarke, Bruce. 2002. *From Energy to Information: Representation in Science and Technology, Art, and Literature.* Stanford: Stanford University Press.

Coghill, Jeff. 2000. *CliffsNotes on Shelley's Frankenstein.* (Kindle edition). Hoboken, NJ: CliffsNotes.

Colander David, Michael Goldberg, Armin Haas, Katarina Juselius, Alan Kirman, Thomas Lux & Brigitte Sloth (2009). The Financial Crisis and the Systemic Failure of the Economics Profession, *Critical Review: A Journal of Politics and Society*, 21:2–3, 253.

Collier, Bruce und James MacLachlan. 1998. *Charles Babbage: And the Engines of Perfection (Oxford Portraits of Science).* (Kindle edition). Oxford: Oxford University Press.

Collins, Chuck. 2012. *99 to 1: How Wealth Inequality Is Wrecking The World and What We Can Do About It.* (Kindle edition). San Fransisco, CA: Berrett-Koehler Publishers.

Conway, Flo und Jim Siegelman. 2009. *Dark Hero of the Information Age: In Search of Norbert Wiener, The Father of Cybernetics.* (Kindle edition). New York, NY: Basic Books.

Cooper, George. 2010. *The Origin of Financial Crises: Central Banks, Credit Bubbles and the Efficient Market Fallacy.* (Kindle edition). Petersfield: Hampshire, Harriman House.

Cooper, Marc, Kim Phillips-Fein, et al. 1998. *The Baffler No. 11.* (Kindle edition). Cambridge, MA: The Baffler.

Cooper, Tim. 2010. *Longer Lasting Products.* (Kindle edition). Aldershot: Gower Publishing.

Cortada, James W. 2007. *The Digital Hand. Vol. 3: How Computers Changed the Work of American Public Sector Industries.* (Kindle edition). Oxford: Oxford University Press.

Cortada, James W. 2005. *The Digital Hand. Vol. II: How Computers*

Changed the Work of American Financial, Telecommunications, Media, and Entertainment Industries: 2. (Kindle edition). Oxford: Oxford University Press.
Cortada, James W. 2007. *How Computers Changed the Work of American Manufactoring, Transportation, and Retail Industries.* (Kindle edition). Oxford: Oxford University Press.
Cosentino, Tony. 2001. *Into the River. How Big Data, the Long Tail and Situated Cognition are Changing the World Market Insights Forever.* (Kindle edition). BookLooker.com Inc.
Cowen, Tyler. 2010. *The Age of Infovore: Succeeding in the Information Economy.* (Kindle edition). New York, NY: Plume.
Cowen, Tyler. 2011. *The Great Stagnation: How America Ate All the Low-Hanging Fruit of Modern History, Got Sick, and Will (Eventually) Feel Better.* (Kindle edition). Boston, MA: Dutton.
Craig, Terence und Mary E. Ludloff. 2011. *Privacy and Big Data.* (Kindle edition). Sebastopol, CA: O'Reilly Media.
Crouch, Colin. 2011. *Über das befremdliche Überleben des Neoliberalismus: Postdemokratie II.* (Kindle edition). Berlin: Suhrkamp Verlag.
Crowder, Austen. 2011. *Bait and Switch.* (Kindle edition). Anthropomorphic Dreams Publishing.
Defoe, Daniel. 2012. *Robinson Crusoe.* (Kindle edition).
Das, Satyajit. 2011. *Extreme Money: Masters of the Universe and the Cult of Risk.* (Kindle edition). Upper Saddle River, NJ: FT Press.
Daston, Lorraine und Elizabeth Lunbeck. 2011. *Histories of Scientific Observations.* (Kindle edition). Chicago, IL: University of Chicago Press.
Davidow, William H. 1986. *Marketing High Technology. An Insider's View.* (Kindle edition). New York, NY: Free Press.
Davis, John B. 2003. *The Theory of the Individual in Economics Identity and value*. London: Routledge.

Davis, John B. 2011. *Individuals and Identity in Economics.* Cambridge: Cambridge University Press.

Dawkins, Richard. 2012. *The Magic of Reality.* (Kindle edition). Ealing: Transworld Digital.

Dawkins, Richard. 2006. *The Selfish Gene: 30th Anniversary edition.* (Kindle edition). Oxford: Oxford University Press.

Dell, Jim. 2012. *Memorable Quotations from Aldous Huxley.* (Kindle edition). New York, NY: Jim Dell Publishing.

Dennett, Daniel C. 2004. *Freedom Evolves.* (Kindle edition). London: The Penguin Press.

Derman, Emanuel. 2011. *Model. Behaving. Badly. Why Confusing Illusion With Reality Can Lead to Disaster On Wall Street and in Real Life.* (Kindle edition). New York, NY: Free Press.

Derman, Emanuel. 2008. *My Life as a Quant: Reflections on Physics and Finance.* (Kindle edition). Hoboken, NJ: Wiley.

Diamandis, Peter H. und Steven Kotler. 2012. *Abundance: The Future is Better Than You Think.* (Kindle edition). New York, NY: Free Press.

Dick, Philip K. 1971. *Hauptgewinn: Die Erde.* München: Goldmann Verlag.

Diderot, Denis. *Encyclopédie de Diderot et d'Alembert Tomme III – A à E. (French Edition).* (Kindle edition). Editions de la Bibliothèque Digitale.

Diderot, Denis. 2012. *Encyclopédie de Diderot et d'Alembert Tomme III – P à Z. (French Edition).* (Kindle edition). Editions de la Bibliothèque Digitale.

Dinnie, Keith. 2012. *Nation Branding: Concepts. Issues. Practice.* (Kindle edition). New York, NY: Routledge.

Douglas, Mary und Aaron Wildavsky. 1982. *Risk and Culture: An Essay on the Selection of Technological and Environmental Dangers.* (Kindle edition). Berkeley, CA: University of California Press.

Doyle, Bob. 2011. *Free Will: The Scandal in Philosophy.* (Kindle edition). Cambridge, MA: Information Philosopher Press.

Dreyfus, Hubert. 2008. *On The Internet (Thinking in Action).* (Kindle edition). London: Taylor & Francis.

Drobny, Steven. 2001. *The Invisible Hands: Top Hedge Fund Traders on Bubbles, Crashes, and Real Money.* (Kindle edition). Hoboken, NJ: Wiley.

Dyson, George. 2012. *Turing's Cathedral: The Origins of the Digital Universe.* (Kindle edition). München: Pantheon Verlag.

Dyson, George. 2001. *Darwin im Reich der Maschinen. Die Evolution der globalen Intelligenz.* (Kindle edition). Heidelberg: Springer Verlag.

Edwards, Paul N. 2010. *A Vast Machine: Computer Models, Climate Data, and the Politics of Global Warming.* (Kindle edition). Cambridge, MA: The MIT Press.

Edwards, Paul N. 1997. *The Closed World. Computers and the Politics of Discourse in Cold War America.* Cambridge, MA: The MIT Press.

Ehrenreich, Barbara. 2009. *Bright-sided: How the Relentless Promotion of Positive Thinking Has Undermined America.* (Kindle edition). New York, NY: Metropolitan Books.

Ehrenreich, Barbara. 2010. *Smile or Die. How Positive Thinking Fooled America and the World.* (Kindle edition). London: Granta Books.

Eichengreen, Barry. 2007. *Gold Standard In Theory & History.* (Kindle edition). London: Taylor & Francis.

Elmer, Greg. 2003. *Profiling Machines: Mapping the Personal Information Economy.* (Kindle edition). Cambridge, MA: The MIT Press.

Evans, Thomas W. 2007. *The Education of Ronald Reagan: The General Electric Years and the Untold Story of His Conversion to*

Conservatism. (Kindle edition). New York, NY: Columbia University Press.
Eymann, Thorsten. 2003. *Digitale Geschäftsagenten. Softwareagenten im Einsatz.* Heidelberg: Springer Verlag.
Faustmann, Michael. 2003. *Neuronale Netze als Basis für fortgeschrittenes Human Ressource Management.* (Kindle edition). München: GRIN Verlag.
Feenberg, Andrew. 2012. *Between Reason and Experience: Essays in Technology and Modernity.* (Kindle edition). Cambridge, MA: The MIT Press.
Ferguson, Charles H. 2012. *Predator Nation: Corporate Criminals, Political Corruption, and the Hijacking of America.* (Kindle edition). New York, NY: Crown Business.
Ferguson, Niall. 2008. *The Ascent of Money: A Financial History of the World.* (Kindle edition). London: The Penguin Press.
Fine, Ben. 2001. *Social Capital versus Social Theory: Political Economy and Social Science at the Turn of the Millennium* (Contemporary Political Economy).
Fiore, Robert, Thomas Frank, Stephen Duncombe, Maura Mahoney et al. 1995. *The Baffler No. 7.* (Kindle edition). New York, NY: The Baffler.
Fischer, David Hackett. 1996. *The Great Wave: Price Revolutions and The Rhythm of History.* (Kindle edition). Oxford: Oxford University Press.
Fischer, John Martin, Derk Pereboom, Robert Kande und Manuel Vargas. 2007. *Four Views on Free Will.* (Kindle edition). Hoboken, NJ: Wiley-Blackwell.
Fitzpatrick, Kathleen. 2011. *Planned Obsolescence: Publishing, Technology, and the Future of the Academy.* (Kindle edition). New York, NY: NYU Press.
Flassbeck, Heiner. 2012. *Zehn Mythen der Krise.* (Kindle edition). Berlin: Suhrkamp Verlag.

Ford, Martin. 2009. *The Lights in the Tunnel: Automation, Accelerating Technology and the Economy of the Future.* (Kindle edition). USA: Acculant Publishing.
Foucault, Michel. 2005. Die Geburt der Biopolitik, Frankfurt am Main: Suhrkamp Verlag.
Fox, Nicols. 2004. *Against the Machine. The Hidden Luddite Tradition in Literature, Art, and Indivudual Lives.* (Kindle edition). Washington D. C.: Island Press.
Frank, Robert. 2008. *Richistan: A Journey Through the American Wealth Boom and the Lives of the New Rich.* (Kindle edition). New York, NY: Crown Business.
Frank, Robert H. 2001. *Luxury Fever. Why Money Fails to Satisfy in an Era of Excess.* (Kindle edition). New York, NY: Free Press.
Frank, Robert H. 2001. *The Darwin Economy: Liberty, Competition, and the Common Good.* (Kindle edition). Princeton, NJ: Princeton University Press.
Frank, Thomas. 2012. *Pity the Billionaire. The Hard-Times Swindle and the Unlikely Comeback of the Right.* (Kindle edition). New York, NY: Metropolitan Books.
Frank, Thomas, Jed Perl, Kim Phillips-Fein, Eugenia Williamson et al. 2012. *The Baffler No. 20.* (Kindle edition). Cambridge, MA: The MIT Press.
Frank, Tom. 2010. *One Market Under God: Extreme Capitalism, Market Populism and the End of Economic Democracy.* (Kindle edition). London: Vintage Digital.
Franks, Bill. 2012. *Taming the Big Data Tidal Wave: Finding Opportunities in Huge Data Streams with Advanced Analytics.* (Kindle edition). Hoboken, NJ: Wiley.
Freeland, Chrystia. 2012. *Plutocrats: The Rise of the New Global Super-Rich and the Fall of Everyone Else.* (Kindle edition). London: The Penguin Press.
Galbraith, James K. 2012. *Inequality and Instability: A Study of the*

World Economy Just Before the Great Crises. (Kindle edition). Oxford: Oxford University Press.

Gans, Herbert J. 2008. *Imagining America in 2033: How the Country Put Itself Together After Bush.* (Kindle edition). Ann Arbor, MI: University of Michigan Press.

Gazzaniga, Michael. 2012. *Who's in Charge?: Free Will and the Science of the Brain.* (Kindle edition). London: Robinson.

Gelernter, David, Eric S. Raymond, Glenn Reynolds, Jaron Lanier et al. *Internet Liberation: Alive or Dead?* (Kindle edition). Washington, D. C.: The Cato Institute.

Gelernter, David. 1991. *Mirror Worlds: or the Day Software Puts the Universe in a Shoebox … How It Will Happen and What It Will Mean.* (Kindle edition). Oxford: Oxford University Press.

Geraci, Robert. 2010. *Apocalyptic AI: Visions of Heaven in Robotics, Artificial Intelligence, and Virtual Reality.* (Kindle edition). Oxford: Oxford University Press.

Gertner, Jon. 2012. *The Idea Factory: Bell Labs and the Great Age of American Innovation.* (Kindle edition). London: The Penguin Press.

Giddens, Anthony/W. Hutton. 2012. *On The Edge: Living with Global Capitalism.* (Kindle edition). London: Vintage Digital.

Gieser, Suzanne. 2005. *The Innermost Kernel: Depth Psychology and Quantum Physics, Wolfgang Paul's Dialogue with C.G. Jung.* (Kindle edition). Heidelberg: Springer Verlag.

Giedion, Sigfried. (1982). *Die Herrschaft der Mechanisierung,* Frankfurt am Main: Europäische Verlagsanstalt.

Gigerenzer, Gerd. 2010. *Rationality for Mortals: How People Cope with Uncertainty (Evolution and Cognition).* (Kindle edition). Oxford: Oxford University Press.

Gigerenzer, Gerd, Peter M. Todd, ABC Research Group. 1999. *Simple Heuristics that Make Us Smart. (Evolution and Cognition).* (Kindle edition). Oxford: Oxford University Press.

Gigerenzer, Gerd. 2003. *Reckoning with Risk: Learning to Live with Uncertainty.* (Kindle edition). London: The Penguin Press.
Gilbert, Mark. 2010. *Complicit: How Greed and Collusion Made the Credit Crisis Unstoppable.* (Kindle edition). New York, NY: Bloomberg Press.
Gilder, George. (1989). *Microcosm. A prescient look Inside the Expanding Universe of Economic, Social and Technological Possibilities within the World of the Silicion Chip.* New York: Touchstone.
Gilder, George. 2002. *Telecosm. How Infinite Brandwidth Will Revolutionize Our World.* (Kindle edition). New York, NY: Free Press.
Gilder, Louisa. 2008. *The Age of Entanglement. When Quantum Physics Was Reborn.* (Kindle edition). New York, NY: Alfred A. Knopf Inc.
Gintis, Herbert. 2009. *The Bounds of Reason: Game Theory and the Unification of the Behavioral Sciences.* (Kindle edition). Princeton, NJ: Princeton University Press.
Gladwell, Malcolm. 2010. *Was der Hund sah: und andere Abenteuer aus der Welt, in der wir leben.* (Kindle edition). Frankfurt am Main: Campus Verlag.
Gleick, James. 2011. *Die Information. Geschichte, Theorie, Flut.* (Kindle edition). München: Redline Verlag.
Gordon, Deborah M. 2010. *Ant Encounters: Interaction Networks and Colony Behavior.* (Kindle edition). Princeton, NJ: Princeton University Press.
Gould, Stephen Jay. 2010. *Eight Little Piggies. Reflections in Natural History.* (Kindle edition). New York, NY: W. W. Norton & Company.
Graeber, David. 2012. *Kampf dem Kamikaze-Kapitalismus. Es gibt Alternativen zum herrschenden System.* (Kindle edition). München: Pantheon Verlag.

Greenspan, Alan. 2007. *Mein Leben für die Wirtschaft. Die Autobiographie.* (Kindle edition). Frankfurt am Main: Campus Verlag.

Groenewegen, Peter. 2007. *Eighteenth Century Economics. (Routledge Studies in The History of Economics).* (Kindle edition). London: Taylor & Francis.

Gullans, Steve und Juan Enriquez. 2011. *Homo Evolutis.* (Kindle edition). New York, NY: TED Books.

Hanafi, Zakiya. 2000. *The Monsters in the Machine: Magic, Medicine, and the Marvelous in the Time of the Scientific Revolution.* (Kindle edition). Durham, NC: Duke University Press.

Haraway, Donna J. 2007. *When Species Meet: Posthumanities.* (Kindle edition). Minneapolis, MN: University of Minnesota Press.

Hardt, Michael und Antonio Negri. 2012. *Declaration.* (Kindle edition). Allen, TX: Argo-Navis.

Harvey, David. 2007. *A Brief History of Neoliberalism.* (Kindle edition). Oxford: Oxford University Press.

Harvey, David. 2011. *The Enigma of Capital: and the Crisis of Capitalism.* (Kindle edition). London: Profile Books.

Hayek, F. A. 1952. *Individualismus und wirtschaftliche Ordnung.* Erlenbach-Zürich: Eugen Rentsch Verlag.

Hayek, F. A. 2006. *Die sensorische Ordnung. Eine Untersuchung der Grundlagen der theoretischen Psychologie.* Tübingen: Mohr-Siebeck.

Hayles, N. Katherine. 1999. *How we Became Posthuman: Virtual Bodies in Cybernetics, Literature, and Informatics.* (Kindle edition). Chicago, IL: University of Chicago Press.

Heilbroner, Robert. 1995. *Visions of the Future: The Distant Past, Yesterday, Today, and Tomorrow. (Oxford American Lectures).* (Kindle edition). London: Oxford University Press.

Hertling William. 2011. *Avogadro Corp: The Singularity Is Closer Than It Appears.* (Kindle edition). Portland, OR: Liquididea Press.

Ho, Karen. 2009. *Liquidated: An Ethnography of Wall Street (a John Hope Franklin Center Book).* (Kindle edition). Durham, NC: Duke University Press.

Hodgson, Geoffrey M. 2007. *How Economics Forgot History: The Problem of Historical Specificity in Social Science.* (Kindle edition). London: Taylor & Francis.

Hodgson, Geoffrey M. und Thorbjorn Knudsen. 2010. *Darwin's Conjecture: The Search for General Principles of Social and Economic Evolution.* (Kindle edition). Chicago, IL: University of Chicago Press.

Hodgson, Geoffrey M. 2012. *From Pleasure Machines to Moral Communities: An Evolutionary Economics without Homo economicus.* (Kindle edition). Chicago, IL: University of Chicago Press.

Hoffman, Reid und Ben Casnocha. 2012. *The Start-up of You: Adapt to the Future, Invest in Yourself, and Transform Your Career.* (Kindle edition). New York, NY: Cornerstone Digital.

Hoffmann, Carl, Eric Lesser und Tim Ringo. 2011. *Calculating Success: How the New Workplace Analytics Will Revitalize Your Organization.* (Kindle edition). Boston, MA: Harvard Business Review Press.

Hofstadter, Douglas R. 2007. *I Am a Strange Loop.* (Kindle edition). New York, NY: Basic Books.

Holt, D. B. 2004. *How Brands Become Icons: The Principles of Cultural Branding.* (Kindle edition). Boston, MA: Harvard Business Review Press.

Honneth, Axel. 2011. *Das Recht der Freiheit.* Frankfurt: Suhrkamp Verlag.

Hook, Neil und Mark Brake. 2007. *Different Engines: How Science Drives Fiction and Fiction Drives Science.* (Kindle edition). Hampshire: Palgrave MacMillan.

Horn, Rob Van, Philip Mirowski, et al. 2011. *Building Chicago Economics (Historical Perspectives on Modern Economics).* (Kindle edition). Cambridge: Cambridge University Press.

Howard, Philip K. 2001. *The Death of Common Sense: How Law is Suffocating America.* (Kindle edition). New York, NY: Random House Trade Paperbacks.

Hubbard, Douglas W. 2010. *How to Measure Anything: Finding the Value of Intangibles in Business.* (Kindle edition). Hoboken, NJ: Wiley.

Hudson, Michael W. 2010. *The Monster: How a Gang of Predatory Lenders and Wall Street Bankers Fleeced America and Spawned a Global Crisis.* (Kindle edition). New York, NY: Times Books.

Hughes, Jonathan. 2012. *Rise of Alchemy in Fourteenth Century England: Plantagenet Kings and the Search for the Philosopher's Stone.* (Kindle edition). London: Continuum.

Huxley, Aldous. 2008. *Brave New World.* (Kindle edition). London: Vintage Digital.

Hyde, Lewis. 2009. *The Gift: Creativity and the Artist in the Modern World.* (Kindle edition). London: Vintage Digital.

Ibarra, Herminia. 2004. *Working Identity: Unconventional Strategies for Reinventing Your Career.* (Kindle edition). Boston, MA: Harvard Business Review Press.

Illich, Ivan. 1991. *In the Mirror of the Past: Lectures and Addresses 1978–1990.* (Kindle edition). London: Marion Boyars Publishers.

Innis, Harold A. und Alexander John Watson. 2012. *The Bias of Communication. Second Edition.* (Kindle edition). Toronto: University of Toronto Press.

Isherwood, Aron. 2007. *The World of Goods: Towards an Anthropology of Consumption.* (Kindle edition). London: Taylor & Francis.

Issing, Otmar. 2012. *Wie wir den Euro retten und Europa stärken. Prof. Otmar Issing im Gespräch mit Andreas Scholz.* (Kindle edition). Kulmbach: Börsenbuchverlag.

Joinson, Adam, Tom Postmes, Katelyn McKenna und Ulf-Dietrich Reips. 2007. *Oxford Handbook of Internet Psychology (Oxford Handbook Series).* (Kindle edition). Oxford: Oxford University Press.

Jones, Daniel Stedman. 2012. *Masters of the Universe: Hayek, Friedman, and the Birth of Neoliberal Politics.* (Kindle edition). Princeton, NJ: Princeton University Press.

Junge, Matthias und Thomas Kron. 2007. *Zygmunt Bauman. Soziologie zwischen Postmoderne, Ethik und Gegenwartsdiagnose.* (Kindle edition). Heidelberg: VS – Verlag für Sozialwissenschaften.

Kaiser, David. 2004. »The Suburbanization of American Physics.« *American Quarterly,* vol. 56, No. 4, 851–888.

Kang, Minsoo. 2011. *Sublime Dreams of Living Machines: The Automaton in the European Imagination.* (Kindle edition). Boston, MA: Harvard University Press.

Kaplan, Fred. 1983. *The Wizards of Armageddon.* Stanford: Stanford University Press.

Kaplan, Fred. 2008. *Daydream Believers: How a Few Grand Ideas Wrecked American Power.* (Kindle Edition). Hoboken, NJ: Wiley.

Kaplan, Fred. 2009. *1959: The Year Everything Changed.* (Kindle edition). Hoboken, NJ: Wiley.

Keller, Laurent und Elisabeth Gordon. 2009. *The Lives of Ants.* (Kindle edition). Oxford: Oxford University Press.

Kelly, Dan, Kevin Mattson, Dubravka Ugresic, Kenneth Neil Cukier et al. 2003. *The Baffler No. 16.* (Kindle edition). New York, NY: The Baffler.

Kelly, Kevin. 1998. *New Rules for the New Economy. 10 Radical Strategies for a Connected World.* New York: Viking.

Kelly, Kevin. 1994. *Out of Control: The New Biology of Machines,*

Social Systems, & the Economic World. (Kindle edition). New York, NY: Basic Books.

Kelly, Kevin. 2011. *What Technology Wants.* (Kindle edition). Pacifica, CA: Kevin Kelly.

Kenner, Hugh. 1995. *Von Pope zu Pop. Kunst im Zeitalter von Xerox.* Berlin: Philo.

Khanna, Parag und Ayesha Khanna. 2012. *Hybrid Reality: Thriving in the Emerging Human-Technology Civilization.* (Kindle edition). New York, NY: TED Books.

Kincaid, Harold und Don Ross. 2009. *The Oxford Handbook of Philosophy of Economics.* Oxford: Oxford University Press.

Kirchgässner, Gebhard. 1991. *Homo Oeconomicus.* Tübingen: Mohr.

Kirkpatrick, Jerry. 2008. *In Defense of Advertising: Arguments from Reason, Ethical Egoism, and Laissez-Faire Capitalism.* (Kindle edition). Santa Monica, CA: TJL Books.

Klein, Naomi. 2010. *No Logo: 10th Anniversary Edition.* (Kindle edition). Toronto, Kanada: Vintage.

Klein, Stefan. 2010. *Der Sinn des Gebens. Warum Selbstlosigkeit in der Evolution siegt und wir mit Egoismus nicht weiterkommen.* (Kindle edition). Frankfurt am Main: S. Fischer Verlag.

Knorr Cetina, Karin und Alex Preda. 2004. *The Sociology of Financial Markets.* (Kindle edition). Oxford: Oxford University Press.

Knorr Cetina, Karin. 1999. *Epistemic Cultures: How the Sciences Make Knowledge.* (Kindle edition). Cambridge, MA: Harvard University Press.

Koch, Richard und Gred Lockwood. 2010. *Superconnect: The Power of Networks and the Strength of Weak Links.* (Kindle edition). London: Hachette Digital.

Kolata, Gina. 2011. *Clone: The Road to Dolly, and The Path Ahead.* (Kindle edition). New York, NY: William Morrow.

Kuhn, Thomas S. 2012. *The Structure of Scientific Revolutions: 50th*

Anniversary Edition. (Kindle edition). Chicago, IL: University of Chicago Press.

Kurz-Milcke, Elke und Gerd Gigerenzer. 2003. *Experts in Science and Society.* (Kindle edition). Heidelberg: Springer Verlag.

Kurzweil, Ray. 2012. *How to Create a Mind: The Secret of Human Thought Revealed.* (Kindle edition). New York, NY: Viking Press.

Kurzweil, Ray. 2010. *The Singularity is Near: When Humans Transcend Biology.* (Kindle edition). London: Gerald Duckworth.

Lakatos, Imre und Paul Feyerabend. 1999. *For and Against Method: Including Lakatos's Lectures on Scientific Method and the Lakatos-Feyerabend Correspondence.* (Kindle edition). Chicago, IL: University of Chicago Press.

Lanier, Jaron. 2010. *You Are Not A Gaget: A Manifesto.* (Kindle edition). London: The Penguin Press.

Lears, Jackson. 1995. *Fables of Abundance. A Cultural History of Advertising In America.* (Kindle edition). New York, NY: Basic Books.

Lebedoff, David. 2008. *The Same Man: George Orwell and Evelyn Waugh in Love and War.* (Kindle edition). New York, NY: Random House.

Lemov, Rebecca. 2005. *World as Laboratory: Experiments with Mice, Mazes, and Men.* New York: Farrar, Straus and Giroux.

Leruth, Luc E./Nicolas, Pierre J. (2010). *The Crisis and Miss Emily's Perceptions.* Washington: International Monetary Fund.

Levenson, Thomas. 2011. *Newton and the Counterfeiter.* (Kindle edition). London: Faber and Faber.

Levin, Miriam R. 2007. *Cultures of Control (Routledge Studies in the History of Science, Technology and Medicine).* (Kindle edition). Newark, NJ: Gordon & Breach.

Levy, Steven. 2011. *In The Plex. How Google Thinks, Works, and*

Shapes Our Lives. (Kindle edition). New York, NY: Simon & Schuster.

Lewis, Michael. 2011. *Boomerang: Europas harte Landung.* (Kindle edition). Frankfurt am Main: Campus Verlag.

Lewis, Michael. 2006. *Liar's Poker. Rising Through the Wreckage of Wall Street.* (Kindle edition). London: Hodder.

Lewis, Michael. 2010. *The Big Short – Wie eine Handvoll Trader die Welt verzockte.* (Kindle edition). Frankfurt am Main: Campus Verlag.

Lewis, Michael. 2011. *The Big Short: Inside the Doomsday Machine.* (Kindle edition). London: The Penguin Press.

Lietaer, Bernard und Stephen Belgin. 2011. *New Money for a New World.* (Kindle edition). Boulder, CO: Qiterra Press.

Light, Jennifer S. 2003. *From Warfare to Welfare. Defense Intellectuals and Urban Problems in Cold War America.* Baltimore: The John Hopkins University Press.

Lin, Patrick, Keith Abney und Georg A. Bekey. 2011. *Robot Ethics: The Ethical and Social Implications of Robotics (Intelligent Robotics and Autonomous Agents series).* (Kindle edition). Cambridge, MA: The MIT Press.

Lloyd, Seth. 2011. *Programming The Universe. A Quantum Computer Scientist Takes on the Cosmos.* (Kindle edition). London: Vintage Digital.

Long, David W. 2011. *Body Knowledge: A Path to Wholeness: The Philosophy of Michael Polanyi.* (Kindle edition). München: Xlibris.

Lucci, Stephen und Danny Kopec. 2012. *Artificial Intelligence in the 21st Century.* (Kindle edition). Dullas, VA: Mercury Learning & Information.

MacKay, Charles. 2012. *Extraordinary Popular Delusions and the Madness of Crowds.* (Kindle edition). Hampshire: Harriman House.

MacKenzie, Donald. 2006. *An Engine, Not a Camera: How Fi-*

nancial Models Shape Markets. (Kindle edition). Cambridge, MA: The MIT Press.

MacKenzie, Donald. 2008. *Material Markets: How Economic Agents are Constructed (Clarendon Lectures on Management Studies).* (Kindle edition). Oxford: Oxford University Press.

MacKenzie, Donald (ed.). 2008. *Do Economists Make Markets?: On the Performativity of Economics.* Princeton: Princeton University Press.

MacMillan, Margaret. 2007. *Paris 1919. Six Month That Changed the World.* (Kindle edition). New York, NY: Random House.

Malartre, Elisabeth und Gregory Benford. 2010. *Beyond Human: Living with Robots and Cyborgs.* (Kindle edition). Ferndale, PA: Forge Books.

Marczewski, Andrzej. 2012. *Gamification: A Simple Introduction.* (Kindle edition).

Markopolos, Harry. 2010. *No One Would Listen: A True Financial Thriller.* (Kindle edition). Hoboken, NJ: Wiley.

Marks, Michael E. 2008. *Dominant Species. The Deadliest Opponent Isn't Always Human.* (Kindle edition). Herts: Centourion Press.

Marks, Nic. 2011. *The Happiness Manifesto.* (Kindle edition). New York, NY: TED Books.

Mathews, Joe und Mark Paul. 2010. *California Crackup: How Reform Broke the Golden State and How We Can Fix It.* (Kindle edition). Berkeley, CA: University of California Press.

Mäki, Uskali. 2012. *Philosophy of Economics (Handbook of the Philosophy of Science).* (Kindle edition). Amsterdam: North Holland Publishing.

McCarty, Nolan und Adam Meirowitz. 2007. *Political Game Theory: An Introduction.* (Kindle edition). Cambridge: Cambridge University Press.

Milonakis, Dimitris und Ben Fine. 2009. *From Economics Impe-*

rialism to Freakonomics. The shifting boundaries between economics and other social sciences. London: Routledge.
Mirowski, Philip. 2002. *Machine Dreams: Economics Becomes a Cyborg Science.* Cambridge: Cambridge University Press.
Mirowski, Philip. 2001. *Science-Mart: Privatizing American Science.* Cambridge MA: Harvard University Press.
Mirowski, Philip. 2004. *The Effortless Economy of Science?* (Kindle edition). Durham, NC: Duke University Press.
Mirowksi, Philip und Dieter Plehwe. 2009. *The Road from Mont Pelerin: The Making of the Neoliberal Thought Collective.* (Kindle edition). Cambridge, MA: Harvard University Press.
Moebius, Stephan und Christian Papilloud. 2006. *Gift – Marcel Mauss' Kulturtheorie der Gabe.* (Kindle edition). Heidelberg: VS Verlag für Sozialwissenschaften.
Montet, Christian und Daniel Serra. 2003. *Game Theory & Economics.* Hampshire: Palgrave McMillan.
Morozov, Evgeny. 2012. *The Net Delusion. The Dark Side of Internet Freedom.* (Kindle edition). New York, NY: Public Affairs.
Morrisson, Mark. 2007. *Modern Alchemy: Occultism and the Emergence of Atomic Theory.* (Kindle edition). Oxford: Oxford University Press.
Mulcahey, Dave, Maura Mahoney, Tom Vanderbilt, Jennifer Gonnerman et al. 1994. *The Baffler No. 6.* (Kindle edition). New York, NY: The Baffler.
Mulgan, Geoff. 2011. *Connexity. How to Live in a Connected World.* (Kindle edition). New York, NY: Vintage Digital.
Müller, Holger. 2011. *John Nash und die Spieltheorie.* (Kindle edition). München: GRIN Verlag.
Mumford, Lewis. 2012. *The Story of Utopias.* (Kindle edition). Girvin Press.
Münkler, Herfried. 2011. *Thomas Hobbes.* (Kindle edition). Frankfurt am Main: Campus Verlag.

Muolo, Paul und Mathew Padilla. 2008. *Chain of Blame. How Wall Street Caused the Mortgage and Credit Crisis.* (Kindle edition). Hoboken, NJ: Wiley.

Murray, Nicholas. 2009. *Aldous Huxley. A Biography.* (Kindle edition). New York, NY: Thomas Dunne Books.

Neilson, Stan. 2011. *Robot Nation – Surviving the Greatest Socio-economic Upheaval of All Time.* (Kindle edition). New York, NY: Eridanus Press.

Neumann, John von. 2012. *The Computer and the Brain.* (Kindle edition). Berlin: Berlinische Verlagsanstalt.

Newith, Mike, Matt Taibbi, Chris Lehmann, Naomi Klein, Michael Lind et al. 2009. *The Baffler: No. 18.* (Kindle edition). New York, NY: The Baffler.

Nichols, Joan Kane. 1998. *Mary Shelley: Frankenstein's Creator (Barnard Biography).* (Kindle edition). Newburryport, MA: Red Wheel/Weiser.

Nisan, Noam, Tim Roughgarden und Eva Tardos. 2007. *Algorithmic Game Theory.* (Kindle edition). Cambridge: Cambridge University Press.

Nisbet, Robert, Gary Miner, John, IV Elder. 2009. *Handbook of Statistical Analysis and Data Mining Applications.* (Kindle edition). Waltham, MA: Academic Press.

Nissenbaum, Helen. 2009. *Privacy in Context: Technology, Policy, and the Integrity of Social Life (Stanford Law Book).* (Kindle edition). Stanford: Stanford Law Books.

Nowotny, Helga. 2008. *Insatiable Curiosity: Innovation in a Fragile Future.* (Kindle edition). Cambridge, MA: The MIT Press.

Nummedal, Tara. 2007. *Alchemy and Authority in the Holy Roman Empire.* (Kindle edition). Chicago, IL: University of Chicago Press.

Nunn, Chris. 2005. *De La Mettrie's Ghost: The Story of Decisions.* (Kindle edition). New York, NY: Palgrave MacMillan.

Nye, David E. 2003. *America as Second Creation: Technology and*

Narratives of New Beginnings. (Kindle edition). Cambridge, MA: The MIT Press.

Nye, David E. 2006. *Technology Matters. Questions to Live with.* (Kindle edition). Cambridge, MA: The MIT Press.

O'Reilly, Michael Francis. 2011. *Volta – A Short Biography.* (Kindle edition). Shamrock Eden Publishing.

Otis, Laura. 2001. *Networking. Coomunicating with Bodies and Machines in the Nineteenth Century.* Michigan: The University of Michigan Press.

Otis, Laura. 2002. *Literature and Science in the Nineteenth Century: An Anthology.* (Kindle edition). Oxford: Oxford University Press.

Owen, Alex. 2004. *The Place of Enchantment: British Occultism and the Culture of the Modern.* (Kindle edition). Chicago, IL: University of Chicago Press.

Packard, Vance. 2011. *The Waste Makers.* (Kindle edition). Opa-Locka, FL: Ig Publishing.

Packard, Vance. 2007. *The Hidden Persuaders.* (Kindle edition). Opa-Locka, FL: Ig Publishing.

Pariser, Eli. 2012. *Filter Bubble: Wie wir im Internet entmündigt werden.* (Kindle edition). München: Carl Hanser Verlag.

Parker, George, Chris Parker und Jeff Goodby. 2009. *The Ubiquitous Persuaders.* (Kindle edition). Charleston, SC: BookSurge.

Patterson, Scott. 2012. *Dark Pools: The Rise of A. I. Trading Machines and the Looming Threat to Wall Street.* (Kindle edition). New York, NY: Cornerstone Digital.

Patterson, Scott. 2012. *The Quants. How a Small Band of Maths Wizards Took Over Wall Street and Nearly Destroyed It.* (Kindle edition). New York, NY: Cornerstone Digital.

Pentland, Alex. 2008. *Honest Signals: How They Shape Our World.* (Kindle edition). Cambridge, MA: The MIT Press.

Perlstein, Rick, James Agee, David Graeber, Barbara Ehrenreich et al. 2012. *The Baffler No. 19.* (Kindle edition). Cambridge, MA: The MIT Press.

Pimbley, Joseph. 1997. »Physicists in Finance.« *Physics Today,* 50.1, 42–46.

Philips, Kevin. 2009. *Bad Money: Reckless Finance, Failed Politics, and the Global Crisis of American Capitalism.* (Kindle edition). London: The Penguin Press.

Poll, Michael R. *The Stone of the Philosophers: An Alchemical Handbook.* (Kindle edition).

Polya, G. 2008. *How to Solve it: A New Aspect of Mathematical Method.* (Kindle edition). Princeton,: Princeton, NJ: Princeton University Press.

Porter, Theodore M. 2004. *Karl Pearson: The Scientific Life In a Statistical Age.* (Kindle edition). Princeton, NJ: Princeton University Press.

Postman, Neil. 2011. *Technopoly: The Surrender of Culture to Technology.* (Kindle edition). New York, NY: Vintage.

Postman, Neil. 2011. *Conscientious Objections: Stirring Up Trouble About Language, Technology and Education.* (Kindle edition). New York, NY: Vintage.

Postrel, Virginia. 2011. *The Future and Its Enemies. The Growing Conflict Over Creativity, Enterprise and Progress.* (Kindle edition). New York, NY: Free Press.

Poundstone, William. 2011. *Prisoner's Dilemma. John Von Neumann, Game Theory and The Puzzle of The Bomb.* (Kindle edition). Norwell, MA: Anchor Press.

Pradeep, A. K. 2010. *The Buying Brain: Secrets for Selling to the Subconscious Mind.* (Kindle edition). Hoboken, NJ: Wiley.

Priesner, Claus. 2011. *Geschichte der Alchemie.* (Kindle edition). München: Verlag C. H. Beck.

Prindle, David F. 2009. *Stephen Jay Gould and the Politics of Evolution.* (Kindle edition). Amherst, NY: Prometheus Books.

Prindle, Robert. 2012. *The Money Trap: Escaping the Grip of Global Finance.* (Kindle edition). New York, NY: Palgrave MacMillan.

Raffles, Hugh. 2010. *Insectopedia.* (Kindle edition). New York, NY: Vintage.

Rand, Ayn und Gary Hull. 1999. *Any Rand Reader.* (Kindle edition). New York, NY: Plume.

Reeves, Byron und J. Leighton Read. 2009. *Total Engagement: Using Games and Virtual Worlds to Change the Way People Work and Businesses Compete.* (Kindle edition). Cambridge, MA: Harvard Business School Press.

Reinhart, Carmen M. und Kenneth Rogoff. 2011. *The Second Great Contraction: From »This Time is Different«.* (Kindle edition). Princeton, NJ: Princeton University Press.

Reinhart, Carmen M. und Kenneth Rogoff. 2009. *This Time is Different. Eight Centuries of Financial Folly.* (Kindle edition). Princeton, NJ: Princeton University Press.

Resnick, Mitchel. 1994. *Turtles, Termites, and Traffic Jams: Explorations in Massively Parallel Microworlds (Complex Adaptive Systems)* (Kindle edition). Cambridge, MA: Bradford Books.

Rheingold, Howard und Anthony Weeks. 2012. *Net Smart. How to Thrive Online.* (Kindle edition). Cambridge, MA: The MIT Press.

Ridley, Matt. 2010. *The Rational Optimist: How Prosperity Evolves.* (Kindle edition). London: Fourth Estate.

Rifkin, Jeremy. 2010. *Die empathische Zivilisation. Wege zu einem globalen Bewusstsein.* (Kindle edition). Frankfurt am Main: Campus Verlag.

Rifkin, Jeremy. 2004. *Das Ende der Arbeit und ihre Zukunft. Neue Konzepte für das 21. Jahrhundert.* (Kindle edition). Frankfurt am Main: Campus Verlag.

Rifkin, Jeremy. 2007. *Access – Das Verschwinden des Eigentums. Warum wir weniger besitzen und mehr ausgeben werden.* (Kindle edition). Frankfurt am Main: Campus Verlag.

Roberts, Russel. 2008. *The Price of Everything: A Parable of Possibility and Prosperity.* (Kindle edition). Princeton, NJ: Princeton University Press.

Rohozinski, Rafal, John Palfrey, Ronald Deibert, Jonathan L. Zittrain. 2012. *Access Contested (Information Revolution and Global Politics).* (Kindle edition). Cambridge, MA: The MIT Press.

Rubinstein, Ariel. 2012, *Economic Fables.* Cambridge: Open Book Publishers.

Ruse, Michael. 2003. *Darwin and Design: Does Evolution Have a Purpose?* (Kindle edition). Cambridge, MA: Harvard University Press.

Rushkoff, Douglas. 2010. *Program or Be Programmed. Ten Commands for a Digital Age.* (Kindle edition). New York, NY: OR Books.

Rushkoff, Douglas. 2011. *Life Inc.* (Kindle edition). New York, NY: Vintage Digital.

Russell, Matthew A. 2011. *Mining the Social Web: Analysing Data from Facebook, Twitter, LinkedIn, and Other Social Media Sites.* (Kindle edition). Sebastopol, CA: O'Reilly Media.

Sandel, Michael. 2012. W*hat Money Can't Buy: The Moral Limits of Markets.* New York: Farrar, Straus and Giroux.

Sandel, Michael J. 2012. *Was man für Geld nicht kaufen kann. Die moralischen Grenzen des Marktes.* (Kindle edition). Berlin: Ullstein Verlag.

Schabas, Margaret. 2006. *The Natural Origins of Economics.* (Kindle edition). Chicago, IL: University of Chicago Press.

Schlefer, Jonathan. 2012. *The Assumptions Economists Make.* (Kindle edition). Cambridge, MA: Harvard University Press.

Seeley, Thomas D. 1996. *The Wisdom of the Hive: The Social Physiology of Honey Bee Colonies.* (Kindle edition). Cambridge, MA: Harvard University Press.

Sennett, Richard. 2006. *The Culture of the New Capitalism.* (Kindle edition). New Haven, CT: Yale University Press.

Sennett, Richard. 2012. *Together: The Rituals, Pleasures and Politics of Cooperation.* (Kindle edition). New York, NY: The Penguin Press.

Sennett, Richard. 2011. *The Corrosion of Character: The Personal Consequences of Work in the New Capitalism.* (Kindle edition). New York, NY: W. W. Norton & Company.

Seymore, Miranda. 2011. *Mary Shelley.* (Kindle edition). London: Faber Finds.

Shapin, Steven und Simon Schaffer. 2011. *Leviathan and the Air-Pump: Hobbes, Boyle, and the Experimental Life.* (Kindle edition). Princeton, NJ: Princeton University Press.

Shelley, Mary. 2001. *Frankenstein, Annotated with Commentary (Literature in Its Context).* (Kindle edition). Booksdoors.com.

Shelp, Ronald und Al Ehrbar. 2009. *Fallen Giant: The Amazing Story of Hank Greenberg and the History of AIG.* (Kindle edition). Hoboken, NJ: Wiley.

Shiller, Robert J. und George A. Akerlof. 2009. *Animal Spirits. Wie Wirtschaft wirklich funktioniert.* (Kindle edition). Frankfurt am Main: Campus Verlag.

Shorris, Earl. 2012. *A Nation of Salesmen: The Tyranny of the Market and the Subversion of Culture.* (Kindle edition). New York, NY: W. W. Norton & Company.

Siegfried, Tom. 2006. *A Beautiful Math.* (Kindle edition). Washington, D. C.: Joseph Henry Press.

Silver, Nate. 2012. *The Signal and the Noise: Why So Many Predictions Fail – but Some Don't.* (Kindle edition). London: The Penguin Press.

Skyrms, Brian. 2010. *Signals: Evolution, Learning, and Information.* (Kindle edition). Oxford: Oxford University Press.
Slade, Giles. 2006. *Made to Break: Technology and Obsolenscence in America.* (Kindle edition). Cambridge, MA: Harvard University Press.
Smelser, Neil J. und Richard Swedberg. 2010. *The Handbook of Economic Sociology. Second Edition.* (Kindle edition). Princeton, NJ: Princeton University Press.
Smith, Marc und Peter Kollock. 2002. *Communities in Cyberspace.* (Kindle edition). London: Taylor & Francis.
Smith, Richard G. 2008. *Jean Baudrillard: Fatal Theories (International Library of Sociology).* (Kindle edition). London: T & F Books.
Soddy, Frederick. 2007. *The Role of Money.* (Kindle edition). Houston, TX: Hoar Press.
Solove, Daniel J. 2008. *Understanding Privacy.* (Kindle edition). Cambridge, MA: Harvard University Press.
Solove, Daniel J. 2007. *The Future of Reputation: Gossip, Rumor, and Privacy on the Internet.* (Kindle edition). New Haven, CT: Yale University Press.
Sorkin, Andrew Ross. 2010. *Too Big to Fail: Inside the Battle to Save Wallstreet.* (Kindle edition). London: The Penguin Press.
Soros, George. 2012. *Financial Turmoil in Europe and the United States: Essays.* (Kindle edition). New York, NY: Public Affairs.
Soros, George. 2005. *George Soros On Globalization.* (Kindle edition). New York, NY: Public Affairs.
Soros, George. 2012. *Gedanken und Lösungsvorschläge zum Finanzchaos in Europa und Amerika.* (Kindle edition). Kulmbach: Plassen Verlag.
Stiglitz, Joseph. 2010. *Im freien Fall – Vom Versagen der Märkte zur Neuordnung der Weltwirtschaft.* (Kindle edition). München: Siedler Verlag.

Stoker, Bram. 2011. *Dracula – Vollständige deutsche Fassung.* (Kindle edition). Neuss: Null Papier Verlag.

Stross, Randall. 2008. *Planet Google. One Company's Audacious Plan to Organize Everything We Know.* (Kindle edition). New York, NY: Free Press.

Stout, Lynn A. 2008. »Taking conscience seriously«, *Moral Markets: The Critical Role of Values in the Economy,* ed. Paul J. Zak, 157–172. Princeton: Princeton University Press.

Stout, Lynn A. 2011. *Cultivating Conscience. How Good Laws Make Good People.* Princeton: Princeton University Press.

Sun, Guang-Zhen. 2012. *The Division of Labour in Economics: A History (Routledge Studies in the History of Economics).* (Kindle edition). Oxford: Routledge.

Sussman, Herbert. 2009. *Victorian Technology: Invention, Innovation, and the Rise of the Machine (Victorian Life and Times).* (Kindle edition). Westport, CT: Praeger.

Tabarrok, Alex. 2011. *Launching The Innovation Renaissance: A New Path to Bring Smart Ideas to Market Fast (TED Books).* (Kindle edition). TED Books.

Tainter, Joseph A. 1988. *The Collapse of Complex Societies (New Studies in Archaeology).* (Kindle edition). Cambridge: Cambridge University Press.

Taleb, Nassim Nicholas. 2001. *The Black Swan: Second Edition: The Impact of the Highly Improbable Fragility.* (Kindle edition). New York, NW: Random House.

Taleb, Nassim Nicholas. 2010. *The Bed of Procrustes: Philosophical and Practical Aphorisms.* (Kindle edition). London: The Penguin Press.

Tapscott, Don und Anthony D. Williams. 2010. *Macro Wikinomics: New Solutions for a Connected Planet.* (Kindle edition). London: Atlantic Books.

Tesfatsion, Leigh. 2006. *Handbook of Computational Economics: 2.* (Kindle edition). Amsterdam: North Holland.

Thomas, Douglas und John Seely Brown. 2001. *A New Culture of Learning: Cultivating the Imagination for a World of Constant Change.* (Kindle edition). North Charleston, NC: Create Space.

Thompson, Nicholas. 2006. *The Hawk and the Dove: Paul Nitze, George Kennan, and the History of Cold War.* (Kindle edition). New York, NY: Knopf.

Toffler, Alvin und Heidi Toffler. 2006. *Revolutionary Health: How It Will Be Created and How It Will Change Our Lives.* (Kindle edition). New York, NY: Knopf.

Trentmann, Frank. 2012. *The Oxford Handbook of the History of Consumption (Oxford Handbooks).* (Kindle edition). Oxford: Oxford University Press.

Treverton, Gregory F. 2001. *Reshaping National Intelligence for an Age of Information (RAND Studies in Policy Analysis).* (Kindle edition). Cambridge: Cambridge University Press.

Turkle, Sherry. 2012. *Verloren unter 100 Freunden. Wie wir in der digitalen Welt seelisch verkümmern.* (Kindle edition). München: Riemann Verlag.

Turkle, Sherry. 1984. *The Second Self. Computers and the Human Spirit.* (Kindle edition). Cambridge, MA: The MIT Press.

Turkle, Sherry. 2009. *Simulation and Its Discontents (Simplicity: Design, Technology, Business, Life).* (Kindle edition). Cambridge, MA: The MIT Press.

Turner, Fred. 2006. *From Counterculture to Cyberculture: Stewart Brand, the Whole Earth Network, and the Rise of Digital Utopianism.* (Kindle edition). Chicago: University of Chicago Press.

Twitchell, James B. 2004. *Branded Nation. Our Love Affair With Luxury.* (Kindle edition). London: Simon & Schuster.

Vaidhyanathan, Siva. 2012. *The Googlization of Everything (And Why We Should Worry).* (Kindle edition). Berkeley, CA: University of California Press.

Vaidhyanatha, Siva. 2012. *The Googlization of Everything (And Why We Should Worry).* Berkeley, CA: The University of California Press (revised edition)

Veblen, Thorstein. 1921. *The Engineers and the Price System.* (Kindle edition). New York, NY: Cosimo Classics.

Volkmann, Laurenz. 2003. *Homo oeconomicus. Studien zur Modellierung eines neuen Menschenbildes in der englischen Literatur vom Mittelalter bis zum 18. Jahrhundert.* Heidelberg: Winter.

Vulkan, Nir. (1999). »Economic Implications of Agent Technology and E-Commerce«, *The Economic Journal,* 109, F67-F90.

Waegemann, C. Peter. 2012. *Knowledge: Capital in the Digital Society.* (Kindle edition). Hamburg: CreateSpace Independent Publishing.

Wallace, David Foster. 2011. *Fate, Time and Language: An Essay on Free Will.* (Kindle edition). New York, NY: Columbia University Press.

Wallach, Wendell und Colin Allen. 2008. *Moral Machines: Teaching Robots Right from Wrong.* (Kindle edition). Oxford: Oxford University Press.

Watts, Duncan J. 2004. *Six Degrees: The Science of a Connected Age (Open Market Edition).* (Kindle edition). New York, NY: W. W. Norton & Company.

Weart, Spencer R. 2012. *The Rise of Nuclear Fear.* (Kindle edition). Cambridge, MA: Harvard University Press.

Weeks, Kathi. 2011. *The Problem with Work: Feminism, Marxism, Antiwork Politics, and Postwork Imaginaries (a John Hope Franklin Center Book).* (Kindle edition). Durham, NC: Duke University Press.

Weiland, Matt und Thomas Frank. 2011. *Commodify Your Dissent:*

Salvos from The Baffler. (Kindle edition). New York, NY: W. W. Norton & Company.
Wells, Jonathan CK, Simon Strickland und Kevin Laland. 2006. *Social Information Transmission and Human Biology (Society for the Study of Human Biology).* (Kindle edition). Boca Raton, FL: CRC Press.
Whittaker, Jason. 2007. *Cyberspace Handbook.* (Kindle edition). London: Taylor & Francis.
Wiener, Norbert. 1965. *Cybernetics or Control and Communication in the Animal and the Machine.* (Kindle edition). Cambridge, MA: The MIT Press.
Wiener, Norbert. 1988. *The Human Use Of Human Beings: Cybernetics And Society.* (Kindle edition). New York, NY: Da Capo Press.
Williams, B. Conrad. 2011. *What is the Matrix? (Jean Baudrillard and Simulation in the Wachowski Brothers' Matrix Series).* (Kindle editon). Hamburg: CreateSpace Independent Publishing.
Wilson, Edward O. 2010. *The Leafcutter Ants: Civilization by Instinct.* (Kindle edition). New York, NY: W.W. Norton & Company.
Winkle, William Van. 2011. *Architects of Tomorrow. Volume 2.* (Kindle edition). Enwritenment Publishing.
Winner, Langdon. 2010. *The Whale and the Reactor: A Search for Limits in an Age of High Technology.* (Kindle edition). Chicago, IL: University of Chicago Press.
Winter, Alison. 1998. *Mesmerized. Powers of Mind in Victorian Britain.* London: The University of Chicago Press.
Wolfe, Tom. 2010. *Hooking up.* (Kindle edition). New York, NY. Farrar, Straus and Giroux.
Woodward, Bob. 2000. *Maestro: Greenspan's Fed and the American Boom.* (Kindle edition). New York, NY: Simon & Schuster.
Wriston, Walter B. 2007. *Bits, Bytes, and Balance Sheets: The New*

Economic Rules of Engagement in a Wireless World. (Kindle edition). Stanford, CA: Hoover Institution Press.
Zak, Paul J. 2012. *Moral Markets: The Critical Role of Values in the Economy.* (Kindle edition). Hialeah, FL: Dutton.
Zak, Paul J. 2012. *The Moral Molecule: The Source of Love and Prosperity.* (Kindle edition). Hialeah, FL: Dutton.
Zaloom, Caitlin. 2010. *Out of the Pits: Traders and Technology from Chicago to London.* Chicago: The University of Chicago Press.
Zittrain, Jonathan. 2009. *The Future of the Internet: And How to Stop It.* (Kindle edition). London: The Penguin Press.
Zuboff, Shoshana und James Maxmin. 2004. *The Support Economy: Why Corporations Are Failing Individuals and the Next Episode of Capitalism.* (Kindle edition). London: The Penguin Press.

Anmerkungen

Vorwort

1 S. M. Amadae, *Rationalizing Capitalist Democracy,* 295.

2 Ibid., 296.

3 Mayr, Ernst. 1987. *Uhrwerk und Waage. Autorität, Freiheit und technische Systeme in der frühen Neuzeit.* München: C. H. Beck, 151

4 Ken Binmore, *Game Theory,* Pos. 645.

5 Dimitris Milonakis/Ben Fine, *From Economics Imperialism to Freakonomics. The shifting boundaries between economics and other social sciences. London: Routledge, 1.*

6 Ibid., 107.

7 Gerd Gigerenzer/Nathan Berg, As-If-Behavioral Economics: Neoclassical Economics in Disguise? *History of Economic Ideas,* xviii/2010/1134–1164.

8 Ich bin mir bewusst, dass ich die historische Komplexität reduziere. Die neue Rationalität ist nicht allein von der Spieltheorie und der Rational-Choice-Theorie geboren worden. Es war das Werk unzähliger, teilweise nur lose miteinander verbundener Disziplinen: Computertheorie, Statistik und Kybernetik sind unabhängige Wege gegangen und berühren die Spieltheorie nur partiell. Tatsächlich wäre von Neumanns Werk ohne Alan Turings Rechenmaschine und die sich daraus ergebende Frage, was berechenbar ist und was nicht, undenkbar. Peter Galison beispielsweise hat in »The Ontology of the Enemy: Norbert Wiener and the Cybernetic Vision« (Critical Inquiry, Vol.21/1, 228–266)

am Beispiel Norbert Wieners beschrieben, wie der »rationale« Feind bereits im Zweiten Weltkrieg zur Denkfigur wurde, versehen mit allen Attributen, die ihm später die Spieltheorie verlieh.

TEIL EINS

DIE OPTIMIERUNG DES SPIELS

1 Trance

9 Sharon Ghamari-Tabrizi, »Cognitive and Perceptual Training in the Cold War Man-Machine System«; in: Bell/Joel, *Uncertain Empire,* 289.

10 Vgl. George Dyson, *Darwin im Reich der Maschinen,* 207.

11 Bell/Joel, *Uncertain Empire,* 287.

12 So Don Murray in seinem 1955 erschienenen Bericht über eine der ersten Radaranlagen, in dem er den »Bluff« eines nicht-identifizierten Flugzeugs auf dem Weg nach Los Alamos beschreibt. Vgl. Bell/Joel, *Uncertain Empire,* 270.

13 Caitlin Zaloom, *Out of the Pits,* 136f.

14 Die Arbeitsteilung zwischen Ökonomen und Mathematikern beschreibt Fred Kaplan so: »(Die Ökonomen) würden die ›Nutzenfunktionen‹ von Konsumenten und das Verhalten und die Werte ganzer Nationen analysieren. Die Mathematiker, die von alldem nichts verstanden, konnten dann die Erkenntnisse in die Matrix der Spieltheorie eintragen.« *Wizards of Armageddon,* 67.

15 David Riesman, *The Lonely Crowd,* 25. Vgl. Bell/Joel, 271.

16 Zum Beispiel S. M. Amadae, *»Rationalizing Capitalist Democracy«,* 157.

17 Bell/Joel, *Uncertain Empire,* 284f.

2 Spiel

18 Vgl. hierzu das Standwerk von Gebhard Kirchgässner (Tübingen 1991): *Homo Oeconomicus.* Faszinierende Funde zur literarischen Fantasie bringt Laurenz Volkmann (Heidelberg 2003): *Homo oeconomicus. Studien zur Modellierung eines neuen Menschenbildes in der englischen Literatur vom Mittelalter bis zum 18.Jahrhundert.* Die Literatur ist unüberschaubar, zentral für die Nachkriegsevolution sind Foucaults Vorlesungen vom 21. und 28. März 1979, die in dem Band *Die Geburt der Biopolitik* versammelt sind. Die Transformation durch Rational Choice Theory und Spieltheorie hat grundlegend S.M. Amadae beleuchtet, Philip Mirowskis *Machine Dreams* erzählen die Verwandlung des homo oeconomicus in einen informationsverarbeitenden Agenten, der vom Computer nicht mehr zu unterscheiden ist. Meisterhaft, dringend zur Lektüre empfohlen und eine neue Perspektive eröffnend: John B. Davis' zweibändiges Meisterwerk *The Theory of the Individual in Economics Identity and value* (London 2003) und *Individuals and Identity in Economics* (Cambridge 2011). Die vier letztgenannten Studien beschäftigen sich mit der auch in diesem Buch grundlegenden Frage, inwieweit das »Modell« nicht in Wahrheit Aussagen über die Identität und die Individualität des homo sapiens trifft, die im Zeitalter des Digitalen diese mit Auslöschung bedrohen.

19 Vgl. Axel Honneth, *Das Recht der Freiheit,* Frankfurt: Suhrkamp Verlag, 323–332.

20 Lynn A. Stout, »Taking conscience seriously«, *Moral Markets: The Critical Role of Values in the Economy,* ed. Paul J. Zak, 157–172. Princeton: Princeton University Press. Vgl. Stouts durch viele persönliche Anekdoten angereichertes Buch *Cultivating Conscience. How Good Laws Make Good People, Princeton* (Princeton University Press) 2011.

21 Neben John Davis neuerdings z. B. Ben Fine: *Social Capital versus Social Theory: Political Economy and Social Science at the Turn of the Millennium (Contemporary Political Economy)* (2001) und Michael Sandel: *What Money Can't Buy: The Moral Limits of Markets,* Farrar, Straus and Giroux, 2012.

22 vgl. Dimitris Milonakis/Ben Fine, *From Economics Imperialism to Freakonomics. The shifting boundaries between economics and other social sciences.* London: Routledge, 20–22.

23 Michel Foucault, Die Geburt der Biopolitik, S. 307ff.

24 John B. Davis (2003). *The Theory of the Individual in Economics Identity and value, 81–103.*

25 Jean-Piere Dupuy, *Cybernetics Is an Antihumanism: Advanced Technologies and the Rebellion Against the Human Condition.* http://www.metanexus.net/essay/h-cybernetics-antihumanism-advanced-technologies-and-rebellion-against-human-condition.

26 John B. Davis (2003). *The Theory of the Individual in Economics Identity and value,* 89.

27 Ibid., 89.

28 Dimitris Milonakis/Ben Fine, *From Economics Imperialism to Freakonomics. The shifting boundaries between economics and other social sciences.* London: Routledge, 20.

29 Ich danke Evgeny Morozov für wertvolle Hinweise.

30 Hendrik Hertzberg, »Comment: Tuesday and After«, *New Yorker,* 24. September 2001, 27.

31 Andrew Ross Sorkin, *Too Big to Fail,* Pos. 800.

3 Prophezeiung

32 Philip Mirowski, *Machine Dreams,* 505.

33 Diese Tradition ist bis heute in Hacker-Gruppen und partiell in Systemen wie Wikipedia lebendig.

34 Donald MacKenzie (ed.), *Do Economists Make Markets?,* 322.

35 Vance Packard, *The Hidden Persuaders*, 239.

36 Ibid., 231.

4 Monster

37 Joseph Stiglitz, *Vom Versagen der Märkte zur Neuordnung der Weltwirtschaft*, 32

38 http://edge.org/conversation/a-universe-of-self-replicating-code

39 Manuel Castells, »Information technology and global capitalism«; Gidddens/Hutton: *On the Edge*, 56.

40 Das umfangreichste und aussagekräftigste Quellenmaterial findet sich online in der Dokumentation der amerikanischen Senatsanhörungen: www.hsgac.senate.gov.

41 Ich danke Philip Mirowski für Einblicke in sein im April 2013 erscheinendes Buch »Never let a serious crisis go waste«.

42 Scott Patterson, *The Quants*, 263.

43 Ibid.

5 Script

44 Scott Patterson, *The Quants*, 263.

45 Caitlin Zaloom, Out of the Pits, 99.

46 Scott Patterson, *The Quants*, 53.

47 Ibid., 162.

48 Satyajit Das, *Extreme Money*, 223.

49 Caitlin Zaloom, *Out of the Pits*, 109.

50 Ibid., 132.

51 Michael Lewis, *The Big Short*, 323.

52 James Gleick, *Die Information*, 272.

53 Susan Sontag, »The Imagination of Disaster«, *Against Interpretation*, 221.

54 Zit. in: Steven Belletto, *No accident comrade*, 104.

6 Ratio

55 Fred Kaplan, *The Wizards of Armageddon*, 66.

56 Die ganze aufregende Geschichte erzählt Philip Mirowski in *Machine Dreams.*

57 So Anthony Downs, zit. bei S. M. Amadae, *Rationalizing Capitalist Democracy*, 5.

58 Sylvia Nasar, *Genie und Wahnsinn*, 127.

59 Ibid., 124f.

60 Philip Mirowski: »A Revisionist's View of the History of Economic Thought«, (Interview), Challenge, vol. 48, no. 5, September/October 2005, 79–94.

61 Philip Mirowski, *Machine Dreams*, 338f.

62 Douglas Rushkoff, *Life Inc.*, 151.

63 *The New York Times*, 11. April 2002.

64 Ariel Rubinstein, *Economic Fables*, 129.

65 Philip K. Dick, *Hauptgewinn: Die Erde*, Vorwort.

66 Fred Kaplan, *1959*, 108.

67 Bekanntlich hat sich John von Neumann mit seine *Theory of Games and Economic Behavior* erst an das Militär gewandt, als die überforderten Ökonomen zu wenig Enthusiasmus zeigten.

68 Philip Mirowski, *Machine Dreams*, 330.

69 Ibid., 425.

70 Siehe Seite 167.

71 Philip K. Dick, *Hauptgewinn Erde*, 23.

72 Ibid., 137.

73 Ariel Rubinstein, *Economic Fables*, 32

74 »Obama would consider missile strikes on Iran«, Chicago Tribune, 25. September 2004. Wie unzählige andere amerikanische Politiker und Kommentatoren sah Obama in den Anschlägen vom 11. September auch eine Aufkündigung der spieltheoretischen strategischen Rationalität, die den Selbst-

mord nicht riskiert: »With the Soviet Union, you did get the sense that they were operating on a model that we could comprehend in terms of, they don't want to be blown up, we don't want to be blown up, so you do game theory and calculate ways to contain«, sagte Obama. »I think there are certain elements within the Islamic world right now that don't make those same calculations.«

7 Soziale Physik

75 Joseph Pimbley, »Physicists in Finance«, 42–46.
76 David Kaiser, »The Postwar Suburbanization of American Physics«, 852.
77 Im Jahre 1953 beispielsweise erhielt »jeder Physiker einen durchschnittlichen staatlichen Zuschuss von 11 000 Dollar; ein Chemiker 1900 Dollar, der durchschnittliche Biologe 4900 Dollar und ein Mathematiker 1700 Dollar«. Philip Mirowski, *Science Mart,* 113.
78 Fred Kaplan, *1959,* 65.
79 Jennifer S. Light, *From Warfare to Welfare. Defense Intellectuals and Urban Problems in Cold War America.* Baltimore. The John Hopkins University Press. 3f.
80 Fred Kaplan, *1959,* 67.
81 http://www.sciencenews.org/sn_arc99/11_27_99/bob1.htm.
82 Scott Patterson, *The Quants,* 38.
83 Ibid., 37f.
84 Satyaji Das, *Extreme Money,* 121f.
85 David Colander, Michael Goldberg, Armin Haas, Katarina Juselius, Alan Kirman, Thomas Lux & Brigitte Sloth (2009). The Financial Crisis and the SysTemic Failure of the Economics Profession, Critical Review: A Journal of Politics and Society, 21:2–3, 253.
86 Philip Mirowski, *Machine Dreams,* 14f.

87 Matthew Philips, »The Monster that Ate Wall-Street«, *Newsweek*, 26. September 2008.

8 Massaker

88 Caitlin Zaloom, *Out oft he Pits,* 132.

89 Ibid., 155.

90 Katrin Knorr Cetina/Alex Preda, *The Sociology of Financial Markets,* 42f.

91 Ibid., 108

92 Verschiedene Richtungen der Spieltheorie treffen unterschiedliche Annahmen über das Individuum. Nicht kooperative Spiele, die einmalig gespielt werden – der Ursprung der Theorie –, reduzieren den menschlichen Agenten in seiner Komplexität. Neuere Ansätze – Spiele, die unendlich oft wiederholt werden und Kooperation ermöglichen – werden dem Menschen gerechter. Sie sind, und das ist entscheidend, nicht diejenigen, die in Finanzmodellen benutzt werden. Diese beschränken sich ausschließlich auf nicht kooperative, einmalige Spiele. Vgl. hierzu auch Davis, *Individuals and Identity in Economics*, Kapitel 5.2.

93 Ariel Rubinstein, *Economic Fables,* 125.

94 Donald MacKenzie (ed.), *Do Economists Make Markets?,* 196.

95 Sylvia Nasar, *Genie und Wahnsinn,* 432. Zur Geschichte des Nobelpreises an Nash vgl. Mirowski, *Machine Dreams,* 333.

96 Ken Binmore, *Playing Fair,* 24.

9 Blutkreislauf

97 Gail Houston, *From Dickens to Dracula.*

98 Philip Mirowski, *Machine Dreams,* 9.

99 Hugh Kenner, *Von Pope zu Pop,* 40.

100 Donald Mackenzie (ed.), *Do Economists Make Markets?,* 199.

101 Philipp Bobbitt, *Terror and Consent,* 87.

102 http://edge.org/conversation/a-universe-of-self-replicating-code.

103 *Wired,* http://www.wired.com/culture/culturereviews/magazine/17-06/nep_googlenomics?currentPage=all.

104 Paul de Grauwe, »Warring Economists are carried along by the Crowd«, *Financial Times*, 22. Juli 2009. http://www.ft.com/intl/cms/s/0/93c8744c-7655-11de-9e59-00144feabdc0.html#axzz28fhhmF9K.

105 Luc E. Leruth/Pierre J. Nicolas, *The Crisis and Miss Emily's Perceptions,* 2.

106 Ibid.

10 Nervensystem

107 *Frankenstein in Context,* Pos. 3172

108 George Dyson, *Darwin im Reich der Maschinen*, Pos. 2003.

109 Laura Otis, *Networking,* 121

110 Ibid., 10.

111 Ibid, 228.

11 Android

112 Simon Schaffer, »Enlightened Automata«, *The Sciences in Enlightened Europe,* 136.

113 Ibid., 138.

114 Ibid., 144.

115 Minsoo Kang, *Sublime Dreams of Living Machines,* 111.

116 Ibid., 111.

117 Margaret Schabas, *The Natural Origins of Economics,* 47.

118 Simon Schaffer, »Enlightened Automata«, *The Sciences in Enlightened Europe,* 142.

119 Hugh Kenner, *Von Pope zu Pop,* 39.

120 Simon Schaffer, »Enlightened Automata«, *The Sciences in Enlightened Europe,* 144.

121 Ibid., 137 f.
122 Ibid., 138.
123 Ernst Mayr, *Uhrwerk und Waage,* 107.
124 Ibid., 134.

12 Gehirn

125 Vgl. Langdon Winner, *The Whale and the Reactor* (»Do Artifacts have Politics?«), der auch eine Reihe teilweise umstrittener Beispiele bringt.
126 Ernst Mayr, *Uhrwerk und Waage,* 231.
127 Herbert Sussman, *Victorian Technology. Invention, Innovation, and the Rise oft the Machine,* 50.
128 Hugh Kenner, *Von Pope zu Pop,* 35.
129 Ibid., 151.
130 Philip Mirowski, *Machine Dreams,* 34.
131 Alison Winter, *Mesmerized,* 285.
132 Ibid., 4.
133 Ibid., 57.
134 Ibid., 289.
135 Jackson Lears, *Fables of Abundance,* 224.
136 Hugh Kenner, *Von Pope zu Pop,* 38.

13 Gene

137 Vgl. Bruce Clarke, *From Energy to Information: Representation in Science and Technology, Art, and Literature.* Stanford: Stanford University Press.
138 Vgl. Mirowski, *Machine Dreams, 235 f.*
139 Stefan Klein, *Der Sinn des Gebens,* Pos. 354.
140 http://seedmagazine.com/content/article/survival_of_the_kindest/.
141 Richard Dawkins, *The Selfish Gene,* 52.

14 Verwandtschaft

142 Vgl. Sylvia Nasar, *Genie und Wahnsinn*, 20.

143 Ken Binmore, *Just Playing*, 182.

144 http://www.nybooks.com/articles/archives/1995/nov/30/genes-memes-minds/?pagination=false.

145 Ken Binmore, *Playing Fair*, 231.

146 http://www.nybooks.com/articles/archives/1997/jun/12/darwinian-fundamentalism/?pagination=false.

147 Satyajit Das, *Extreme Money*, 363.

15 Schizophrenie

148 Manuel Castells, *The Rise of the Network Society*, Vol. 1, Pos. 1212.

149 Ken Binmore, *Just Playing*, 205.

150 Nir Vulkan, »Economic Implications of Agent Technology and E-Commerce«, *The Economic Journal*, 109, F69.

151 Ibid.

16 Blitz

152 Jeremy Adler: »Raging Bulls: How Wall Street Got Addicted to Light-Speed Trading«, Wired, September 2012. http://www.wired.com/business/2012/08/ff_wallstreet_trading/all/.

153 Scott Patterson, *Dark Pools*, 46.

154 http://edge.org/conversation/a-universe-of-selfreplicating-code.

155 Scott Patterson, *Dark Pools*, 315.

156 Ibid., 40.

157 Neil Johnson, Guannan Zhao, Eric Hunsader, Jing Meng, Amith Ravindar, Spencer Carran, Brian Tivnan: »Financial black swans driven by ultrafast machine ecology«, http://arxiv.org/abs/1202.1448.

158 Ibid.

159 http://www.hftreview.com/pg/blog/mike/read/27568.

160 Scott Patterson, *Dark Pools*, 307.

161 Stephen T. Asma, *On Monsters*, 168.

162 Geoffrey M. Hodgson, *From Pleasure Machines to Moral Communities* (2012).

17 Politik

163 Nicholas Negroponte: *Being Digital*, zit. in: http://www.scottlondon.com/reviews/negroponte.html.

164 Zygmunt Bauman, *Verworfenes Leben. Die Ausgegrenzten der Moderne.*

165 Michael Lewis, *The Big Short*, 33. *Der Kalt*

166 John Perry Barlow, *A Declaration of the Independence of Cyberspace*, 1996. *https://projects.eff.org/~barlow/Declaration-Final.html*

167 Zum Beispiel: http://www.faz.net/aktuell/politik/europaeische-union/euro-gipfel-montis-morgenstreich-11817149.htm.

168 http://articles.marketwatch.com/2012-02-22/commentary/31085578_1_greek-crisis-greece-new-currency/2.

169 http://www.williamblair.com/~/media/Downloads/Insights/DAS%20Assets/Positioning%20Portfolios%20for%20Turbulent%20Times%20-%20PDF%20-%20June%202012.pdf. http://articles.marketwatch.com/2012-02-22/commentary/31085578_1_greek-crisis-greece-new-currency.

18 Matrix

170 Karin Knorr Cetina/Alex Preda, *The Sociology of Financial Markets*, 47.

171 Ibid.

172 Satyajit Das, *Extreme Money*, 229.

19 Mind's Eye

173 http://web.media.mit.edu/~sandy/Honest-Signals-sb48_07307.pdf.

174 Ibid.

175 http://www.forbes.com/forbes/2010/0830/e-gang-mit-sandy-pentland-darpa-sociometers-mining-reality_2.html.

176 http://www.wired.com/dangerroom/2012/03/dugan-darpa-google/.

177 Philip Bobbitt, *Terror and Consent,* 87.

178 James Pita, Manish Jain, Fernando Ordo'ñez, Christopher Portway, Milind Tambe, Craig Western, Praveen Paruchuri, Sarit Kraus (2012).
Using Game Theory for Los Angeles Airport Security http://teamcore.usc.edu/papers/2008/AI_Magazine.pdf.

20 Abstimmung

179 Thomas Frank, *One Market under God,* Pos. 1227.

180 Ibid.

181 Philip Bobbitt, *Terror and Consent,* 89.

182 Philip Mirowski, *Machine Dreams,* 505.

183 Philip Bobbitt, *Terror and Consent,* 87.

184 Ibid., 390.

21 Big Data

185 http://www.mckinsey.com/insights/mgi/research/technology_and_innovation/big_data_the_next_frontier_for_innovation.

186 http://www.nytimes.com/2012/06/05/science/big-datas-parallel-universe-brings-fears-and-a-thrill.html?gwh=34E306B7F3DD574728A5F2A8460471F7.

187 http://edge.org/conversation/a-21st-century-change-to-social-science.

188 http://edge.org/conversation/a-new-kind-of-social-inspired-technology.
189 Nate Silver, *The Signal and the Noise,* 218.
190 Ibid., 196.
191 Ibid., 11.
192 Ibid., 22.

22 Unterwerfung

193 Ellen Ullman, *Close to the Machine,* Suhrkamp, 1999.
194 Dimitris Milonakis/Ben Fine, *From Economics Imperialism to Freakonomics. The shifting boundaries between economics and other social sciences.* London: Routledge. 20.
195 Ibid., 19.
196 http://searchengineland.com/schmidt-great-stage-search-is-autonomous-personal-50014.
197 http://www.theatlanticwire.com/technology/2013/01/google-maps-future-sounds-useful-creepy/60542/.

TEIL ZWEI

DIE OPTIMIERUNG DES MENSCHEN

23 The Secret

198 Barbaren Ehrenreich, *Bright Sided,* 71.
199 http://millercenter.org/president/speeches/detail/3416.
200 Jeremy Rifkin, *Access,* 52.
201 http://www.ge.com/reagan/.

24 Erfolg

202 http://www.forbes.com/asap/1998/0601/110.html.
203 http://www.wired.com/wired/archive/6.01/gilder_pr.html.
204 Kevin Kelly, *New Rules for the New Economy*, 2.

25 Alchemisten

205 Spencer R. Weart, *The Rise of Nuclear Fear*, 3.

206 Mark Morrison, *Modern Alchemy*, 4.

207 ibid., 12.

208 ibid., 144.

209 George Gilder, *Wealth and Poverty* (New York, NY: Basic Books, 1981), 63.

210 Kevin Phillips, *Bad Money*, Pos. 2537.

26 Verwandlung der Seele

211 Thomas Frank, *One Market Under God*, Pos. 1278.

212 Ibid., Pos. 1298.

213 Mark Gilbert, *Complicit: How Greed and Collusion Made the Credit Crisis Unstoppable*, Pos. 609

214 Alle Beispiele stammen aus Lynn Thorndikes Enzyklopädie *A History of Magic and Experimental Science*, New York 1923 ff.

215 Mircea Eliade, *The Forge and the Crucible*, 160–168.

216 *Tara Nummedal, Alchemy and Authority in the Holy Roman Empire*, Chicago (The University of Chicago Press), Pos. 622.

217 Zit. in: Philip Mirowski, *Machine Dreams*, 515.

27 Death Dating

218 Diese Geschichte beschreibt grundlegend Jackson Lears, *Fables of Abundance.*

219 Giles Slade, *Made to Break*, 73.

220 Vance Packard, *The Waste Makers*, Pos. 824

221 *Giles Slade, Made to Break, 89.*

222 Ibid., 43.

223 Eli Pariser, *The Filter Bubble*, Pos. 2749.

224 Ibid., 121. Vgl. die Rezension von Evgeny Morozov in

der »New York Times«, der nachdrücklich auf das unterschlagene Prinzip der Serendipität hinweist. http://www.nytimes.com/2011/06/12/books/review/book-review-the-filter-bubble-by-eli-pariser.html?pagewanted=all&_r=0.

225 Neil Postman, *Wir amüsieren uns zu Tode.*

226 Reid Hoffman, *The Start-up of You,* Pos. 3727.

227 Ibid., Pos. 700.

228 Ibid., Pos. 2366.

229 Ibid., Pos. 2411.

230 Ibid.

28 Reengineering

231 Zit. bei Earl Shorris, *A Nation of Salesmen,* Pos. 1749.

232 So Danah Boyh in der NYT: http://bits.blogs.nytimes.com/2012/06/04/rethinking-privacy-in-an-era-of-big-data/.

233 Duncan J. Watts, *Six Degrees,* Pos. 3762.

234 http://bits.blogs.nytimes.com/2012/06/04/how-big-data-gets-real/.

235 http://bits.blogs.nytimes.com/2012/03/19/all-about-big-data-in-one-startup/?gwh=C2E853AA979390D71553E78CF4E8C702.

236 Earl Shorris, *A Nation of Salesmen,* 1796.

237 George Gilder, *Microcosm,* 21.

238 http://bits.blogs.nytimes.com/2012/06/04/rethinking-privacy-in-an-era-of-big-data/?gwh=F67428E6F60CFEFC10B2633C90E36BC6.

239 Sigfried Giedion, *Die Herrschaft der Mechanisierung,* 144.

240 Hugh Kenner, *Von Pope zu Pop,* 23.

29 Du

241 Elizabeth Charnock, *E-Habits*, Pos. 132.

242 Ibid.

243 Ibid., Pos. 360.

244 Ibid., Pos. 259.

30 Massenwahn

245 Peter H. Diamandis/Steven Kotler, *Abundance*, Pos. 298.

246 Joseph A. Tainter, *The Collapse of Complex Societies*, Pos. 1773.

247 Emanuel Derman, *Models Behaving Badly*, Pos. 2614.

248 Thomas Frank, *One Market Under God*, Pos. 3075.

249 Peter H. Diamandis/Steven Kotler, *Abundance*, Pos. 359.

250 George Gilder, *Macrocosm*, 21.

251 Michael Lewis, *Boomerang*, 192.

252 Ibid., 223.

253 Tyler Cowen, *The Age of the Infovore*, Pos. 256.

31 Ego

254 Hugh Kenner, *Von Pope zu Pop*, 173.

255 Gabe Zichermann, *Rethinking Elections with Gamification*, Huffington Post, 20. 11. 2012. http://www.huffingtonpost.com/gabe-zichermann/improve-voter-turn-out_b_2127459.html.

256 2011. Gordon, D. M., *Twitter in the ant nest.* Natural History 119(6): 10–41.

257 Davis, *Individuals and Identity*, Pos. 4690.

258 Evgeny Morozov, mündliche Mitteilung.

Personenregister